日本・地域・デザイン史 I

芸術工学会地域デザイン史特設委員会 編

A History of Regional Design in Japan

北海道 旭川
東 北 山形
東 海 静岡・浜松
北 陸 金沢
関 西 神戸

美学出版

日本・地域・デザイン史　I

なぜいま地域デザイン史なのか

歴史編纂のもとになるものは、ひとつひとつのまず事柄があってそれを当事者や近くの人が記すまたは語り伝えるものである。それらが時間軸をもつ年表などひとつの平面や空間に集まると、そこはにわかに「歴史」の様相を帯びてくる。

時間軸に、カテゴリーに分けた事象軸を交差させると状況や時代は一気に俯瞰しやすくなり、さらにその中に相互関係や流れを見出すと、「論」に発展する可能性も生まれる。

想い起こせば、若いときに教室で学んだ十九世紀後期にはじまる近代デザイン史は、遠からずその時代を過ごされ、また当然のことながらさまざまな状況に詳しい先生方からで、語り口も臨場感に富んだものだった。

本書の発端は、二〇一〇年に編纂した「旭川デザイン史」にある。

この半世紀、デザイン活動は日本の各地に根づいてそれぞれ独自の展開をはじめた。しかし、これまで発刊された日本デザイン史にその動きを見出すことは難しい。

手にできるいわゆる日本デザイン史は、中央の動きを中心にした、また中央の視点で語られ伝えられてきたものがほとんどであった。しかもそれはあまり省みられることなく定説化しつつあるように思える。研究分野には地域の事柄を深く追求したものも少なくないが、研究の宿命でともするとそれぞれのテーマにしぼられがちで地域の大きな流れや全体像はつかみにくい。

日本各地のデザイン史は、その地域が編纂しない限り存在しない、とある時気がついた。これが「旭川デザイン史」とそれに次ぐ本書『日本・地域・デザイン史』編纂の、第一の動機である。

歴史は多くを教えてくれる。昨今のデザインを取り巻く厳しい環境下迫り来る難局に、地域デザインはこれからどう対峙したらいいのか。いにしえからのこの言葉に、格別の重みが感じられる時代になった。いわゆる中央に依存するのではなく、地域自ら考え道を切り拓く時代である。歴史は、その際の知恵の宝庫なのである。その宝庫を手元に置いて扉をいつでも開けられるようにすること。これが第二の動機である。

目のあたりにした事柄の記録や「いまのうちにあの人の話を聞いておこう」など、考えると今でしかできないことが数々ある。あのこと、その人、その場所、そこの空気を……。

昨今の企業、団体、教育研究機関の激しい統廃合や行政のスリム化により、多くの貴重な資料の散逸も予想される。語られ記されているものや記憶にあるものを含めて、ひとつの箱に収めておきたい。自らの手で記録をつくり残すこと、これが第三の動機である。

歴史はけっしてひとつには論じられない。もとになる事柄の取り上げ方によってその後の話の展開は変わる。年表を俯瞰する際にみる各々の事柄のつながりや流れも、見方や興味によって変わってくる。さらにその評価となれば、価値観に大幅に左右される。

綴り方の可能性の幅は広く、歴史はけっしてひとつに固化したものではない。またひとつあれば充分というものではないかもしれない。それはさながらいきもののように思えてくる。

歴史の編纂は、このような興味つきない作業である。まして日本の地域デザイン史は、遠い土地や遠い時代のことではなく、私たちが馴染み生活してきた土地の、子供のころや親はじめ身内親戚、先輩、先生を通してつながる時代についてである。

このように手が届きやすい地域デザイン史編纂が、デザイン学研究の一カテゴリーとして定着し、地域社会の指針の役割を果たすことを期待して、今回それを学会活動のひとつに位置付けた。

芸術工学会による歴史編纂と出版は、会員が各地の研究や開発機関に属し、また学会特性として多角度から時間をかけての充実や見直し機能を備えているなどから当を得ていると考え、ベースとなるものをと、まず一歩を踏み出したのが本書である。

はじめにご理解いただければ幸いである。

芸術工学会発足二十周年の前年、二〇一一年に学会内組織として地域デザイン史の委員会が特別に設置された。コア編集会議と各地域編集会議のふたつからなる組織体制で編纂が始められたが、それぞれの段階で少なからずの戸惑いや模索を経てようやく完成に至った。

これは編纂に関係した方々の熱意とご努力があったからこそで、お礼申し上げたい。

また、編纂、出版の意義をご理解いただき、昨今の厳しい状況のなかにもかかわらず、出版を現実のものにしていただいた美学出版の右澤康之さんと黒田結花さんに心から感謝申し上げる次第である。

書名『日本・地域・デザイン史』は、地域デザイン史が言葉として定着途上で決めかねていた際の森山明子委員会副代表の発案によるものである。

学会大会の活動報告の場で、防災コンペティションの委員会が若い会員は是非応募するようにと呼びかけていたのがヒントになり、歴史編纂に関してこんな言葉が浮かんだ。

若い人は、「聞く」人に
年輪を重ねた人は、「残す」人に
そして現役の人は、「切り拓く」人に
（切り拓く人とは、歴史に残る活動をすることを含めての意味で。また気持ちの上での若い、年輪を重ねる、現役、であり具体的な年齢区分ではない）

聞き手、語り手、つくり手の三者があってはじめて、生き生きとした歴史編纂は可能となる。本書執筆者は四十歳代から七十歳代までの幾つかの世代に属している。文体文脈の中にその辺のニュアンスも読み取っていただけるかもしれない。

芸術工学会　特設委員会Ⅰ「地域デザイン史」
代表　澁谷邦男

＊歴史書の常で文中の氏名に敬称を略したことをあわせてご了承お願いしたい。

日本・地域・デザイン史Ⅰ◎目次

なぜいま地域デザイン史なのか　004

1　北海道　旭川　Hokkaido ASAHIKAWA　013

Introduction　014
旭川デザイン史総説　015
地域デザインの核づくり――旭川デザイン協議会の歩み　020
旭川家具産業とデザインの歩み　023
column　国際家具デザインフェア旭川（ＩＦＤＡ）　026
クラフトデザインのこれまで――旭川工芸協会（ＡＣＤＡ）の歩みをとおして　028
広告デザインの歩み――旭川広告デザイン協議会（ａａｄｃ）の歩みをとおして　031
チェアーズギャラリー・コレクション館展示一覧　033
旭川の建築・インテリア　034
旭川の写真・ＣＧ、そして食・布・ジュエリー・花・ステンドグラス　035
column　北海道・旭川における建築形態の変遷　036
旭川のデザイン教育と研究　038
column　なぜ今旭川でデザインの仕事をしているのか　044
旭川デザイン史年表　048

2 東北 山形 Tohoku YAMAGATA 057

Introduction 058
山形デザイン史総説 059
山形のデザインを担う企業、団体、大学 062
column 東北芸術工科大学デザイン工学部の開学期の教育 067
山形県の伝統的工芸品のデザイン 069
山形県の近代化産業遺産群の建築とデザイン 075
山形デザイン史年表 080

3 東海 静岡・浜松 Tokai SHIZUOKA, HAMAMATSU 085

Introduction 086
総説1 静岡・浜松地域の時代とデザイン 087
総説2 静岡地域のデザイン文化土壌 090
総説3 遠州地域のデザイン文化土壌 092
静岡県のデザイン行政 094
column 昭和三十年代の試験場とデザイン 100
静岡地域の産業とデザイン 101
column 製紙産業とデザイン 105

遠州地域の産業とデザイン　106
column　スズキのデザイン、草創のころ　111
column　ヤマハのデザイン　112
静岡・浜松地域の景観・建築デザイン　113
column　ヤマハ発動機のデザイン　114
column　海からの景観デザイン　118
静岡・浜松地域のデザイン教育　120
column　静岡文化芸術大学を思う——教員ＯＢの声　125
column　大村アトリエ　126
静岡・浜松デザイン史年表　127

4 北陸 金沢 Hokuriku KANAZAWA 133

Introduction　134
金沢デザイン史総説　135
工芸の殖産興業　141
column　金沢発デザインへの道を開いた金沢美術工芸大学　144
伝統工芸街構想を実現した都市　147
column　地域の力を活かした新たな文化の創造　153
旦那衆によるデザイン振興　157
石川のデザイン振興の歩み——石川県デザインセンターの活動を中心に　161

今日の石川の産業とデザイン 166
金沢デザイン史年表 170

5 関西 **神戸** Kansai KOBE 177

Introduction 178
神戸デザイン史総説 179
神戸家具の変遷——開港期から今日まで 185
column 神戸家具の可能性を探る試み 190
ケミカルシューズ 191
神戸ファッション 195
column 広がるユニバーサルデザインとファッション 200
神戸の洋菓子産業 201
有馬温泉観光デザイン史 207
神戸デザイン史年表 212

編纂をつうじて 220
委員会からのメッセージ 224
主な参考文献 225
執筆者プロフィール 232

日本・地域・デザイン史

1　北海道 旭川

Hokkaido

ASAHIKAWA

1 北海道 Hokkaido 旭川 ASAHIKAWA

「あ、雪の匂い」＊親しみが込められた言葉である。

　この地へ移住が始まったのは百二十年前。

　マイナス三十度にも達する積雪寒冷は、これまで定住に多くの苦労を強いてきた。しかし衣食住はじめ移動、生産などへの数知れない工夫が積み重なり、いまや人々は自然に対峙するのではなく溶け込んだ都市生活を営むようになった。

　大雪山をはじめとする山々が北東西をとり囲み、そこからの豊富な水と森林資源は、稲作畑作の農業と木材産業を育んできた。農産物は広大な土地と寒冷に合うよう改良を重ねられ、質量とも誇れるものとなった。針葉樹中心だった本州に対して特化した広葉樹の木材加工は、ハイクラスの家具を生み出し続けている。

　人口三十五万人の、札幌に次ぐ北海道第二の都市。

　この日本最北の中核都市、旭川の次なるテーマは、デザインによる地域の自律と、真に自然と共生するゆとりある生活を築くことである。

（澁谷邦男）

＊「あ、雪の匂い」旭川キャッチフレーズ公募最優秀作品　石本さやか

旭川デザイン史総説

前史　一八九〇〜一九五四年

旭川デザイン史の始まりは？　ものづくりの発祥は遠くアイヌ文化に及ぶが、近代デザインの共通認識は、今日分業化された社会構造の中でユーザーを意識してデザインとものづくりがいかに展開されたかにある。

旭川にデザインが登場してそれが後の展開の核になるのは一九五五（昭和三十）年ごろ。

その前に……。大正時代初期の大凶作とその深刻な影響を体験した市来初代旭川区長は、農業と商業に依存する脆弱な経済体質を改善するために工業振興策を強力に推進した。人材育成に着目してまず木工品伝習所を開設、一九二二年には工業研修生制度をつくり、一九〇七年生まれの松倉定雄を高岡の富山県立工芸学校（校長は国井喜太郎。富山出身で一九二八年国立の工芸指導所初代所長）に第六期工業研修生として派遣する。

不特定の顧客を意識して松井梅太郎が熊の木彫を始めたのは、徳川義親がスイスから木工民芸品を持ち帰り八雲の農村美術運動として農場の人に作らせた二年ほど後一九二六年である。旭川生まれの彫刻家加藤顕清（当時道庁嘱託）の指導を受けた木彫りの熊は表情をよく捉えた堅牢精緻なもので代表的な北海道土産となり、不特定多数の人々を引きつけた旭川発のものづくりの先駆けといえる。

戦前のデザイン関連をさらにピックアップすると、一九〇三年旭川生まれの山口正城は一九二六年東京高等工芸学校（後の千葉大学）工芸図案科を第二回生として卒業、大阪市立工芸学校勤務を経て一九四九年から十年間千葉大学でバウハウスメソッドの基礎造形と工業デザイン教育に専念する。阿部公正は一九二一年旭川生まれ、桑沢デザイン研究所でバウハウスの講義を聞いたデザイナーは多い。阿部は衝撃の書『生きのびるためのデザイン』を翻訳、東京造形大学などの学長を務める。

旭川の木材加工の歴史は開村の一八九〇年屯田兵村建設に遡り、第七師団の建設、鉄道工場稼動を経て洋家具等生活用品の生産がはじまるが、本州では明治大正から戦前の昭和

旭川俯瞰（デジタル）北海道地図㈱「ビスタマップ旭川」
2007年モスクワ国際地図展最優秀賞受賞

にかけて各地にデザイン教育機関が設置され、民芸や生活工芸などの運動がおこり、産業工芸、室内装飾、商業美術分野で専門職が生まれるも、旭川では一部、人の動き以外にデザインの表立つ動きは浮上してこない。

導入期　一九五五〜一九六七年

一九四九年、前野旭川市長は、商工省工業技術庁工芸指導所所長国井のもとで商工技官だった松倉定雄を仙台から旭川市共同作業所に招く。このころ工芸指導所（後の産業工芸試験場）は、一九四六年英ＣｏＩＤはじめ世界のデザインを紹介するなど当時唯一の情報源となる『工芸ニュース』を復刊、国や各地に工業デザインの必要性を説くなど活発に活動を始めていて、そのまさに現場から松倉は旭川に移る。これでデザインが旭川に登場する準備が整うのである。一九四九年美術工芸専門店の高橋梅鳳堂が市中心部に開店、喫茶店「ちろる」と共に文化の香りが最北の街に漂いはじめる。一九五五年、共同作業所は松倉を所長とするデザイン研究に主力をおく旭川市工芸指導所に改組される。

国の産業工芸試験場が主催するグッドデザイン展が市体育館で開催された。銀座松屋のグッドデザインコーナー開設の年でもある。

その前年、長原實らのデザイン研究会が松倉を囲んで始まり、その流れは旭川家具へのデザイン導入とつながる。

同じころ、小野慶治は東京帰りのグラフィックデザイナー中村十三男に師事、デザインの目から博覧会企画に取り組み始める。

一九五八年には端正な佇まいの旭川市役所（佐藤武雄設計）が建てられ街のランドマークとなる。

発展期　一九六八〜一九八八年

一九六〇年代後期に入ると多くの旭川家具メーカーは問屋主導の商品開発から徐々に離れて、自前で開発を始める。

一九六三年、前野市長は北欧とドイツを視察後、木工業を旭川の基幹産業に据えるために、技術習得と精神的充実を目的とした木工青年ドイツ研修制度をつくり、応募した長原らを派遣する。デザインと広葉樹の合理的な家具の生産流通技術を吸収して帰国した長原

インテリアセンターの記念すべき小田急ハルク初納入商品（1969年）

は、同時に北海道から大量に輸出していたナラ材はじめ良質の木材が欧州の港に陸揚げされ、高級家具に使用されているのを見て、それを自国で使おうと高い目標を持つに至る。そして一九六八年、家具工房インテリアセンターを創設、翌年には新宿の小田急ハルクで椅子が販売されるという成果につなげた。

大都市近郊では宅地造成が進みハウスメーカーのモダンな住宅が揃うこの時代、狭く暗い通路にタンスが並ぶ家具店イメージを一掃したハルクは、輸入と国内高級家具を広い売り場に集め主婦の熱い眼差しが注がれるまさに夢の舞台。その踏み出しの一歩は次に首都圏さらに全国の大都市へと進む。ナラ材を用いた家具、サイドボードや婚礼三点セットなど高額で重厚な収納家具が地方では需要があり、旭川家具は一九七〇〜一九八〇年代内外多くのデザイナーも起用されて活況を呈する。

木工芸は一九六〇年代後半、工房設立がはじまり冴えた技のクラフトデザインが登場する。自動機械や金属樹脂加工が進み、家具の部品の把手やオーナメントを制作する木工職人仕事を徐々に必要としなくなってきたことがその背景にある。秋岡芳夫は各地で指導していたが、旭川の技の確かな木工職人へのデザイン指導は成果が際立ち、朝日新聞などでの秋岡の紹介は熱の入ったものとなった。窯業、ガラス、織などのクラフト工房開設と、各種デザインコンペティションで受賞のニュースも相次ぐ様になった。

教育分野では一九七二年東海大学短期大学が開設され（五年後に四年制の芸術工学部に移行）多くのデザイン専門家研究者が旭川に入る。同年は、当時の旭川市長五十嵐広三（のち内閣官房長官）が全国に先駆け、都市デザイン史上画期的な国道から自動車を排除した歩行者専用道路「平和通買物公園」を旭川中心部に誕生させた年でもある。

挑戦期　一九八九〜一九九九年

住まいの和から洋へ急激な転換、一戸建に加えやや狭い都市型マンションの増加、景気の陰りなど家具の商品企画要件は次々と変わる。

デザインも人間工学からエコロジー、トータルインテリア、CG、セマンティクス、ユニバーサルと単に表面的な形の追求では及ばな

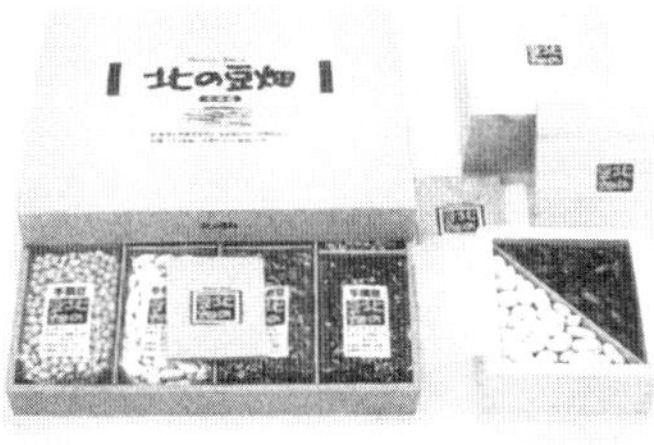

㈱大金
北の生活産業デザインコンペ '91 大賞

い課題が重層的に登場する。デザイン導入後も、デザインは粘り強い継続進化を必要としているのである。

その更なる社会変化の予感は次なる行動につながり、旭川デザインの「挑戦」が始まる。一九八〇年代後期小野は電通本社に呼ばれ強い口調で新たな気持ちで仕事に臨むよう諭されたという。それがきっかけで、それまで同席しても口をきかなかったデザイナー同士が手を組み新たな展開を、と一九八九年旭川広告デザイン協議会（ａａｄｃ）を発足させ、次を引き継いだ伊藤友一らと共に作品展、行政媒体のデザイン支援、世代間交流継承活動などにつなげていく。

同年クラフト分野では桑原義彦を会長に工芸デザイン協会（ＡＣＤＡ）が発足、以来地元展と道外展さらに海外展を開催、招待作家展講演会もあわせ情報の収集発信に努めている。

家具分野は、産学官連携により開催して成功した二度の国際デザインフェアをベースに、一九九〇年国際家具デザインコンペティション（ＩＦＤＡ）を次の時代を乗切るための核にしようと、大きな一歩を踏み出す。長原は鈴木庄吾らとＩＦＤＡを立ち上げる。ＩＦＤＡはこれまでに八回開催され成功をおさめ、旭川に集る世界のデザインの流れ、知恵、ひと、そしてそこから新たに生まれる活力は今日の旭川家具デザインに確実に投影されている。

旭川市は、このような産学のデザイン活動を、国が提唱する高付加価値化に、もうひとつは都市景観改善にもリンクさせ、さらに産業高度化を目指す頭脳立地法の指定を受けるための柱に、他都市では無難にＩＴを掲げるところ「デザイン」を掲げるに至る。一九八九年市は商工部にデザイン係を設置する。

同年市都市計画課には景観係（阿部英昭初代係長）が設けられ、澁谷邦男景観委員長らと景観行政のスタートをきり一九九二年景観基本計画が策定される。頭脳立地地域指定に向けては市推進部長永井保がやはり産学官一体となって準備を進め一九九一年指定を受ける。またこの時期旭川駅周辺整備計画が始まり、初期にはデザイン都市にふさわしい空間にと、市民を含め、前向きな案が論議された。

ＩＦＤＡは回を重ねるごとに、重厚な直材を使った提案が減り、エコや資源枯渇を考え

(株)匠工芸　中井啓二郎
北の生活産業デザインコンペ '00 大賞

丹野則雄
北海道立旭川美術館「はこで考える――あそびの木箱」大賞
(1992年)

家具デザインの新風を思わせる作品が増えてくる。IFDAはそのような世界のデザイン動向をそのまま旭川に映し出す役割を果たし始めた。これらは「挑戦」の成果といえる。

創造期　二〇〇〇年〜

日本の主なデザイン団体は発生から今日まで専門ジャンルに分かれ互いにあまり交えることなく活動してきた。東京ならともかく人口三十六万人（当時）都市旭川ではジャンル別の少人数による活動には限界がある。

学会にしても研究を学会誌や大会で発表する意義はあるが、それを地域活動に結び付けるには不都合で、一方デザインの対象である生活の営みは要素（ジャンル）の有機的結合体である。

地方都市に移り住んだ澁谷は、地域デザイン確立にはジャンルの融合が原点で、これは大都市が知らない現代デザインの課題と考えていた。同時期一九九六年ごろ、旭川市企画調整担当もデザイン都市形成推進事業にデザイン各分野がひとつにまとまればと考えていた。

外装にレンガが使われた上川倉庫群を歴史建造物として保存活用するのに、ホールやギャラリーを、と市は建物を借受け整備、コレクション館とデザインギャラリーが誕生する。市は運営を高度化センターに委託、実質はデザイン団体教育関係者による運営委員会が企画運営にあたる。コレクション館はフレームコレクションを展示、後に主に織田コレクション展示に移行する。

澁谷は旭川市商工部デザイン担当の田中重充と運営の試行を重ね、二年経過後の一九九九年、長原、小野、菅井淳介、伊藤隆夫らに呼びかけ、デザイン各分野を横断する旭川デザイン協議会（ＡＤＡ）が発足する。一連の動きは産学官が気持ちをひとつに極めてスムーズに進められた。

先が不透明な時代を迎え、社会も生活もデザイン世界も模索の時代に入った観がある。それを乗越える唯一の方法は、地域の充実に向けて地域デザインを確立することである。

旭川の歴史は、そのために絶え間ない「人材育成」の努力と「積極的な施策」がいかに大切なのかを教えている。

（澁谷邦男）

J. ヨーゲンセン
IFDA '08 ゴールドリーフ

㈱コサイン 田山里奈
北の生活産業デザインコンペ '06 大賞

地域デザインの核づくり
旭川デザイン協議会の歩み

誕生とそして集まるパワー

旭川デザイン協議会（以下ＡＤＡ）の活動開始挨拶文には、目的はふたつ、生活と産業へのデザイン貢献と、旭川デザインを映し出す鏡（ショールーム機能）の運営、と記されている。一九九九年四月、ＡＤＡは、個人会員八十一名団体会員二十団体、会長澁谷邦男、副会長小野慶治、菅井淳介、長原實、事務局長伊藤友一、理事監事二十名で発足した。

デザインの各ジャンルを横断する組織で、期待されるのはジャンルを超えた活動で複合的な新しいデザインを追及することと、各ジャンルの活動を支援し合いそれぞれが強固なものになることである。それは職能団体としての充実と、さらにその殻を破って地域デザイン文化創造に諸活動が発展することを意味しており、さらに地域デザイン文化形成のプロセスに次の時代の職能が生まれる、との発展形を考えることもできるのである。

ＡＤＡは、発足時に旭川市からデザインギャラリーとコレクション館二館の運営委託を受けた。そこに事務局も設けられ、創造活動展開にふさわしい活動拠点となった。

組織は自主事業、デザインギャラリー、コレクション館の三部門の事業部からなり、一年目から今日に近い形で出発することができた。

活動は、ギャラリーを中心に自主事業の旭川デザイン協議会展、旭川広告デザイン協議会展、旭川工芸デザイン協会展、家具（ＩＦＤＡ）展、デジタルデザイン塾と、会員が主催する作品展、ファッションショーなどが展開され、また講演会シンポジウム、デザインサロン（旭山動物園出身の絵本作家あべ弘士を囲んでなど年数回開催）も開催された。

会報の定期刊行もスタート。旭川広告デザイン協議会がはじめた旭川、帯広、函館三都市によるデザイン会議はＡＤＡと共同で毎年行われ今日に至っている。

（澁谷邦男）

会発足三年目、澁谷初代会長の札幌市立高専校長赴任により小林謙が二〇〇二年度は会

デザインギャラリー（左）とコレクション館 ADA 事務局（右）

長代行、翌年から会長を務める。

次に以降の多様な活動から主のものを挙げてみる。

ADA展に見る活動のすがた

ADA展では、二〇〇三年は作品展示だけでなく会員同士の交流の場ともして〇四年「カフェのあるデザイン展」、〇五年には、特別展として「ベールを脱いだ(旭川)駅舎」、それに交流事業部が「駅舎トーク」と「ワインdeコンサート」を連携企画し市民が多く参加した。

〇六年「障害を持つ人とデザイン」、〇七年には「デザイン日和」のタイトルで会場全体を統一テーマで構成、さらに「おいしいデザインミーティング」では会員やゲストによる落語や蕎麦打ちの実演で盛り上がる。

〇八年には会員の専門を活かしたデッサン・マイ箸製作などのワークショップを「モノづくりのおすそわけ」として、〇九年はそれぞれの会員がつくる「だるま」でメッセージを送った。

これらの活動で、領域の垣根を越えて連携するムードができてきたが、さらに「デザインマンス」により多様な分野の連携と市民を含めての活動に発展していく。

デザインマンスの展開

二〇〇五年から、ADAがハブとなり「旭川デザインマンス」を実施した。バウハウス展の企画が契機となり、単発の展示会ではなく息の長い運動の端緒にしようと気運が盛り上がる。

デザイン領域拡大・異業種交流・産学官連携による製品開発までイメージしながら、「工芸」や「広告」などの各団体展、コレクション館の展示、さらに「家具産地展」や「東海大学建学祭」などをひとくくりにしたデザインイベントとして統一的にコーディネートすることとなった。

二〇〇五年は「バウハウス二〇〇五　現代に生き続けるデザイン」展を中心にコンペや展示、セミナーや大学の公開講座などを実施。その後〇六年「人にやさしい工業デザイン展」、〇七年「語りかけるパッケージデザイン展」、〇八年「くらしのデザイン展――地域から創り出された世界水準の日用品」と続く。

旭川デザイン協議会（二〇一二年度）

〇会員
荒井善則・池本裕治・伊藤友一
井上隆也・今津秀邦・今富美由貴
上田政夫・及川知己・大谷薫
大野隆・小川博・織田憲嗣
小野慶治・勝浦恭子・金谷美奈子
金田追従・北嶋茂・小林謙
小山良栄・佐藤勝幸・澁谷邦男
下出敏男・城台幸子・菅井淳介
杉本啓維・鈴木徳雄・滝本宣博
丹野尚美・中尾紀行・長原賓
西嶋美代子・林拓見・林田千秋
吹谷眞一・福士成悟・福田光男
藤森修・前田英伸・丸野政人
南正剛・山口なぎさ・山下哲生
山田克己・吉田俊明・吉原英樹
吉村純一・吉村之男・和田徳子
〇企業会員
㈱カンディハウス・㈲三広堂・シスコン・
カムイ㈱・㈱須田製版旭川支社・㈱匠工芸
㈲古久保ネーム工場・㈱メーベルトーコー
〇団体会員
旭川家具工業協同組合
旭川工芸デザイン協会
旭川広告デザイン協議会
〇役員
会長／小林謙
副会長／矢筈野義之・大谷薫・杉本啓維
専務理事／伊藤友一
事務局長／滝本宣博　参与／佐々木恵一

それぞれ機械金属やパッケージ分野へ拡がり、〇八年は道立旭川美術館の「旭川圏発 木工Power」や、学生らが活躍した「私の店のいちおしグッドデザイン展（平和通買物公園）」と美術館や商店街へ拡がった。

二〇〇九年の「食とデザイン」は農家、料理人と工芸作家が旭川のオリジナル料理を開発した「あさめしプロジェクト」や、スプーンをテーマにした工芸デザイン協会展、旭川美術館の「大切な人に送りたいスプーン展」など、コレクション館では、「食を演出するフラットウエアー展」、「旭川の食」を独自の視点で表現した旭川広告デザイン協会展、家具組合は「カグカフェ」など、それぞれの分野から「食」へアプローチした。

またこの年度には映画上映会「ミステリアス・ピカソ」、ADAセミナー磯田憲一の「君の椅子プロジェクト」が催された。

展望

一九九七年旭川に始まった「三都市デザイン会議」は、札幌を中心に活動している北海道デザイン協議会を加え「三都市デザイン交流会議＋ONE」として年中行事化し、二〇一〇年の帯広開催で十四回を数えている。この会はホスピタリティあふれる企画で実施される刺激に満ちた交流会で、いまや地域デザインを考え、時によっては励まし合う貴重な場となった。

交流事業部は会内外、異分野および世代間の相互理解の場をつくりだしている。

デザインギャラリーを運営するADAと織田コレクション協力会共同で企画運営されているチェアーズギャラリーを主としたコレクション館は工夫を重ねながら続けられ、毎年両館併せて三万人近い入館者をキープしているのも特筆される。二〇〇四年には学生会員制度を設け、市からの委託事業やコンペも盛んに行われてきた。

こういった成果を踏まえ、また一方景気の後退、市予算の削減傾向や衝撃的な東海大学撤退という現実を踏まえ、二〇一〇年組織内に新たにビジョン委員会を設け組織と活動の将来展望を模索しはじめているところである。

（小林謙）

ADA展「デザイナーズカフェ」（2003年）

旭川家具産業とデザインの歩み

北海道の中心に横たわる上川盆地、広大な大雪山系の山々から流れ出る大中小の河川の集るところに旭川市がある。開村百二十周年というから一般的に都市の歴史から見ると、新興都市といえる。木材の集散地という地理的条件から発達した旭川家具産業は産業分類では「軽工業」にあたる。人々の暮らしが何らかの条件によって集積すれば、そこには自然発生的に生活周辺の道具を作る仕事が発生し、また職人が他の地域から移住することも相まって零細な家具工業も始まり、やがて企業化し近代化へと進む。その近代化の課程の中で競争と成長があり、創造力、すなわちデザインという概念が発生する。日本でデザインが日常語になるのは一九五〇年代である。

旭川は広大な森林資源集散地として発達したが当然一次産業だけでは都市の発展は不可能だ。そこで行政長は次に二次さらには三次産業へと地域産業を誘導するのが地域産業高度化である。旭川市も一九五〇年代に入り、当時の商工省工芸指導所（仙台）の松倉定雄商工技官に白羽の矢をたて故郷旭川へ呼び戻した。一九四八年旭川市が失業対策に設立した共同作業所所長に着任。その後木工業界の強い要請もあって一九五五年旭川市木工芸指導所となり松倉は初代所長に就任する。その施設人員の内容は当時の大産地静岡市や徳島市工芸指導所と肩をならべるものであった。旭川家具産業にかすかな「デザインの火」が灯るのはその二年ほど前である。

当時の旭川市長前野与三吉は木材産業育成に力を入れていた。北海道も道内の地域産業近代化を目指して道立工業試験場を札幌市琴似に設立していたが、そこの坪田博治工芸部長を招き松倉所長と二人による設計製図講習会を開催した。いきなりデザインといっても当時の社会では戸惑いが多くて受験生が集らないことを懸念してのことと推測する。長原實は当時十八歳、家具職人修行中の身でありながら夜の時間であったのでこれに参加した。三十名程の講習生のうち最年少であったようだ。この中で透視図の書き方を受講中にデザイン

国際家具デザインデザインフェア IFDA 開会式（1990年）

という言葉を始めて耳にした。

外来語でありながらそこに可能性を感じて一週間の受講後も時間を作って松倉所長の元に通うようになった。期せずして指導を請う人たちが数人となり、通称松倉塾のようなものができ一九五四年には旭川木工デザイン研究会が発足した。初代会長は共同作業所で助手をしていた竹沢秀夫で、スウェーデンイケアのデザイナーになる中村昇ら会員数は十五名位まで発展、のち一九六五年中村がデザインした上川木工㈱のリビングの内閣家具が総理大臣賞受賞など全国レベルの展示会で多くが入賞をするようになり、旭川家具を全国に流通させる原動力となった。木工芸指導所は設備導入を積極的に進め旭川家具産業の発展に大きな役割を果たす。松倉所長は定年退官後、一九七二年発足する東海大学短期大学の教授に就任して学生にデザインスピリットを、業界に向かってはクラフトマンシップを説き、この地に産学官連携の素地を醸成した。

明治以来、大雪山系のナラ材は、国内では炭と鉄道の枕木や橇など一部にしか使われず、もっぱら欧州や米国に安価であるが最高級家具材として大量輸出されてきたが、円高で輸出が滞り七〇年代には国内に出回るようになった。また広葉樹の加工技術が向上して、直材の重厚な北海道家具が人気を得るようになる。しかし北海道の木材資源は枯渇しはじめ、はや八〇年代にはナラ材の多くを輸入に頼るようになる。素材や加工技術に代わりデザインが木製家具の鍵を握る時代の到来である。

旭川では多くのデザインシンポジウムが開かれた。一九七六年には川上信二、伊藤隆一、新庄晃、旭川出身の林雅子らが、一九八六年の国際デザインシンポジウムではW・リーパー、P・ヘイグらが、一九八八年の国際デザインフォーラムではニューヨークの最先端クリエイターら多くの識者が「地域産業高度化は創造の力により達成される」と語りかけたが、家具業界人の多くは言葉では理解しても実践を通して深化するのは難しかった。理由は一九八〇年代末までの旭川家具産業はタンスなどの収納家具製造が全体の七十パーセント以上でそれなりに経営も安定しており、一九九〇年代以降の日本経済激変とライフスタイルや価値観の変化を予想できなかったことによる。

旭川家具工業協同組合（二〇一二年度）

〇会員

㈱アーリー・タイムスα
㈱明石木工製作所
アトリエ・サンヨー㈱
アルフレックス ジャパン
㈱いさみや
㈱インテリアナス
㈲インテリア北匠工房
㈱ウッド　ワーク
㈲エフ・ドライブデザイン
㈱オークラ
㈲加藤木工
河本家具工業㈲
㈱カンディハウス
㈱北の住まい設計社
木と暮らしの工房
GOOD　DOGWOOD
㈱クリエイトファニチャー
㈲グレイン
工房ペッカー
工房まみあな
工房宮地
㈲古径コスモ
㈱コサイン
㈲さいとうデザイン工房
㈲さくら工芸
㈱ササキ工芸
ソファー工舎
㈱大雪木工
㈱匠工芸

一九八七年ごろ家具業界の一部と東海大学教授陣が、将来の家具産業のあるべき姿について語り合っていた中心は「収納家具に偏重した産業構造からもっと多様なものづくりへの改革」であった。そして旭川市が開基百年事業として計画していた農業博覧会がいきづまり新たなイベントを模索していた時、国際家具コンペティション（ＩＦＤＡ）を切り札として用いられないかと考えて早速行政に働きかけ、多額の予算を要するこの計画も産学官連携によって実現の運びとなった。

一九九〇年の第一回ＩＦＤＡは多くの人たちの協力によって一応成功をおさめることができた。もちろん開基百年記念事業は家具業界だけのものではない。メインイベントに「全国の祭り」が行われたがＩＦＤＡも国際家具デザインフェアという祭事としてデザインに関係するさまざまな催しが同時期に展開され、国際色豊かな開基百年記念となった。

しかしデザインスピリットが地域産業全体に浸透するには多くの時間を必要とする。とにかく初回を実現することに夢中だったため長期的なことはあまり考えてはいなかった。

あらためて意味と効果を考えると継続と多額の費用捻出が必要である。イタリアミラノのデザインコンペ「トリエンナーレ」そうだ！資金を積み立てながら三年毎に……だ。我々家具業界人も時代が大きな転換期に直面していることは分かっていた。一部は積極的に、一部は消極的ながらこの長期計画は大方の賛同を得た。

しかし継続に多くの思考をめぐらしている最中に最大の戦力であった鈴木庄吾教授が病に倒れた。苦しく悲しい思い出であるが、「東京に頼らずともやればできる」という大きな財産を残してくれた。

その結果ＩＦＤＡは三年毎に十回継続することを目標に活動をはじめた。三十年の根拠は社会全体が一世代交代する時間のことである。今では入選候補作品の試作や応募作品の商品化に各社が積極的に取り組むようになった。

世界五十ヵ国に広がる応募デザイナーまたはその卵たちの無限の可能性を信じて、旭川家具のデザインスピリットは進化し続けるのである。

（長原實）

㈱ファイングレーン
㈲プランリビング
㈱プレステージジャパン
㈲北嶺工匠
宮田産業㈱
むう工房
㈱メーベルトーコー
山岡木材工業㈱
山室木工㈱
よしの工芸
㈲ルートにし
㈲ワカサ

○役員
会長／長原實　理事長／桑原義彦
副理事長／渡辺直行・菊池普・折笠利夫
専務理事／杉本啓維

ドイツケルンメッセに出展（2008年）

column 国際家具デザインフェア旭川（ＩＦＤＡ）

生活の変化に合わせタンスからの脱却「箱ものから脚ものへ」、産地売上当時四百億円から五十五億円を目指す「五五作戦」など、旭川家具の方向について語り合っていた長原實と東海大学など関係者は、二年連続して国際シンポジウムを行った実績の上に、変化する社会や生活とそのためのデザインをより深く知るためにコンペティションを軸にした国際デザインイベントを開こうと決心を固めていた。旭川市は開基百年記念に農業の博覧会を考えていたが体制整わず、国のデザインイヤーや愛知万博開催と方向を同じくする当を得た国際デザイン事業案を、代替案として採択した。

一九八九年一月国際家具デザインフェア準備委員会が、五月には正式に同開催委員会が国、道、市、家具工業協同組合、北海道東海大学、関係諸団体など産学官で発足して急ピッチで展開する。事業内容は、国際木製家具デザインコンペティションを軸に家具展、シンポジウムなどで、総事業費一億一千万円を超えるものとなった。

同年八月、鈴木庄吾が師と仰いだ小池岩太郎のモットーを受け継ぎ「デザインは愛、木とくらし」をテーマに決

IFDAの経緯	第1回（1990）	第2回（1993）	第3回（1996）
総応募点数	472	993	1353
海外（アジア）	246（11）	702（33）	1115（74）
国内	226	291	231
入賞点数	50	32	31
応募要項の改定	主要素材は木材 照明器具を除く		未発表作品に限定 第1.2回は2年前までの発表作品応募可だった
審査委員	宮脇　檀 喜多俊之 A.ヌルミスニエミ J.D.パス M.マッコイ	宮脇　檀 喜多俊之 A.ヌルミスニエミ M.マッコイ	宮脇　檀 喜多俊之 A.ヌルミスニエミ J.J.オズボーン
審査委員からのコメント	クラフトとモダン、コンセプチュアルと生活性の幸せな結婚／居心地悪いクラフトは生活から遊離／均質化、画一化の中の地域文化の違い	木の材質に寄りかかった工芸より現代的技術手法に強い北欧／量産に優れたクラフト／リサイクルやパーティクルボードに期待	実用品として生産使用される作品が多く見られる／エコ資源の問題意識／木の文化のニューウエーブ／家具デザインに新鮮な風

定。九月には事業の周知徹底のためにポスターパンフレットを持参して国内外にPR活動を展開、フィンランド、ドイツ、イタリアには四名のミッションが渡った。

審査委員は、鈴木が留学とデザインを通して親しき仲であったA・ヌルミスニエミと宮脇檀を、長原が家具デザイナーに起用していた喜多俊之とM・マッコイを、喜多がJ・パスを推薦して決定した。旭川市は佐々木恵一ら多くの職員を専任に派遣、旭川家具工場協同組合、大学スタッフと共に大イベントに臨み、成功に導いた。

鈴木は、受賞作品集となる冊子に載る協賛広告には国際イベントにふさわしい企業をと各地に足繁く通い、受賞記念盾の鋳型原型を大学の林のナラの葉をモチーフに粘土で制作。大会終了後には、五時間の長きにわたるシンポジウム記録を翻訳整理するなど、基本構想からディテールに至るまで惜しみなくエネルギーを注いだ。それらは、一年後に亡くなられたこととあわせて、活動を共にした者の脳裏に深く刻まれるものとなった。

IFDA開催で旭川に流れ込む海外の空気は新鮮だった。セマンティクスの第一人者M・マッコイの話を聞けるとイタリアなど各地から若い人が旭川に入った。T・コンランはビジネスとデザインを丁寧に話した。喜びにあふれた受賞者の笑顔……。いまや世界最大の規模内容となった。目標の第十回はそう遠くない。

（澁谷邦男）

第7回（2008）	第6回（2005）	第5回（2002）	第4回（1999）
1085	909	820	757
523（148）	354（95）	423（54）	446（39）
562	555	397	311
30	30	29	31
	1次審査にCG画像の作品応募可	ネット受付開始	国外からの応募に登録料徴収。照明器具の応募可
川上元美 深沢直人 織田憲嗣 長原　實 P.マリー G.アラード Y.ユン	喜多俊之 川上元美 澁谷邦男 H.S.ヤコブセン G.アラード Y.ユン	喜多俊之 川上元美 澁谷邦男 Y.ヴィヘルヘイモ H.S.ヤコブセン	喜多俊之 川上元美 T.コンラン R.S.ハンセン P.ビーヴァ
新鮮な驚き／静寂とダイナミズムの共存／存在感ある造形／シンプルな中に工夫がこらされている魅力	CGがデザインに影響／合板など木材の新たな可能性の追求／照明などアイテムに幅／北国のトータルインテリアへの期待が高まる	明日につながるアイデアが多く家具デザインにひろがりをもたらす／透明感とフレキシブルな道具立て／異素材の有機的結合	軽やかさ、ミニマリズム、成形技術に関心が高まる／市場性が視野に投資の必要性が／しなやかさ工夫された構造など新しい現代美

クラフトデザインのこれまで
旭川工芸協会（ACDA）の歩みをとおして

旭川工芸デザイン協会は一九八九年一月設立された。今年、二〇一〇年はデザインギャラリーでの二十二年目の第四十一回の旭川工芸デザイン協会展の年となった。会長は初代桑原義彦（現旭川家具組合理事長）、菅井淳介、早見賢二と六年間ずつの任期を重ね、現在は中井啓二郎で四年目となった。

　改めて当会の流れを振り返ってみたい。


　中井が一九七三年、旭川市木工芸指導所（現旭川市工芸センター）に就職のため横浜から旭川に引っ越してきた当時、旭川ではクラフトという言葉はまだ一般的になっていなかった。家具業界は箱物全盛で、両端にギリシャ神殿の柱の様な太い棒やねじれた柱が付いた装飾過多でグロテスクな洋茶と呼ばれたサイドボードがはやっていた。

　一九七四年、指導所デザイン係だった山田克己がムツゴロウはかの木製玩具をデザインし、佐藤工芸で商品化されるようになり、それまでの観光客対象の木彫中心の民芸品とは異なる現代的なスタイルのクラフト製品が作られ始めた。同年旭川木地挽物業組合（後に旭川木のモノ組合、旭川クラフト普及協会と名称変更）が結成され、「木と手の小物展」を開催しクラフト的な商品開発を進めていった。

　こうした動きをさらに進めるために、旭川市工芸指導所は、全国的に著名で、グループモノ・モノ（全国の優れた民、工芸品の収集、普及、販売と裏作工芸や置戸町オケクラフトの実践指導を行う）代表の秋岡芳夫を一九七六年から一九八五年まで市嘱託にして、年二回の講演会や講習会を開き、希望者は製品開発やユーザー開発、流通開発などの指導を受けた。秋岡の講習会はいつも具体的で非常に分かりやすく、満席だった。秋岡からの提案、アドバイスで次の講習会の時には誰かが試作品を持ってくるというような実践的かつ活発な講習会が多かったと記憶している。

　こうした中で一九七八年、木地挽物業組合の海馬室内木地製作所が道材十八種を使用して作った「白木の積み木」や、太田久幸（ヒサ

旭川工芸デザイン協会（二〇一二年度）

○会員
池辺晴彦
臼田健二
大谷岬子
大谷泰久
木村善明
桑原義彦
媚山正敏
菅井淳介
鈴木秀一
大門巌
滝本宣博
中井啓二郎
早見賢二
向坊明
吉岡俊哉
吉村純一
渡邊久志

○役員
会長／中井啓二郎
副会長／大門嚴・渡邊久志
事務局長／吉岡俊哉
会計／鈴木秀一

クラフト）の旋盤技術を駆使した手に馴染む球体のハトやフクロウなどの「木の仲間たち」を秋岡が絶賛した。丸善クラフトセンタージャパン選定品になり、当時執筆していた朝日新聞の日曜版のコラムに紹介され一躍全国へ発信された。その後、丹野則雄（クラフト＆デザインタンノ）の小箱シリーズ、早見賢二のアニマロベーシリーズなどが続いた。また、㈱佐々木工芸の木製ライターケースが大ヒット、さらに笹原竹一、高橋昭一、三浦忠司など木地挽物業組合員が活躍しはじめた。

そのころ旭川市工芸指導所の職員だった中井は、丹野や設立間もない㈱匠工芸の協力で制作したＫＩＢＡＮ（木鞄）を一九八〇年の日本クラフト展（日本クラフトデザイン協会主催）に出品し、新人賞を受賞。これにより新たな流通ルート（松屋デパート、クラフトショップなど）ができていった。翌年一九八一年、北海道立近代美術館の「はこで考える──あそびの木箱」展で丹野との共作で奨励賞を取れたことは、とても幸運であった。また、一九八四年一月道立旭川美術館開設初の「木の椅子は語るその形と意味」展、一九八七年と一九九二年の「はこで考える──あそびの木箱」展などで、丹野、大門巖（アートクラフト・バウ工房）、吉田幸夫（㈱北嶺工匠）などが技術力造形力のある職人、作家として認識され始めた。このことは木工関係者には大変刺激になり、旭川は「木工・クラフト・家具のまち」として認識されてきた。

一九八七年七月には、旭川市豊岡に媚山正敏によりクラフトを展示販売する㈱文佳堂が設立された。中井は開設間近に友人を介して、ギャラリーとしての方向性や展示品について「デザイン性の高い旭川のクラフトを展示するよう」希望を述べ、クラフト作家や企業を紹介した。そして徐々に本州の家具やクラフトのバイヤーなどにも知られるようになり、様々な作り手の作品・製品が表に出るようになっていった。

この文佳堂を拠点にクラフト関係者、作り手、デザイナーがつながり、一九八九（平成元）年一月、会長を桑原義彦（㈱匠工芸）とし、事務局長を媚山正敏、菅井淳介（淳工房）、南正剛（皆空窯）、滝本宣博（理創夢工房）、吉村純一（㈲インテリア北匠工房）、大門巖、大箭

「北の風」'94につづき「北と南のクラフト展」南国市（1996年）

利明（相和工房）、早見賢二、中井啓二郎の十人で旭川工芸デザイン協会を立ち上げた。その後徐々に染織、人形、彫金、服飾デザイナーなどに拡がり、芦別や札幌などからも会員が加わった。旭川西武百貨店七階画廊で第一回から六回までの地元協会展を行い、以後毎年、地元展と道外展のほぼ二回の展示会を現在まで行ってきた。

一九九〇年にはクラフト関係者には憧れの銀座松屋クラフトギャラリーで、また、一九九六年には高知県南国市の家具店カーサ・シモダで「北と南のクラフト展」を開催。高知県と旭川のクラフトマンの交流展を、菅原旭川市長と高知県知事、南国市長が出席し盛大に行われた。

一九九七年十月一日には旭川市宮下の煉瓦倉庫を改装したデザインギャラリーのこけら落としとして、「北の風南の風クラフト展九七」を開催し、高知県知事橋本大二郎夫妻を迎えて、オープニングセレモニーが賑々しく行われたほか、北海ホテルでシンポジウムを自力開催した。高知県からも多くの出品者が参加し、大盛況であった。

これ以後現在まで、旭川工芸デザイン協会は旭川デザイン協議会団体会員となり、デザインギャラリーで地元展を行い、必ず道内外の招待作家展を併催し、また様々な方を招いての講演会も行い市民に公開してきた。

また二〇〇一年十月には、サンフランシスコの家具ショップFUMIKI・San Franciscoで初の海外協会展を行い、ほとんどの会員が渡米した。九・一一世界貿易センタービル同時多発テロのため、残念ながら米国民の関心はアフガン問題で、入場者が少なく売り上げは厳しいものとなった。

当会は、会員同士でのコラボレーションや、毎年テーマを設定し新作に挑戦してきたが、高齢化も進み「工房家具の会」、二代目や若手中心の「ミクル」などの会ができてきた。しかし我々もまだまだ、頑張らなければ……。

数年前全体をたばねたアクラ（旭川クラフト協議会）ができ、当会、陶芸協会、クラフト普及協会、やきもの組合やミクル等との共同の展示会や交流が増え、新たな旭川のクラフトと工芸を全国へ世界へ、と発信し始めた。

（中井啓二郎）

海外ACDA展サンフランシスコ会場「FUMIKI」（2001年）

広告デザインの歩み
旭川広告デザイン協議会（aadc）の歩みをとおして

時代が昭和から平成にかわるころ、グラフィックデザインを巡る環境が大きく変わりそうだという予言にも似た噂が旭川でもささやかれ始めた。デジタル化の波が訪れたのである。写植をピンセットで貼っている人間が、その波に乗っていくことが果たしてできるのか。

マッキントッシュの話題が遠い未来の話にも思われていた中、株式会社電通旭川支社（当時）の小野慶治が立ち上がった。「業界の皆も不安に思っているに違いない。集まって話をする機会を設けよう」。幾つかの広告代理店に声を掛けて人が集まると、「せっかくだから同業者同士、勉強会や作品展などを行う会を作っては」との話が持ち上がった。発起人によりグラフィックデザイナーやカメラマン、イラストレーター、プランナー、コピーライターなど広告制作に携わる市内のクリエイターたちに声が掛かり、競合会社や職種の垣根を越えたデザイン団体「旭川広告デザイン協議会（aadc）」が設立されたのは、一九八九（平成元）年のことである。初代会長には小野が就任した。

会の目的は「広告クリエイターの社会的地位ならびに広告の質的向上を図り、会員の福祉を推進すること」にある。旭川の広告業界では当時、クライアントがデザイン料を支払うという習慣がほとんどなく、広告代理店では「デザインはサービス」との意識があり、デザイナーの地位は非常に低かった。こうした環境に対し自分たちの存在を意義付けるためにも、「業界団体」としての活動が必要であったといえる。

そのため、会の初期の活動は「デザインに対する外部意識の向上」に多くの労力が注がれた。公的な団体に対し、「デザイン要素を含む案件の発注は公平にコンペで行うべき」と発言したり、業務の一部として慣例的に設計会社が請け負っていた公的施設のネーミングやロゴマークなどについて「都市のデザインレベルを上げるためにも、デザインのプロを介入させるべき」と説得したり。市の各部署や上川支庁に出向き何度も話し合うことで、少しずつ成果が感じられるようになっていった。

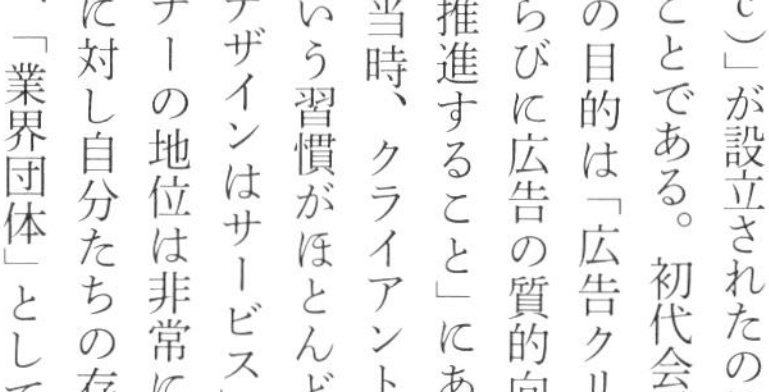

三都市デザイン交流会旭川（1997年）

旭川広告デザイン協議会（二〇一二年度）

○会員
安久健一郎・安達鈴香・伊藤友一・今井純一
今津秀邦・植田準・馬留康行・大井琢磨
尾崎満範・小野慶治・春日充・加藤祐子
弦間信・小高剛・重松敦子・下出敏男
新崎力也・鈴木歩・竹田貴治・鶴間徹
徳永泰弘・中濱亜喜良・中村眞人
中村陽一・早坂琢弥・早坂宣哉・林元利恵
細谷塁・矢崎真弓・矢三新子・矢筈野義之
山口なぎさ・山崎和美・吉田哲昭

○役員
会長／矢筈野義之
副会長／弦間信・細谷塁
事務局長／中村眞人

旭川観光大使の名刺が作られる際、会にデザインコンペの依頼が来たのは一九九五年のこと。設立からは六年が経っていた。翌一九九六年には「旭川観光PR名刺　デザインコンペ」一九九八年には「旭川駅周辺開発整備事業『北彩都あさひかわ』ロゴデザインコンペ」と、成果は着実に拡がっていった。

そんな中、会設立のきっかけとなったデジタル化の波は、劇的な変動を業界にもたらしていた。写植業者は消え、デザインプロダクションではＭａｃの導入が当たり前となっていた。カメラマンはデジタルカメラへの移行を余儀なくされ、看板は手描きから大型出力へ、印刷会社はデジタル入稿に対応するため大きな設備投資を行っていた。まさにデジタル化への対応に生き残りが掛かっていた、といえる。

小野の功績を引き継ぎ、市内でデザインプロダクションを営む伊藤友一が二代目会長となったのは一九九七年のこと。旭川・帯広・函館という三都市の各デザイン団体が持ち回りで主催する「三都市デザイン交流会議《ＡＯＨ―あおう―》（一九九七年～）の立ち上げや、一九九九年に発足した旭川デザイン協議会との連携・協働などにより、会は精力的に活動の幅を拡げていった。二〇〇一年からは毎年、ａａｄｃ展として旭川市のＰＲに貢献する内容をテーマとした作品展をデザインギャラリー（旭川市宮下通十一丁目蔵囲夢内）にて開催。

設立十五周年を迎えた二〇〇四年には、商工鉱業功労者（団体）として北海道知事より「北海道産業貢献賞」（平成十五年度）を受賞するに至った。

この受賞を機に伊藤が会長職を退き、現会長である矢筈野義之が就任。小野が土台を築き、伊藤が発展させてきた「内外に渡る人間関係や社会との連携の形」を受け継ぎ、次に目指すべきは「メンバー各々が外との交流を積極的に行うこと」と矢筈野は位置付けた。会の若いメンバーが中心となり、札幌で活躍する若いクリエイターを招いて交流を図る「第一回デザインキャンプ」が開かれたのは二〇〇九年冬である。これまで直接交流のなかった学生や業界関係者にも積極的に参加を呼びかけ幅広い層の参加を得ることに成功した。二〇一〇年冬には第二回のデザインキャンプ

旭川デザイン協議会／D. 上田政夫

あ、雪の匂いロゴマーク／D. 上田準

旭川市開基120年 ／D. 福士成悟

aadc X'mas 展（2002年）

を実施、初回を超える大きな反響を得た。

こうした流れを受け、若手を中心に外部のデザインコンペへの積極的な参加が増え、デザインマインドの向上が会全体に波及効果を生み出している。しかし、「どんな地域とでもしっかりとデザインで対抗し、アピールできる力」の獲得に向け、会が果たすべき役割はまだまだ多い。旭川広告デザイン協議会（ａｄｃ）の挑戦はこれからも続く。

（中村眞人）

旭川市開基100年／D. 小野慶治

旭川市科学館／D. 矢筈野義之

チェアーズギャラリー・コレクション館展示一覧　一九九八〜二〇一〇年

ドイツのヴィトラミュージアムと肩を並べる東海大学教授織田憲嗣所蔵のモダンデザイン家具の展示（旭川デザイン協議会と織田コレクション協力会の共催事業）

1998年9月〜翌年6月	スカンジナビアの名作椅子展
1999年7月〜翌年1月	名作椅子とドローイング展
2000年2月〜6月	ロングライフの椅子展
2001年7月〜翌年1月	ハンディクラフト・スピリッツを活かした椅子展
2001年2月〜7月	世界のミュージアムに認められた椅子展
2001年8月〜翌年1月	プライウッドの椅子展
2002年2月〜6月	アルネ・ヤコブセン展
2003年2月〜7月	ミッドセンチュリーの椅子展　四十人の四十脚
2003年8月〜翌年2月	こどものための家具たち
2004年2月〜8月	遊び心を持った椅子たち
2004年8月〜翌年1月	同年齢デザイナーの椅子
2005年2月〜6月	プラスチック素材の名作椅子展
2005年8月〜翌年1月	モダンデザインの黎明
2006年2月〜6月	デンマークの五人の名匠
2006年8月〜翌年1月	フィンランドの巨匠
2007年2月〜7月	イタリアの名作椅子展
2007年7月〜翌年2月	ハンス・・ウェグナー追悼展
2008年2月〜7月	ノルウェー&スウェーデンの巨匠
2008年8月〜翌年2月	ユニークチェアーズ
2009年3月〜8月	食を演出する椅子とフラットウェア展
2009年8月〜翌年2月	おりたためるイス展
2010年2月〜8月	木のプロダクト展
2010年8月〜12月	スツールづくし展

旭川の建築・インテリア

旭川の戦後建築はアサヒビル（中原照夫、一九五三年）、旭川で中学時代を過ごしのち学会会長となる佐藤武夫設計の旭川市庁舎（一九五八年）、現神田館の国劇（竹中工務店）、などが始まりといえよう。

設計集団としては㈳北海道建築士事務所協会旭川支部が旭川流通団地建築設計計画（一九七一〜七七年）、三浦綾子記念文学館設計（一九九七〜二〇〇九年）を行っている。現在旭川まちなみデザイン推進委員会（ＡＲＭ）、旭川市設計士会なども活動している。

旭川デザイン協議会会員が関連したものを挙げると、ハウスメーカーでは金谷美奈子が属したミサワホームの寒地仕様プレハブ住宅、北国らしい外観で多くを魅了したカジタホーム（梶田祐介）などが住宅地景観を彩った。シスコンカムイ（只石幸夫）は内外断熱の北国住宅と福祉環境の開発普及に努めている。旭川空港旭川駅のガラス大壁面を支える金属ユニットを開発生産した田島工業の関連企業である田島工業マテリアル（田島善幸）は、三木俊治「行列」台座や旭川動物園チンパンジー館などをデザイン製作している。鈴木徳雄は調湿機能に優れる珪藻土の建材を開発。石田悟は三浦綾子文学館や西川徹郎俳句文学館、村上博樹は新旧建築の融合を図ったＣＯＣＯＤＥ市民センター、池本祐治はロジワールホテル、層雲峡グランドホテル、旧マツヤ電気、パーラ七五三、旭川農高などにかかわる。山口なぎさは住宅店舗に加えＡＤＡ展で見事な白い空間「カフェのあるデザイン展」を演出。インテリアコーディネーター大谷薫はケーキ店「ダンデリオン」「キッズファミリークリニック」が代表作。研究分野では、道北の歴史建築研究を長年続けている川島洋一が一九九八年解体相次ぐ中危機感を募らせて「旭川の歴史的建築の保存を考える会」をつくり、以来市民と保存運動を展開している。デンマークで建築デザインの研鑽を積んだ藤森修は研究教育面で新風をもたらした。技術技能とも大きく変わる今日であるが、ＡＤＡでは建築デザイン展を開催して、一段の飛躍を。（池本祐治）

旭川市役所（1958年）当時はひときわ高い建物だった。

旭川の写真・CG、そして食・布・ジュエリー・花・ステンドグラス

盛安俊壱は旭川広告写真の先駆者で、集大成の「北の風貌」では昭和の旭川を見事に写し出している。福田光男は北海道写真協会旭川支部を取りまとめ、ギャラリーで会員の力作を紹介。今津秀邦は旭山動物園の動物写真をはじめ旭川の顔づくりに活躍している。

松沢衛はCGウェブを早くから手がける。竹田貴治、堤啓は膨大な地形データを駆使した表現に挑戦し続けている。黒瀬久子はテキスタイルほかの分野で作品を発表してきた。

また近年、生活の中のさまざまな素材を見直して新たな生活イメージをつくり出すデザインによる相互作用が始まっているが、食は、パッケージデザイン（金田道従、村本洋は数々の受賞している）との関連も強いが、食感から、空間から、器など道具から、健康からなどのアプローチが試みられ、北海道が食材の大生産地であるだけに今後が注目される。

布も同様の広がりをもち、カラーデザインの松井ケイは高齢者ファッション分野にも着目してモデル参加型のショーを催した。南美紀子は「働く女性のワーキングスタイル」をテーマにジュエリーや家具とのコラボレーションを試みた。また梅津真由美（イラストレーション）、上野砂由紀らとの「女性クリエーター展」の主宰をしている。

上野砂由紀は自らの手による上野ファームづくりを通して「北海道ガーデニング」を追及して新たな境地を切り開いた。

丹野尚美、林田千秋はフラワーデザインの、城台幸子、及川知巳はステンドグラス分野の成果を継続的に発表してきた。

旭川デザイン協議会には、ここで紹介した人と分野以外にも映像、ジュエリー、造本などの会員がおり、また協議会に属していない多くのデザイン関係者が実際には日々活動している。このような状況は旭川デザインの多彩さを物語っているといえよう。

これら多彩な多くのデザインジャンルの有機的なつながりが、次の時代の地域デザイン、旭川デザインを形成することは間違いない。

（澁谷邦男）

旭山動物園ポスター
今津秀邦

column

北海道・旭川における建築形態の変遷

はじめに

開発開拓から一世紀、北海道はあいかわらず「開発」という言葉が当たり前のように使われている。そろそろそのもととなっている全国統一という概念を見直して、北海道独自の文化を築きたいものである。

本稿では開拓から太平洋戦争終結までの建築形態の変遷を記すが、なるべく寒冷積雪地域である旭川特有の歴史に視点を置いて述べたい。

旭川における建築形態の変化

明治二十(一八八七)年代から本格的に開拓が進んだ上川盆地南端に位置する旭川は、石狩川とその支流に挟まれた地域で、アイヌ民族がコタン(集落)を形成していた。居住した和人第一号は亀井重蔵といわれ、アイヌ女性と結婚しておそらくチセ(住居)で生活していたと推察される。その後民間人の移住によって開拓小屋が、また近郊には屯田兵が入植して屯田兵村がつくられた。和人が築いた建築の始まりは掘立柱と笹で覆われた簡素な「開拓小屋」であり、国策による「屯田兵屋」は木造平屋で土間、板間と畳敷和室二室の住居であり、東北地方の農村住宅で用いられた納屋程度の建築であった。

原始林を伐採して開拓が進むと、開拓小屋から住宅造りへと移行、移住以前の出身地の建築に類似させた簡単な住宅を建て、集落を形成していく。その建物は、旭川に限らず北海道各地でも、本州などが中世に完成した「日本の伝統的な木造軸組構造」の建築であった。

明治後期から大正になると富を得た移住者は、出身地から大工を呼び、資材を持ち込んで本格的な住居を建てた。もちろんそれは伝統的な構法の和風建築で、質の良い木造建築が点在する旭川の町並みが形成されていく。

同時にキリスト教文化が宣教師などによって拡がり、宣教師館に西洋建築の形態が用いられ、「洋風」建築が出現する。さらに洋風デザインが和風建築にも導入されて「和洋折衷」様式の公共、商業施設、住宅が普及して町並みに華やかさをもたらし「大正ロマン」文化も中央から遠く離れた旭川でもみられることになった。そして、この時代に建てられた建物が、今日の旭川に残る数少ない歴史的建築となっている。

大正後期になると、日赤病院新築でコンクリート造(RC造)が出現し、関東大震災後から昭和初期にかけて積極的に用いられ、箱型の重層建築が木造建築群の景観に新鮮さを与えた。しかしその後の軍事優先時代に入ってからは建築の動向は不活発となり、戦後の急速な近代化へとつながっていく。

寒冷積雪による変化

開拓から一九四五（昭和二十）年終戦までの旭川の建築形態は、本州に見られる伝統的木造軸組構造の形態と同じで、北海道や旭川独自の形態的特徴は見られないが、積雪に対しての生活の知恵による多少の工夫は行われていた。

その例は屋根型に現れる。開拓初期に多用された入母屋、寄棟屋根は四周に雪が落ちるので隣地に迷惑となり、狭い敷地では切妻、片流れ屋根に変わった。さらに出入口の配置も人身事故につながる屋根勾配下ではなく妻面に配置するようになり、下屋の配置も同様になった。また和風の伝統である幅広の庇（ひさし）は雪の重みでの崩壊を避けて徐々に短くするなど工夫がほどこされた。

しかし寒冷への対応は戦後になってからのことで、温暖地域の涼しさを旨とする伝統的な和風建築に対する工夫には消極的だった。暖房はコタツ、火鉢から薪や石炭ストーブに移り、各家屋には外側の腰壁上から垂直にのびる煙突が取り付けられて、住宅の形態に変化を与えた。

旧陸軍第七師団建築の影響

国策で一八九九（明治三十二）年から突如として旭川に設営された旧陸軍第七師団建築の最先端の建築意匠技術は、旭川のみならず全国的に多くの影響を与えた。木造将校官舎の玄関庇下壁にみられる数本の装飾的な木製方丈（西洋建築軒下壁のブラケットに類似）は、民間の住宅に意匠として用いられ、軍の建築が民間に影響を与えた一例である。

反対の事例は、官舎に設置された床全体を暖めるオンドル技術が民家に伝わらなかったことである。オンドルの本場、韓国や旧満州に学んだ陸軍が特に旭川に持ち込んだ技術であるが、大正時代に民間住宅に設置されていたオンドルの床下煙道が平行配置で、本来の放射状配置ではなかった。解体調査の時、効率が悪く数年で使用しなくなった、と聞いた。普及に至らなかったのである。

おわりに

亜寒帯地域旭川の戦前までの一部を記したが、開拓民が持ち込んだ温暖地域である本州などの木造軸組構造そのものの形態であって、寒冷積雪という環境への対応が形態に現れるのは戦後になってからである。その意味では北海道であっても旭川であっても、特徴的な形態はあまり見られず全国的な傾向を示してきたといえる。

ただ、旭川でのＲＣ造導入は北海道内では早く、また、最先端の軍建築の意匠技術が直接的に民間に影響したことはひとつの特徴といえよう。

（川島洋一）

旭川のデザイン教育と研究

教育研究は、地域の人材育成、技術の伝承そして社会や技術を方向付ける思想理論の構築に不可欠な活動である。旭川のデザインに関係する教育研究機関は、文部行政に属する東海大学と北海道教育大学、労働雇用行政に属する北海道高等技術専門学院があげられる。

東海大学芸術工学部

旭川市は、歴史の中で常に教育の充実に情熱を注いできたが、開基八十年(一九七〇年)を迎えるにあたり「研究学園都市」を掲げた。一九六七年ごろから準備に入り、五十嵐広三旭川市長は、参議院議員でもあった松前重義東海大学総長に大学誘致を打診して接触三度目、要望した「医学部は無理だが地域性にあった他学部なら」のニュアンスを得たので即座に「では工芸学部を」と食い付いたといわれる。地元の誘致活動に東海大学は検討を重ね最終判断に至る。学内決断の場で大方は否だったが、総長はGOを宣言した。

総長は「春の希望の芽生えや夏の濃き壮んなる緑は、冬の寒い時の見えざる間に謙遜に養われているから……」農業大国デンマークにおいて国民高等学校の、創造性豊かな人づくり地域風土に根ざしたものづくり教育が果してきた役割を想い、旭川を思想実現の地としたのである。経営的観点をはるかに超えたところに旭川の東海大学のスタート、建学の理念はあった。

一九七二年、石狩川に接する忠和の丘に東海大学工芸短期大学は開学する。二年前に松倉定雄は元職場の産工試を訪ねて豊口克平、剣持勇らに教員派遣を打診して新庄晃が発足時教員(デザイン八名、建築二名)となり、荒井善則らと旭川入りをした。デザインと建築の二コースで入学者は百九名だった。木材家具関連をコアに各地から集まった教育スタッフは、進行中の施設整備や多くが厳しい未体験の積雪寒冷に戸惑いながらも情熱を傾けキャンパスは急速に熱気をおび始める。デンマークからT・ヨハンソンを招き、北欧の生活デザインの話や空間演習で学生に感銘を与え

東海大学用地を検討する松前総長と五十嵐市長(1970年)

たのは一九七二年と七四年である。短大からは、全国の家具室内建築はじめさまざまな分野に学生が巣立ち、今日道内で経営者、デザイナーとしての活躍も目立つ。

学窓から正面に大雪山と眼下に旭川市街を望みながら、未知の創造活動に導くその時間と空間は、強いインパクトを教わる側教える側の双方に与え、その空気は旭川キャンパス独特の校風として引き継がれていく。

一九七七年、国立の九州芸術工科大学についで私学で初の、芸術工学部を擁する四年制の北海道東海大学へ移行した(デザイン学科建築学科学年定員各八十名)。同年のちに二代目学部長になる建築家高田秀三ら建築学科教員が増員された。コンピュータデザインの先駆者出原栄一が製科研(元産工試)から一九七九年、さらに二年後桑沢デザイン研究所の教育歴をもつ矢野目鋼がデザイン学科教員に。一九八一年松前紀男学長就任、翌年には高田学部長とカリキュラムの大幅改定に着手して教育内容を拡げると共に、北方文化圏確立を目指して行政、民間企業、市民団体と積極的に活動展開をはじめる。

一九八四年、日産自動車から東海大学に移りそこの上司だった松前学長に誘われ澁谷邦男と、高田に誘われて静岡工業試験場を経て伊勢丹研究所を立ち上げた鈴木庄吾がデザイン学科教員になる。澁谷は八六年にデザイン学会全国大会を開催、八七年第三代学部長に、また一九九〇年東北以北初の芸術系大学院の芸術学研究科生活デザイン専攻を発足させて初代研究科委員長になる。鈴木は一九八五年に高田を引継ぎ北方生活研究所長に就任。

澁谷らは改革と授業の充実を進めて時代に先駆けてのシラバス実施や設備を改新。サーベイから問題構造化、コンセプト、発想展開、プレゼンに至るプロセスを授業で体系化して全国レベルのデザイン教育を確立する。学会の開催、大学院開設、北欧大学との教員学生交換協定も進め、大学の存在と特徴は全国のデザイン関係者の知るところになるなど、活気溢れるキャンパスとなる。それは「北の国から」を観て北を志向する受験生もあわせ全国からの志願者数増の形にもなって表れた。八六年林拓見が澁谷の、八七年小川博が出原の、八九年小林謙が鈴木の推薦でそれぞれ製

現東海大学芸術工学部キャンパス

造企業からデザイン学科教員に。同年札幌市に二学部ができ、単科大学から三学部を擁する大学になる。一九九一年P・ヘルクヴィスト、九二年田野雅三（フリー）、九三年織田憲嗣（フリー）が澁谷の推薦で、九九年中尾紀行（大阪市立大）が公募でデザイン学科教員に。

わが国最北のデザイン教育キャンパスを出た卒業生は、大企業、中堅企業、地元の企業、デザイン事務所など全国に羽ばたく。大学院修了生は注目されるデザイン学研究を学会で発表、留学生は母国で大学研究者として、また日本でデザイナーとして活躍している。

志願者数は一九九一年がピークで以降少子化の影響もあり、徐々に減少する。二〇〇三年両学科を統合してくらしデザイン学科に。〇五年第六代学部長に小林謙が就任。デザインマンスを立ち上げて地域と一体となった活動を展開。東京デザインウイークでは学生が活躍する。

二〇一〇年、学生定員、授業料など少子化対策や地域にとっての大学の存在意義について、現場担当者の判断と大学法人本部のいわゆる中央の判断とに差はないとはいえぬ状況が進む中、募集定員の半数以上割れが続き、学校法人東海大学は二〇一一年をもって旭川校舎の募集停止と札幌へのデザイン系教育の移転を決定した。

北海道の生活の明日を築く有能な人材を育て、首都圏など異常ともいえる過密都市を離れ自然と地域社会に密接な生活を通して養われるノーマルなデザイン思考を養うというふたつの目的を達成して、巣立った数多くの卒業生が中堅デザイナー建築家として道内外で活躍中という、振り返るときわめて意義深いキャンパスであった。

二〇一〇年、それまで東海大学が旭川に果たした役割が大きかっただけに、何らかの形での継承発展を、と「旭川に公立ものづくり大学（仮称）をつくろう」の市民運動が、長原實を中心に始まった。（澁谷邦男）

北海道教育大学旭川校

北海道教育大学旭川校は、一九二三年に設置された北海道旭川師範学校を前身としている。一九四九年五月国立学校設置法の公布により、北海道内の各師範学校を発展的に解消

L.ラーソン先生ら大学で白夜祭（1991年）

して、札幌、函館、旭川、岩見沢（一九五四年〜）の各分校、それに新設の釧路を加え北海道学芸大学が発足した。一九六六年には北海道教育大学と大学名を改称し、九三年には旭川校と分校名を改称、さらに二〇〇四年国立大学法人へと移行した。

　この間八十年余、教員養成を中心としてきたが、一九九九年度からは教員養成の課程を「学校教育教員養成課程」に統合し、教員以外の人材養成を、生涯教育・国際理解教育・地域環境教育・情報社会教育・芸術文化の五課程に再編した。さらに二〇〇六年度、教員養成課程を札幌、旭川、釧路校に、人間地域科学課程を函館校に、芸術課程・スポーツ教育課程を岩見沢校に再編した。

　八重樫良一は一九八四年、旭川校美術科の教員公募に応募して初の美術講座デザイン担当教員として採用された。工芸担当の前田英伸は一九九六年八重樫の紹介で札幌市立高等専門学校から旭川校に移る（二〇〇六年より岩見沢の芸術課程へ）。

　大学には大学院の設置、ゼロ免課程（芸術文化課程）への移行、再び旭川校の教員養成課程（中学校美術）への復帰と全国教員養成系大学の流れと同様の要因による変化が次々に生じるが、変わらぬ本務としてこの地で学生に資するデザイン教育「生活に結びついたデザイン、生活における美の表現としてのデザイン」（八重樫）を展開してきた。二〇〇九年八重樫は副学長（旭川校担当）に就任。

　地方大学美術科では専門を一人で責務を担うため、例えばプロダクト専門であるがグラフィックデザインの実技指導も担うなど（概してグラフィックのニーズが高い）、ともすると広く浅くという教育で専門性の深化が図りにくいシステムともいえるが、マンツーマン教育の良さもある。卒業後グラフィック、インテリア、雑貨などデザイン現場で少数ながら活躍している。

（澁谷邦男）

北海道立旭川高等技術専門学院

　旭川市の文教地区緑ヶ丘の本学院は、職業能力開発促進法に基づき、源は一九四五年開所の旭川市建築工養成所にある。翌年道庁立補導所となりに木工科が設置される（定員五十名期間六ヵ月）。さらに翌年公共職業補導所、

現北海道立旭川高等技術専門学院

一九五八年には職業訓練所（期間一年）となり、一九六九年専修職業訓練校、一九七七年高等職業訓練校を経て一九八八年北海道立旭川高等技術専門学院となる。

北海道は技術の進展や経済のソフト化サービス化等を踏まえ、一九九六年に二年制に移行、造形デザイン科、電子印刷科、色彩デザイン科の三科体制（各課一学年二十名）とした。六十余年にわたり地元の木工業界はじめ各界に人材を送り出してきたが、修了生の多くは長原實ら戦後の旭川家具を牽引する学院の先駆者の活躍が指針となり、それを目指す土壌が築かれ、また将来展望の良き相談者ともなっている。近年デザインに関係しては、臼井義哲、丸野正人、西出春夫、出村貴昭、寺木奈津子、小林憲司、田辺弘、内田賢らが、現在は山下哲生、吹谷眞一、高橋昌彦、佐藤勝幸、北嶋茂らが担当職員として教育にあたっている。

充実した設備を駆使した授業の成果は、ほっかいどうグッドデザインコンペ二〇〇六学生部門金賞など外部でも評価され、また技能技術面では技能五輪全国大会、国際大会に連続出場するなど研鑽を重ねている。（西出春夫）

旭川市工芸センターの製品開発

センターのひとつの柱となる製品開発の歴史は、一九五五年に旭川市木工芸指導所（前身は一九三四年旭川市立産業指導所、一九四八年旭川共同作業所に遡る。一九九七年旭川市工芸センターに改称）として開設された時点に始まる。そのころの資料や写真から、すでに家具企業の従業員などで組織されたデザイン研究グループに工芸指導所職員も加わり、仕事を終えた夜間に集まって家具の設計や新たな生産方法について研究を重ねていたことがわかる。

一九六一年には、豊岡三条三丁目に移設と同時に、十三台の新規機械設備が導入され、製品開発と加工技術研究が並行して進められている。所内では、剣持勇、吉武茂介など中央で活躍するデザイナーと共に、設計やモデリング、試作などを繰り返し、リビングセットなどを完成させている。

一方デザインを具体化する加工技術についても研究が進み、塗装、接着、接合、乾燥方法に加え、新たに導入されたコピィングマシンの利用、ノックダウン金具の開発、成型合

現工芸センター（旭川リサーチパーク内）

板の生産技術開発、フラッシュパネル構造の研究開発など家具の量産化に向けた業務が着実に進んでいた。また企業の若手技術者と指導所職員によるデザインアソシエーションの活動が活発になり、展示会を開催するなど製品開発に関する研究も完成度を高め、品質と生産性の向上が目に見える成果として継承されている。

　昭和五十（一九七五）年代に入ると、製品開発においては川上信二、秋岡芳夫、神戸憲治ら中央のデザイナーを招聘しアドバイスを受ける中、「技術とデザイン」を両輪とする考えが明確となり、開発テーマも生活提案を中心としながら新たな加工技術を利用した製品の提案へと変化している。家具の展示会へ年に二〜三回の参考出品を繰り返し、そのつど企業の意見やバイヤーの反応を見聞きしながら完成度を高め、将来的には商品化を目指す製品開発を継続してきた。新たな加工技術として、従来から家具の接合方法としてあったホゾ、ダボに続き、第三の接合方法としてミニフィンガー接合が開発され、三方継ぎも単純な加工に置き換えられ、成型合板や曲げ木でなければ創れなかった形を可能にした事であった。

　また、小木工品などクラフトの開発も進み、商品アイテムも増え、東京で展示会を開催するなど、木製品を多種生産する地域として成長してきた時代である。

　その後指導所では、三次元CAD／CAMシステムを導入し、設計データを加工データに直接変換すると共に、CG表現も可能とするなどハイテク技術の普及に努めている。いつの時代も製品開発では「技術とデザイン」の充実が、その成否を担っていると思う。

（山田克己）

大田久幸「木の仲間たち」

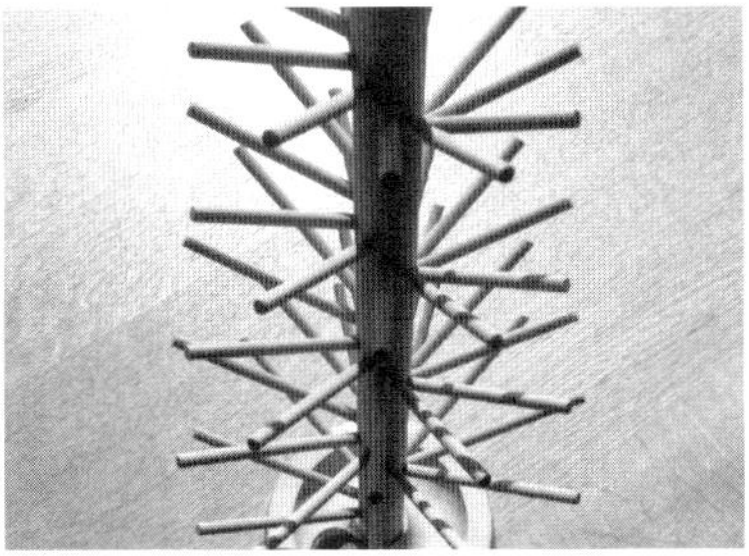

三浦忠司「森のさえずり」

column なぜ今旭川でデザインの仕事をしているのか

旭川デザイン関係者の、次の二点の質問に対する回答。
①デザインに関心を持ったきっかけ　②旭川に入られた経緯
（二〇一〇年ＡＤＡ刊「旭川デザイン史」から抜粋抄録）

荒井善則（ビジュアルデザイン・版画）
①長野で受験準備中デッサン教室の先生からベンシャーン「ある絵の伝記」を薦められ、イラストレーションによる社会へのメッセージが新鮮だった。②東海大学工芸短大開学にあわせて赴任。

伊藤友一（グラフィックデザイン）
①旭川の高校二年生後半の時イラストやデザインという分野を知り、デザイナーを目指すきっかけに。②二十九歳の時に広告の仕事をしていた東京からUターンして二十五年。

伊藤隆夫（知的所有権・弁理士）
①昭和三十（一九五五）年代津波のように拡がったデザイン思想がこころを掴んだ。金沢美術工芸大学を卒業して通産技官に。②函館生まれ。旭川高度化センター役員の話に迷いなく旭川に。

上田政夫（グラフィックデザイン）
①高校の時旭川金市館の横尾忠則展にて、指定原稿や版下の展示もありグラフィックの仕事に衝撃を受けた。②日大卒業後東京の広告代理店勤務。一九八七年故郷の旭川に事務所開設。

大谷　薫（インテリアコーディネートデザイン）
①東海大学大学院に進学がデザインの道へのつながり。暮らしの中のデザインが人の心に影響を与えることが分かり素晴しいと感じて仕事に。②旭川は出身地。

大谷泰久（染織）
①J.Frankenheimer の"Grand Prix"で映像に魅せられて。②最初の就職先が旭川だったから。

小川　博（ＣＧ・デジタルデザイン）
①一九八〇年ごろフォーラムでコンピュータグラフィックスと出会う。②出身地の北海道東海大学教員に。

織田憲嗣（教育・家具研究・グラフィック）
①美しいものへの関心から模写やデザインをずっと続ける。家具は父親の影響と思われる。②最初のＩＦＤＡで長原實さんのお誘いを受け椅子を通じて関わりを深め、大阪から北海道東海大学に。

小野慶治（グラフィックデザイン）
①工業高校在学中に大手建設の設計に関わりハードな発想に疑問をもち、東京から帰郷したグラフィックデザイナー中村十三男に師事。②札幌と旭川で博覧会の企画デザインを行う。

勝浦恭子（エディター・コピーライター）
①小学のころから紙と活字が大好きで朗読者志望。大学の時アートシアター新宿文化に出入り、表現の世界にかかわろうと卒業後大広へ。②札幌生まれ、結婚で旭川に。

金田道従（パッケージ・フードデザイン）
①二十五年程前に自社商品のパッケージ制作の時にデザインに興味を持つ。②旭川で生まれ育つ。家業だった農産物の商品開発、販売を行っている。

桑原義彦（会社経営（匠工芸）・家具デザイン）
①職業訓練校時代。旭川で初代木工指導所所長松倉定雄氏との出会い。②北見の職業訓練校を修了し旭川で木工を始める。

小林　謙（教育・家具・インテリアデザイン）
①小中高と絵と遊び道具製作や模型に熱中、洋書など取寄せ勉強してデザインの大学へ。②出身地の就職先札幌木工センターで鈴木庄吾先生と出会い、東海大学に誘われ旭川へ。

澁谷邦男（デザイン学研究・工業デザイン）
①小学の時東京神田交通博物館の工作教室で、実物の再現より形の創作が評価され目からうろこ。千葉大学でデザイン世界に。②東海大湘南で教育改革に挑む松前紀男学長に誘われ旭川に。

下出敏男（グラフィックデザイン）
①洋画を専攻、絵心が反映される業種ということで広告業界へ。②出身が地元。なんとか仕事ができるので。

城台幸子（ステンドグラスデザイン・制作）
①二十年間染織の世界。硝子工芸は師、菅原任との出会いから。②子供の時旭川に。東京から母の看護と、ステンドグラス制作工房開設で再び旭川に。

菅井淳介（グラスクラフト）
①学校で純粋造形を学ぶが、所属合唱団ポスターのデザインが始まり。②日本で一番気温差のある旭川で強度を確かめられればと出身地にガラス工房を開設。

杉本啓維（旭川家具工業協同組合事務局長）
①東海大学のデザイン教育　②小学六年に旭川に。ＩＦＤＡの開催等旭川をベースに活動を展開。

鈴木徳雄（**調湿・消臭・防錆材製造**）
①稚内で調湿機能のある岩が発見され、会社でそれを新製品として開発するためにデザインが必要になった。②大学卒業後、父が倒れ支えるために出身地旭川に帰る。

滝本宣博（**陶磁器制作・クラフト**）
①小学の時粘土探しから制作まで創作の楽しさを知る。②大学等約十年関西に住むが北海道の良さを再確認、陶芸修行終了を期に帰省、工房を開設する。

田山里奈（**家具デザイン・制作**）
①絵画教室にあった『デザインの現場』を読み、その世界を知り北海道東海大学でデザインを学び、木工の世界に。②旭川で生まれ育つ。

丹野尚美（**フラワー・ガーデンデザイン**）
①一九八三年に生花を。より広く学ぼうと和と洋のデザインの習得を始めた。②旭川の土地柄に惹かれる。

丹野則雄（**木工クラフト**）
①札幌の北海道デザイン研究所で学び、伊藤隆一先生の教えを受け、特に北欧に興味を持つ。②旭川出身。

出村貴昭（**教育・木工クラフト**）
①岩見沢の高校美術の先生のデザインの話。②東海大学卒業後横浜の日本ビクターを経て再び旭川の匠工芸へ。

中井啓二郎（**木工クラフトデザイン・制作**）
①絵が好きだったが、自ら考え作ることができる世界にと大学の木材工芸科に入る。②横浜、東京に勤める。市木工芸指導所デザイナー募集を聞き応募して旭川に。

中尾紀行（**教育・家具デザイン**）
①高校の時サントリーのＣＭでガウディを知り建築に興味を持つ。②大阪市立大学に技術職員で勤務中、「室内」で北海道東海大学教員募集を見て応募。

西出春男（**家具**）
①インテリアセンターに入社して長原社長の思いが伝わって。剣持、中村先生の影響も。②就職。

早見賢二（**木工クラフト**）
①幼少から絵と工作好き。「動くもの」の木工芸を仕事に。デザインは当初は意識していなかった。②一九七二年指導所や木工企業が多い旭川を、仕事と住むところに選んで正解。

福士成悟（グラフィックデザイン）
①高校のころ、横尾忠則、伊坂芳太良などグラフィックが職業に認められてきた。祖父が模型飛行機の図面を書き、母が絵手紙の初代旭川会長などで遺伝的なことも？　②出身地旭川に一九九八年にデザイン事務所設立。

前田英伸（プロダクト・クラフトデザイン・陶磁器）
①中学の図書館にあった黒い背表紙の美術出版ＤＳＳシリーズ。②札幌高専に就職、その後友人のいる旭川へ。

松井ケイ（イメージコンサルタント）
①東京でメイクアップやファッションの仕事中、カラー分析や提案のビジネスを知る。②二十年間東京で仕事し旭川へ。

松澤　衛（デジタルコミュニケーションデザイン）
①父が建築関係で小さいころから建築、写真、工業製品に興味を持つ。②東京から大学（北海道東海大学）入試で。

南　正剛（陶磁器制作・レリーフオブジェ造形）
①瀬戸インドを経て陶芸の道を歩むと定めた時から。②美瑛町に工房をつくり瀬戸から移る。

矢筈野義之（グラフィックデザイン）
①中学の文化祭ポスターが採用され、うっすらと。②ＴＶドラマ「北の国から」にゆすぶられ横浜から旭川の北海道東海大学へ。

山田克己（家具・クラフト・プロダクト）
①中学から絵画彫刻に興味をもち大学で彫刻を学ぶ。デザインは職場などで学ぶ。②松倉定雄先生と写真が縁で知り合い、工芸指導所を知りそこに就職。旭川生まれ。

和田徳子（ユニバーサルデザイン・クラフト）
①小学校でポスターが金賞に。デザイン系大学、大学院とイエテボリ大留学。②親の移住で東京から旭川へ。

吉原英樹（ディスプレイ）
①東海大学でデザインを学んで。②小学五年より旭川に。ディスプレイデザインの工房を設立。

渡辺恭延（会社経営（北の住まい設計社）・家具）
①学生時代、伊藤隆一先生の北欧などの講義を受けて。②一九五七年小学五年の時旭川に転校してから。

（抄録と文責　澁谷邦男）

旭川デザイン史年表

年表内容編者／澁谷邦男

前史

西暦	和暦（年）	背景（一般・デザイン界など）	産業界の動き	教育研究界の動き	官公庁の動き
1886	明治19	北海道庁は殖民地選定事業開始／樺戸集治監囚人を使役して上川仮道着工			
90	23	上川に旭川、永山、神居の三村を置く			開発の先兵屯田兵村、上川に建設着手
95	28	アールヌーヴォー国際的に広まる			
98	31	旭川に官設鉄道上川線開通		私立旭川裁縫専門学校開校	鉄道工場創業、洋家具製作始める
1900	33		旭川木挽場（のち田中木材工場）創業。建具、家具、馬車馬橇など木材加工業はじめ染、食品加工など軽工業の創業始まる		北海道全体を管轄する第七師団旭川に設置
14	大正3				市来初代旭川区長就任、木工伝習所開設、国内留学など木工振興と人材育成政策を展開
19	8			バウハウス（ワイマール）設立	
21	10			東京高等工芸学校芝浦に創設、旭川生まれ山口正城工芸図案科二期生に	
22	11	市制施行で旭川市に／旭川市人口六万人強／宗谷線稚内まで開通	旭川市の工業研修生松倉定雄富山県立工芸学校に入学		徳川慶親スイスの農村美術見本二十一点を八雲へ、翌年農民に熊彫りを奨励
23	12			旭川師範学校開校	
26	15		旭川松井梅太郎木彫の熊を制作		
28	昭和3				仙台に商工省工芸指導所設置初代所長国井喜太郎、五年後東京に支所設置
29	4				工芸指導所工芸指導者を養成する伝習生事業開始、全国に施設の設置始まる
31	6	柳宗悦ら『工芸』発刊、民芸運動活発に			旭川副業指導所発足（のち旭川市工芸指導所）
32	7	旭川市中心部河川切替、旭橋完成／『工芸ニュース』創刊			
33	8		旭川生まれ彫刻家加藤顕清が道工芸試験場にて松井らに講習会／郷土民芸土産品協会発足	師範学校が北海道学芸大学旭川校に	商工省全国に工芸技術官配置各地に指導所伝習所を設置

西暦	昭和				
45	20	旭川市人口九万人弱／太平洋戦争終戦			工芸指導所が復活軍需から本来の使命に
49	24				松倉定雄仙台の工芸指導所から前年開設の旭川市共同作業所に
50	25	ニューヨーク近美グッドデザイン選定			
51	26	松下電器産業が宣伝部に製品意匠科設置／第一回日宣美展	道立工業試験所坪田博治旭川市ほかで家具設計製図講習会／長原實が道立旭川公共職業補導所卒業熊坂工芸入社	千葉大学、東京芸術大学でデザイン教育始まる	
52	27	毎日新聞創立七十周年事業で第一回新日本工業デザインコンペティション			国の工芸指導所が産業工芸試験所（産工試）に
54	29	前年に日本デザイン学会発足	竹沢秀夫、長原實、中村昇らで旭川木工デザイン研究会		
55	30	旭川市人口十五万人／銀座松屋デパートグッドデザインコーナー開設／『木工界』（のち室内）創刊	全国優良家具展はじまる／第一回旭川木工祭開催		グッドデザイン展（産工試デザイン啓蒙活動の一環）旭川市体育館で開催／旭川市共同作業所を旭川市木工芸指導所に改組（初代所長松倉定雄）
57	32				藤山愛一郎英国で日本製品のデザイン盗用を問われる／特許庁意匠法大改正／グッドデザイン選定開始
58	33	佐藤武夫設計旭川市庁舎完成	長原實産工試伝習生に／小野博展会社の企画デザイン室へ		
60	35		長原實全国優良家具展会長賞		
61	36	旭川市人口二十万人／人間工学広まる	旭川家具事業共同組合結成、問屋主導から脱し始める		
62	37			北海道デザイン研究所札幌に設立	前野与三吉市長海外技術研修生募集
63	38	五十嵐広三旭川市長就任、全国最年少市長として話題に	長原實、小林正吾、川村勇三年間海外（ドイツ）研修へ		
64	39	旭川の作家三浦綾子「氷点」朝日新聞に		旭川工業高等専門学校設置	
65	40		小野慶治電通旭川支局に／全優展で上川木工が総理大臣賞		
66	41	旭川空港完成、東京便就航	旭川市地場振興策の木工団地にインテリアセンター設立	学芸大学が教育大学に改称	
67	42		桑原義彦技能オリンピック（スペイン）銀賞		旭川市木工芸指導所にデザイン係設置

導入期

西暦	和暦(年)	背景(一般・デザイン界など)	産業界の動き	教育研究界の動き	官公庁の動き
1968	昭和43	小田急ハルク家具専門館開設	太田木地工房、佐藤工芸開設		
69	44	旭川市人口三十万人を超える／産業デザイン振興会（産デ振）設立	前年創立の㈱インテリアセンターが小田急ハルクにオリジナル家具を初納品		産工試が製品科学研究所（製科研）に／田中重充旭川市木工芸指導所に
70	45	旭川市開基八十年で研究学園構想／国際グッドリビングショー第一回開催			
72	47	旭川中心部に全国初の歩行者専用道路買物公園誕生／公害問題顕著に／翌年三六〇円固定相場が変動へ	早見謙二旭川に工房開設／前年下村朔郎帰旭「喫茶店ちろる」を継承	東海大学工芸短期大学開学（学長松前重義）／新庄晃、荒井善則ら同大に／デンマークのT・ヨハンソン同大特別授業	
73	48	第一次オイルショック	大門巌技能オリンピック（ドイツ）三位入賞		山田克己、中井啓二郎旭川市木工芸指導所に
74	49	JIDAデザイン会議札幌で開催	「旭川の物産と観光」ハワイ展		
76	51		サンフランシスコ家具ショー九社出展／旭川デザインシンポ開催石津謙介パネラー川上信二、秋岡芳夫、新庄晃、伊藤隆一、林雅子		旭川市立木工芸指導所が窯業を統合して旭川市工芸指導所に
77	52			北海道東海大学開学（初代学長松前重義・初代芸術工学部長黒田一郎）	及川俊樹旭川市工芸指導所に／旭川市工芸指導所秋岡芳夫を嘱託に
78	53	日本グラフィックデザイナー協会発足	太田正幸クラフトセンタージャパン入選／旭川家具工業協同組合設立／第一回東京国際家具見本市に出品		
79	54		北海道家具サンフランシスコ見本市出品／匠工芸設立	出原栄一北海道東海大学に	製品科学研究所筑波学園都市へ移転
80	55		中井啓二郎日本クラフト展新人賞／滝本宣博東川町に理想夢工房開設		
81	56	旭川国際バーサー大会開催／旭川空港ジェット機就航	第二回国際家具見本市で旭川家具が注目を集める／インテリアセンター外部デザイナーを影武者から前面に	北海道東海大学第二代学長松前紀男／矢野目鋼北海道東海大学に／同大でマッコイ夫妻講演	北海道立近代美術館「はこで考える――あそびの木箱」展
82	57			北海道東海大学第二代芸術工学部長高田秀三／旭川出身阿部公正北海道東海大学で講演	北海道立旭川美術館開館
83	58	コンピュータグラフィックス拡がる	南正剛美瑛町白金に皆空窯開設	出原栄一著『樹木』発刊	
84	59		長原實国井喜太郎産業工芸賞／インテリアコーディネーター第一回試験、当時札幌	澁谷邦男、鈴木庄吾北海道東海大学に／八重樫良二教育大旭川校に	北海道立旭川美術館「木の椅子は語る」展／同館「山口正城・健智」展

発展期

			の小林謙ら取得		
85	60	旭川市人口三十六万人／プラザ合意	鈴木庄吾旭川家具デザイン開発研究会で指導	日本デザイン学会旭川大会（実行委員長澁谷邦男）／林拓見北海道東海大学に	中小企業大学校旭川市緑ヶ丘に開校
86	61		三浦忠司クラフト展入賞／インテリアコーディネーター第三回試験、旭川の金谷美奈子ら取得／菅井淳介旭岡にガラス工房開設	北海道東海大学第三代芸術工学部長澁谷邦男／小川博北海道東海大学に	北海道立旭川美術館「はこで考える――あそびの木箱」展
87	62		鈴木庄吾ほか旭川国際デザインフォーラムを企画開催／第一回北の生活デザインコンペティション（以下コンペ）（クラフト金賞中井啓二郎パッケージ金賞壺屋総本店）／媚山正敏文佳堂設立		
88	63	名古屋市で世界デザイン博覧会開催	㈱インテリアセンター創立二十周年記念事業で国際デザインフォーラム旭川88／第二回北の生活デザインコンペ（大賞インテリアセンター）	P・ヘルクヴィスト北海道東海大学に／旭川高等職業訓練校から旭川高等技術専門学院に改称	北海道商工労働観光部に生活産業デザイン係設置
89	平成1	インテリア学会発足（初代会長小原二郎）	旭川工芸デザイン協会ACDA発足（初代会長桑原義彦）／旭川広告デザイン協会aadc発足（初代会長小野慶治）／第三回北の生活デザインコンペ（工業金賞インタリアセンター）／旭川の歴史建築の保存を考える会発足（川島洋一会長）	北海道東海大学ヨーテボリ大と交流調印／小林謙北海道東海大学に	デザイン都市を目指す旭川頭脳立地構想発表／旭川市都市計画課に景観係設置（初代係長阿部英昭）／国道四条通電線地中化等歩道景観整備
90	2	旭川市開基百年／バブル経済崩壊始まる	第一回国際家具デザインフェア国際家具コンペ開催（以下IFDAコンペ）／ACDA松屋クラフトギャラリーでクラフト展開催／第四回北の生活デザインコンペ（大賞コサイン）	北海道東海大学大学院芸術学研究科開設（初代委員長澁谷邦男）／同大で国際デザイン教育研究会開催デ・パス、M・マッコイ、A・ヌルミスニエミ講演、世界各地の学生が聴講	旭川市商工部に工業デザイン係設置／旭川市景観委員会発足（初代委員長澁谷邦男）／第一回旭川市景観賞優佳良織工芸館ほか
91	3	芸術工学会発足（初代会長吉武泰水）／通産省旭川市を頭脳立地地域に指定	第五回北の生活デザインコンペ（大賞大金パッケージ金賞壺屋総本店）／旭川駅ビル二階に織田コレクション「チェアーズギャラリー」オープン	鈴木庄吾逝去／L・ラーソン二年間北海道東海大学に／同大とデンマーク国立デザイン学校交流始まる	旭川市景観基本計画策定
92	4		伊藤友一デザインピークス設立／北の生活デザインコンペ第六回（クラフト金賞工房宮地）／北海道立旭川美術館「あそびの木箱」展大賞丹野則雄、朝日賞大門巌／aadc展「デザイン曼荼羅」	田野雅三北海道東海大学に	
93	5		第二回IFDAコンペ／aadcデザインフォーラム旭川開催／第七回北の生活デザインコンペ（大賞工房宮地）	北海道教育大旭川校に改称、翌年国立大学法人に移行	北海道立旭川美術館「木のこころジョージナガシマ展」／旭川市公共サイン指針

挑戦期

西暦	和暦（年）	背景（一般・デザイン界など）	産業界の動き	教育研究界の動き	官公庁の動き
1994	平成6		北の生活デザインコンペ第八回（大賞コサイン、パッケージ金賞大金）	芸術工学会第二回大会旭川（実行委員長澁谷邦男）	
95	7		旭川家具工業協同組合理事長長原實／ACDA第二代会長菅井淳介／第九回北の生活デザインコンペ（工業金賞シスコンカムイ クラフト金賞工房宮地）		
96	8	旭川市デザイン都市形成推進事業開始	上川倉庫跡にコレクション館開設／松澤衛デジタルリソース設立／第三回IFDA国際家具デザインコンペ（銀賞蛯名紀之）／第十回北の生活デザインコンペ（大賞インテリアセンター 金賞クラフト北の住まい設計社）	織田憲嗣著『デンマークの椅子』光琳社／旭川高等技術学院二年制に木工科が造形デザイン科、色彩デザイン科新設／前田英伸教育大学旭川に	旭川市生活文化展開事業運営協議会発足／旭川市工芸指導所と旭川産業高度化センターがARKに移転
97	9		デザインギャラリー（以下DG）開設、三年後からADA運営／aadc第二代会長伊藤友一／aadc主導で三都市デザイン会議旭川開催／通産省Gマークでシスコンカムイ、フィーール、宮路鎮雄選定商品に／第十一回北の生活デザインコンペ（パッケージ金賞天の森）／ACDA「北の風南の風クラフト展」「クラフト動物展」」開催デザインDG		カラー・ガイド旭川（景観色）策定／旭川美術館「ヴィトラミュージアムの名品」展／旭川市工芸指導所が旭川市工芸センターに改称
98	10		三都市デザイン交流会議函館／第十二回北の生活デザインコンペ（大賞むう工房工業金賞スーパースタジオ）／北北海道生活産業デザイン展DG／ACDA展全道ガラス工芸展DC／デジタル・クリスマス「風が吹く時…」展DC／朝日新聞主催「くらしの中の椅子」展DC	日本インテリア学会旭川大会（実行委員長澁谷邦男）／北海道東海大学主催「マセマティカルアート」展DC	旭川市デザインビジョン策定
99	11		旭川デザイン協議会ADA発足（初代会長澁谷邦男）／コレクション館ADAに運営管理移管チェアーズギャラリー開設／第四回IFDA国際家具デザインコンペ、シンポジウム（T・コンランら）／三都市デザイン交流会議帯広開催／第十三回北の生活デザインコンペ（大賞旭油脂工業金賞インテリアセンター）／ACDAクラフト展DG	北海道教育大学教員養成以外の教育も／澁谷邦男著『商品デザイン発想法』東京美術／中尾紀行北海道東海大学に	

挑戦期

2000	12	旭川市中核都市に移行／米ITバブル崩壊	三都市デザイン交流会議旭川／松澤衛第一回デザイン塾デジテラ／第十四回北の生活デザインコンペ（大賞匠工芸クラフト金賞青柳勲）／ACDAクラフト展DC／旭川技匠工芸展DC／時代布展／ステンドグラス展／あさひかわデザイン大賞（小学生対象）DC／いきいきシニアファッションショーDG／旭川建具事業協同組合「高齢者向き引き戸建具」優秀作品賞DG	
01	13		ACDA第三代会長早見賢二／三都市デザイン交流会議函館／中井匠工芸「ウィーガ」グッドデザイン賞／ACDAサンフランシスコで協会展／WE LOVE HOKKAIDO展旭川巡回展／aadc展（作品＋旭川PRバトル）DG／あべ弘士「立体絵本にげだした動物たち」展／デザインスクール「バードハウス&フィーダー」／ACDA展「和」DG／ADA展DG／働く女性のライフスタイル展DG／フラワー展DG／建築展DG	旭川市キャッチフレーズ公募「あ、雪の匂い」選定／あさひかわ夢の創作コンテスト（原案小学生プロが製作）／旭川市工芸センター第十二代所長山田克己
02	14		第五回IFDA国際家具デザインコンペ（銀賞蛯名紀之）／三都市デザイン交流会議帯広／第十六回北の生活デザインコンペ（クラフト金賞工房宮地）／ADA展DG／ACDA展DG／aadc「クリスマス・メッセージ」展／建築・スペース展DG	
03	15	世界グラフィックデザイン会議名古屋	ADA第二代会長小林謙／イタリア・ミラノサローネに旭川家具初出展／第十七回北の生活デザインコンペ（工業金賞北嶺工匠クラフト金賞木と暮らしの工房）／ADA展開催デザイナーズカフェ併設DG／ACDA展DG／aadc展DG／建築・スペース展DG／コレクション館でサロンコンサート	北海道東海大学学生がデザイナーズウィーク東京に参加 デザインワークショップ旭川（産業デザイン振興会と地域開催委員会共催）／旭川家具横浜展で「旭川家具コーディネート」展示
04	16		aadc第三代会長矢筈野義之／aadc北海道産業貢献賞／ケルンメッセに旭川家具出展、同地にインテリアセンター販売会社設立／道庁赤レンガ庁舎で三都市交流デザイン会議／北海道グッドデザインコンペ（学生金賞石原祐理他）／	

西暦	和暦（年）	背景（一般・デザイン界など）	産業界の動き	教育研究界の動き	官公庁の動き
2004	平成16		中尾紀之「暮らしの中の木の椅子」展最優秀賞／ＡＤＡカフェのあるデザイン展ＤＧ／ＡＣＤＡ展ＤＧ／ａａｄｃ「旭川ブランド再発見」展ＤＧ／建築・スペース展ＤＧ		
05	17	京都議定書発効	第六回ＩＦＤＡ国際家具デザインコンペ（銅賞蛯名紀之）／三都市交流デザイン会議　旭川／旭川デザインマンス（以下ＡＤＭ）バウハウスデザイン展セミナーなど一カ月開催／北海道グッドデザインコンペ（金賞カンディハウス）／ＡＤＡ展／ＡＣＤＡ展ＤＧ／ａａｄｃ「もう一つの旭川観光ポスター」展ＤＧ／建築・スペース展ＤＧ	北海道東海大学第五代芸術工学部長小林謙	旭川市科学館サイパル開館（初代館長佐々木恵二）
06	18		旭川家具工業協同組合代表理事桑原義彦／三都市＋一デザイン交流会議函館／北海道グッドデザインコンペ（大賞コサイン田山里奈学生金賞高橋麻衣ほか）／ａｄｃ札幌コンペ＆アワード（サイン・ディスプレイ部門金賞矢筈野義之）／ＡＤＭ「人にやさしい工業デザイン」展ＤＧ／ＡＣＤＡ「クラフト動物園」展ＤＧ／ａａｄｃ展ＤＧ／建築・スペース展「かんきょう」ＤＧ／木の創造会「しきり展〜光・音・風・心」ＤＧ／ＡＤＡ特別展「障害を持つ人とデザイン」ＤＧ	芸術工学会秋期大会旭川（実行委員長川島洋一）／北海道教育大旭川校は教員養成課程に、芸術課程は岩見沢へ移転	
07	19	サブプライム問題表面化金融危機に	ＡＣＤＡ第四代会長中井啓二郎／フーデックスジャパン二〇〇七旭川ブースのデザイン評判に／三都市＋一デザイン交流会議帯広／北海道地図ビスタマップ旭川Ｄ・堤啓モスクワ地図品評会で最優秀賞／ＡＤＭ「語りかけるパッケージ」展ほか／ＡＤＡ「でざいん日和」展ＤＧ／ＡＣＤＡ「クラフト動物園」展ＤＧ		
08	20		第七回ＩＦＤＡ国際家具デザインコンペ／旭川ポリフォニー（カンディハウス四十周年記念事業）／「旭川クラフト改造計画」東京インターナショナルギフトショーで発表／ケルンメッセに旭川家具出品／三都市＋一デザイン交流会議／ＪＩＤデザイ	北海道東海大学が東海大学芸術工学部に改組／藤森修東海大学に／東海大学学生「私のいちおしグッドデザイン」展	

ナーズトーク「円座イン旭川」／ＡＤＭ「地域から創り出された世界水準の日用品」展ほかＤＧほか／ａａｄｃ「あさひかわ裏検定」展ＤＧ／ＡＣＤＡ展「私の逸品」ほかＤＧ

日本・地域・デザイン史

2 東北 山形

Tohoku
YAMAGATA

2 東北 山形
Tohoku YAMAGATA

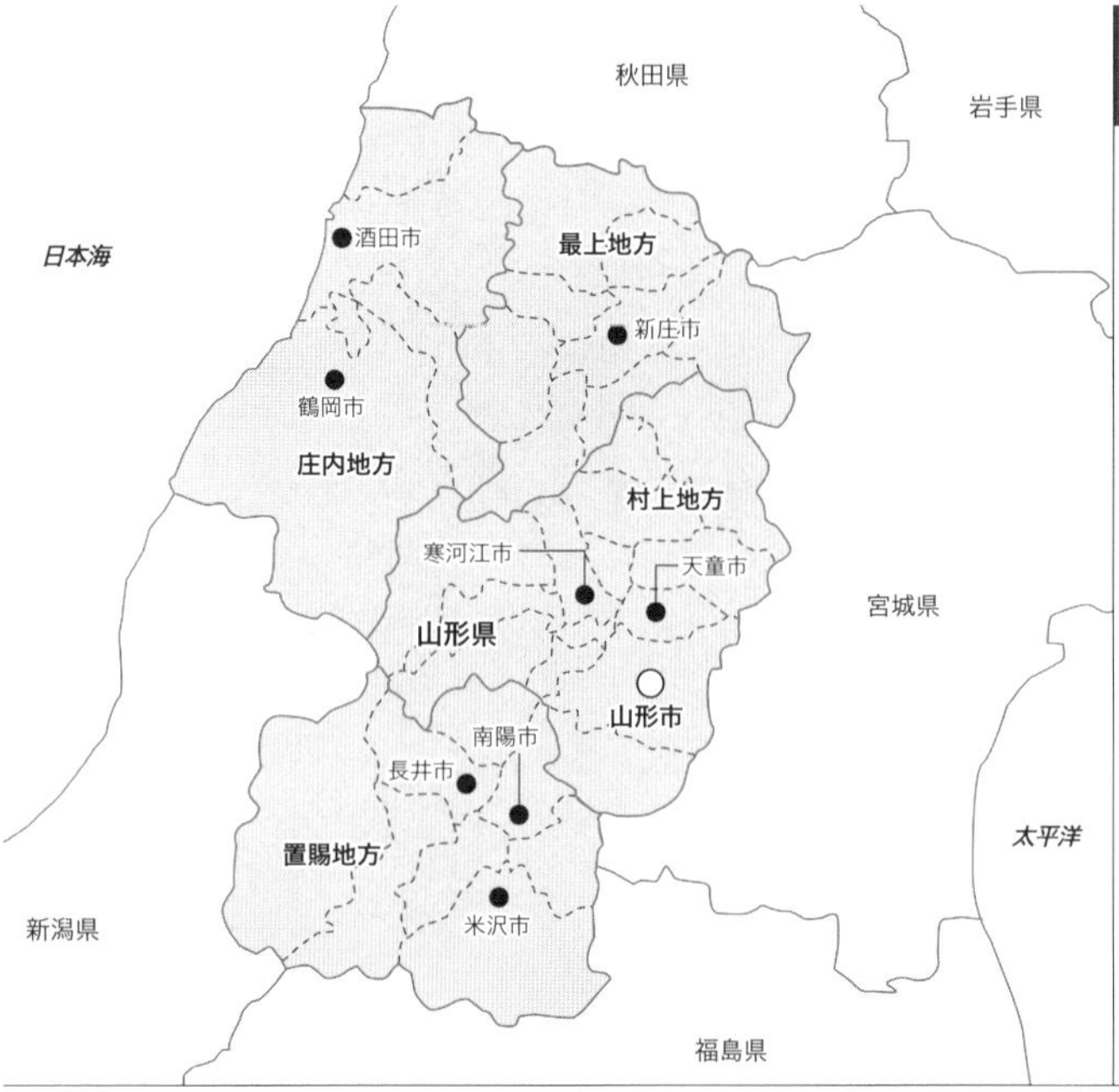

山形は、美しい自然に恵まれ、四季の移り変わりは折り目正しい。

夏の暑さは、近年まで全国一の記録をもつ酷暑の地である。また冬の厳しさは、これも豪雪地を県内全域に抱えることが示すように、長い寒さに耐えなければならない。

この寒暖の違いの大きさが様々な自然の恵みを与えてくれる。米どころはもとより、果樹王国の名も欲しいままにしている。また豊かな加工食品の数々は、食文化に彩りを添えている。

こうした風土に培われた文化と伝統は、多くの産業を生み、匠の技術を伝えてきた。山形のデザインの源泉は自然との共生にある。そして時代の要請に応える価値と魅力も共に意識しながら、先端を歩もうと努力している。

今日の山形は非常に活力に満ち、多彩な人材がひしめいている。一言で言うならば真に面白い時代の魅力に富んだ地域のひとつといえよう。

（早坂功）

山形デザイン史総説

揺籃期　一九一四〜一九四五年

山形県のデザイン史は地場産業の振興を目的としたことに始まる。明治および大正時代の地場産業の中心は、米沢市の絹織物、置賜地方の紬織物、山形市を中心とする村山地方の綿織物などの織物業と、県内全域に広がる酒造業が二大製造業であり、一九一三（大正二）年の県内工業生産額の八割はこれらの産業が占めていた。これに関連してデザインへの関心が当時から見られ、一八九七（明治三十）年創立の米沢市の県立工業学校に、一九一四（大正三）年に県立の意匠図案調整所が設けられている。

本格的なデザインへの取り組みは一九一九（大正八）年の山形県立工業試験場の設立に始まる。金工、木工、漆工の各部と図案部で組織され、場長以下八名の職員で構成されていた。初代場長の藤茂木は東京高等師範学校卒業後、京都高等工芸学校の助教授を経て赴任した。また二代目場長の山田善次は京都高等工芸学校卒業後に東大寺修理部、広島県立工業学校家具科主任などを経て赴任した。三代目場長の関清一郎は試験場開設前から高岡市より工業教師として招かれ、金属工芸品の試作研究と図案指導にあたるなど、いずれもデザインへの造詣に秀でた者たちが就任している。このように歴代の場長にデザインを専門とする人材が登用されたことは、山形県の主要な製品であった絹織物、鋳物や鍛冶の金属産業などの近代化に大きな影響をもたらし、その後の工業製品全体のデザインの向上につながっている。

一方仙台市にあった商工省工芸指導所との関係も見逃せない。特に㈱天童木工との関連は深く、工芸指導所の技師・剣持勇その助手の乾三郎との交流は、後の天童木工の成形合板技術の開発に発展する。また一九四〇（昭和十五）年指導所の招聘により来日したシャルロット・ペリアンは、仙台を起点に東北各地で指導にあたり、山形県では新庄市でスツールや折りたたみ式寝椅子のデザインの提案を行った。この提案を基に、新庄近郊の農家

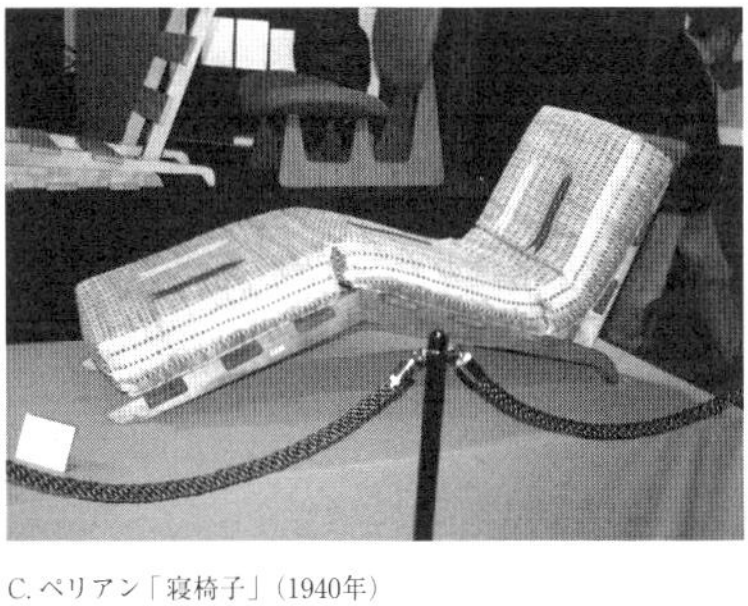

C.ペリアン「寝椅子」（1940年）
山形県立博物館

の手によって試作が行われた。この作品は今日も山形県立博物館に保管されている。㈱天童木工は工芸指導所との連携により、剣持、乾、豊口克平、柳宗理、藤森健次、磯崎新などとの協働により、日本の家具の名作を次々に生み出していく。

発展期　一九四六〜一九八〇年

　戦後の産業振興と近代化を支えた原動力は、県外企業の導入による産業界全体の多様化と技術の向上にあった。工業団地の造成による企業誘致は、県内各地で行われ、特に高度経済成長期には最も盛んとなる。その結果一九八一（昭和五十六）年には、工業団地数六十九、事業所数一千六十八に成長している。さらに試験研究機関の拡充や学術研究機関との協力が行われ、新製品開発への需要が拡大する。特に金属工業、木材工業、機械製造業、家具製造業からの要請に応えることが急務であった。一九五六（昭和三十一）年に山形県工業試験場の第五代場長に就任した橋本篤造は、東京高等工芸学校木材工芸科卒業後民間勤務を経て、山形木工㈱の取締役製造部長からの登用であった。特に木工関係の設備の充実を図り、一九五八年に実施された公設試験研究機関の強化を図る「中小企業の技術指導の強化に伴う国庫補助」に全国十機関のひとつに選定されている。また一九六八年に第七代場長となった塩沢永孚は東京高等工芸学校木材工芸科卒業後工芸指導所に入所、産業工芸試験所意匠部長を勤めたデザインの専門家としてその手腕を発揮した。その影響は工業デザインだけでなく商業デザインの分野にも及び、広告宣伝活動が活性化する。山形県商業美術展（一九五一〜五九年）、山形県宣伝美術展（一九五八〜七四年）、山形県広告賞（一九六八年設定、現在に至る）、日本海デザイン展（一九八七〜九一年）などが展開され、広告宣伝活動の啓発がなされた。

　山形県工業試験場は、一九八〇年四月一日、山形県工業技術センターと改称され、同時にそれまで独立の機関であった米沢繊維工業試験場（米沢市）および庄内工業試験場（三川町）が、山形県工業技術センター置賜試験場および庄内試験場として再出発する。

　山形県のデザイン教育機関としては、山形

大学教育学部美術科（現地域教育文化学部造形文化コース）、新庄工業高校（現新庄神室産業高校）インテリア科、米沢工業高校染色デザイン科、同専攻科デザインコース、東根工業高校工業デザイン科、山形デザイン専門学校などがある。

創造期　一九八一年〜

一九九〇（平成二）年山形県デザインネットワークが結成された。この母体となったデザインの研究グループは、山形県工業技術センターの協力の下に活動していた。家具木工研究会、クラフトデザイン研究会、商品開発研究会の三つのグループを一つの団体とし、さらにデザインに関連のある企業や教育機関、グラフィックデザインや建築などの分野にも広く賛同を得て結成されたものである。初代会長は石川尭である。県内産業の実情の調査や交流を通じて研鑽を行い、他県との交流を通じてデザイン技術の確立、デザイン情報の蓄積を目指した。その成果をまとめた「山形デザインアトラス」が一九九三年に出版されている。その後二代目会長大山勝太郎の下で二〇〇二年、特定非営利活動法人（NPO法人）として認可され、翌二〇〇三年、会員のデザインした商品、山形県出身者の作品などを展示販売する「山形デザインハウス」を山形市の中心部に開設した。

一九九二（平成四）年四月、東北芸術工科大学が山形市に開学した（初代学長・久保正彰、二代・會田雄亮、三代・小沢明、四代・松本哲男、五代・根岸吉太郎）。芸術学部とデザイン工学部の二つの学部から成り、デザイン工学部には生産デザイン学科、環境デザイン学科、情報デザイン学科の三学科がある。全国初の公設民営の大学として注目を集め、その母体を担った山形県と山形市の全面的な協力もあって、地域に広く点在する産業や環境などの諸課題の解決に向けた教育研究に取り組んでいる。これまで東北地方唯一の芸術系大学として、東北六県の出身者を中心に、全国各地から集った学生は、自由闊達な活動を展開している。また「東北学」として提唱された新たな研究分野も、地域の文化や伝統の見直しに活性化をもたらした。

（早坂功）

山形のデザインを担う企業、団体、大学

天童木工

㈱天童木工の創業は一九四〇（昭和十五）年で、地元の大工、建具、指物などの業者による天童木工家具建具工業組合として始動した。第二次大戦用の木製弾薬箱の生産が主力で、従業員百五十人に及ぶ工場をもつ大きな規模の組合で、一九四二（昭和十七）年には有限会社となり、翌々年には地元の名士であった大山不二太郎を社長に迎えている。戦後は軍用に保管していた杉材で卓袱台、茶ダンスなどの生産を行ない、次第に家具製造に転換していく。それを本格的な業務とするようになったのが、仙台市の商工省工芸指導所（以下工芸指導所）との出会いであった。

工芸指導所は一九二八（昭和三）年に仙台市に設立され、一九四〇（昭和十五）年、東京に本所が移されて、仙台は東北支所となった。仙台に本所があった一九三三（昭和八）年に来日していたドイツのブルーノ・タウトを顧問に招聘し、約四ヵ月間仙台に滞在して当時工芸指導所の所員であった豊口克平や剣持勇などを指導している。さらに一九四〇（昭和十五）年にはル・コルビュジエの弟子だったシャルロット・ペリアンがフランスから招聘されている。彼女は仙台を起点に東北各地を巡回し、山形県の新庄市では藁を材料にスツールや折りたたみ式の寝椅子の提案を行っている。

豊口は秋田県出身で、東京高等工芸学校を卒業後、建築家蔵田周忠が主宰する「形而工房」の研究会に加わり、工場生産のための部品の規格化や家具の寸法の標準化などを研究していた。一九三三（昭和八）年に工芸指導所に入所している。また剣持は、東京都の出身で、豊口と同じく東京高等工芸学校を卒業している。工芸指導所には豊口の一年前の一九三二（昭和七）年に入所し、主に家具の標準化に専念した。さらに柳宗理は、東京美術学校卒業後坂倉準三建築研究所に入社、ペリアン女史が来日した折には助手兼通訳を勤めている。

天童木工はこれらのデザイナーと密接な関係を築いていた。特に戦後直ぐに導入した成

乾三郎「座卓」（1959年）

柳宗理「バタフライスツール」（1956年）

形合板の技術は、工芸指導所で剣持の助手を勤めていた乾三郎の指導を得て、家具製造の業界で先駆的な存在に成長していた。こうした高い技術力の中から数々の名作が生まれていく。一九五六（昭和三十一）年の柳による「バタフライスツール」、一九五九（昭和三十四）年の乾による「座卓」、一九六一（昭和三十六）年の剣持による「チェアS／3048M」、一九六三（昭和三十八）年の豊口による「スポークチェア」などである。

天童木工は新進の作家の発掘にも熱心で、「天童木工家具デザインコンクール」がその中心的役割を果たした。第一回のコンクールは一九六一（昭和三十六）年に開催され、剣持は審査委員長を勤めた。また審査委員には丹下健三、豊口、渡邉力、長大作らの名前が見られる。課題は二部門に分かれ、第一部はオフィス家具、第二部が住宅用家具となっている。四百十三点の応募があり、学生から著名建築家まで幅広い範囲に及んでいた。「成形合板を一部または全体に使用したもの」という規定で、天童木工のイメージを拡げるものとなっている。審査は図面だけで行われ、金賞には山口文象の座卓が選ばれた。佳作までの入賞作品は天童木工で試作され、東京で開かれる「天童木工展」で披露された。さらに量産に向くものは実際に商品化された。コンクールはその後第五回目まで実施され、村井（田辺）麗子による「ムライスツール」、山中グループによる「マッシュルームスツール」などが商品化されている。

天童木工には戦後の日本の代表的な建築家やデザイナーが多数関わっているが、成形合板を主力とする高い技術力が彼らの要望を可能にしたからである。今日もその基盤は揺るがず、国内外に多様な家具や内装を展開していくものと期待されている。

山形県デザインネットワーク

山形県デザインネットワークは、一九九〇（平成二）年に結成されたデザイン振興団体である。その母体となったのは山形県工業技術センターの協力を得ながら活動していた三つの研究グループである。家具木工研究会、クラフトデザイン研究会、商品開発研究会がそれらで、他のデザイン関連分野や企業、地域

豊口克平「スポークチェア」（1963年）

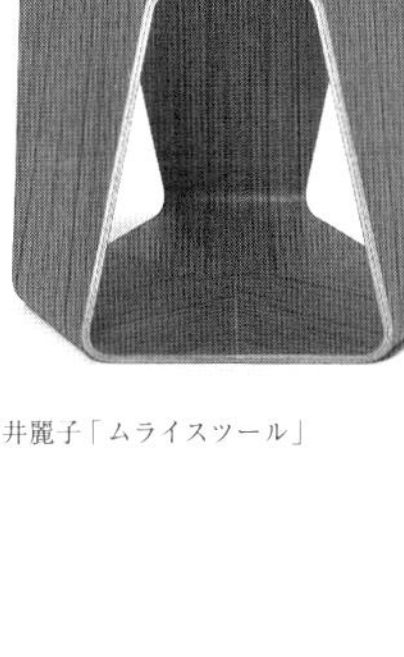

村井麗子「ムライスツール」

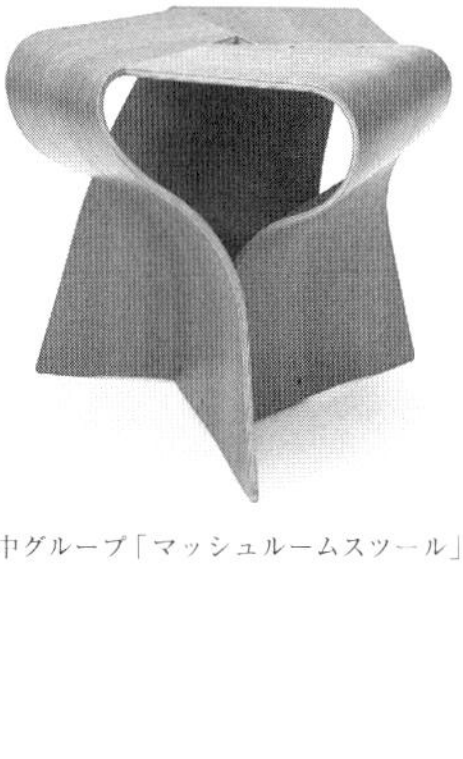

山中グループ「マッシュルームスツール」

や市町村の商工団体などにも参加を呼びかけた結果、百三十名を超える個人、二十を超える企業と団体によって結成された。会員間の交流を始め、デザインサタデーと称する県内企業や産地での研修、他県のデザイン関連団体との交流など、幅広い活動を目指した。また行政との連携による助成事業も軌道に乗り、現在に至るまで様々な事業の委託を受けている。それらの多様な活動の中から生まれた成果のひとつが、一九九三（平成五）年十月の『山形デザインアトラス』の出版である。Ｂ４判二百八頁に及ぶ県内産品、会員作品、県内デザイン情報資料を集大成したもので、山形県のデザインを知る上では欠かせない資料となっている。

さらにこのデザインネットワークの活動をより幅広いものにしたのが、二〇〇二（平成十四）年の特定非営利活動法人（ＮＰＯ法人）の認可であり、山形県と山形市、地元企業の助成の下に「山形デザインハウス」が開設されたことである。デザインハウスには会員の作品や製品が常設展示され、販売も行っている。またほぼ毎月テーマを設定して企画展示も併設している。企画展示の内容はさまざまで、会員の個展やデザインの分野の中で地域産業と関連の深いものをテーマとしたり、受託研究の成果発表なども行っている。いずれのテーマも山形県を意識した企画で、来場者の興味を得られる内容となっている。現在は東日本大震災からの復興を支援するために山形県以外の東北六県（新潟県を含む）を紹介する「東北の心とかたち」の企画を展開している。

山形県デザインネットワークがより発展するためには、山形県に限定しないより広い視野に立った地域産業の振興を目指した情報と、生活に地域の文化を感じさせるような情報の発信が求められている。

山形エクセレントデザインセレクション

「山形エクセレントデザインセレクション」は、山形県内で生産された製品のデザインを競うコンペである。一九九七（平成九）年に第一回の公募が行われた。主催は山形県、山形市、山形県テクノポリス財団、山形県商工会連合会、山形県商工会議所連合会、山形県中小企業団体中央会などで構成される実行委員会である。

2006年度エクセレント大賞
㈲ツルヤ商店「籐具 ami シリーズ」

事務局は山形県商工政策課が担い、公設のコンペということで極めて異色のデザインイベントといえる。

　山形県ではこのコンペに先立って「山形グリーンデザイニング」というコンペを一九九〇(平成二)年から一九九七(平成九)年にかけて六回実施していた。プロダクト、グラフィック、ファッション、アイデア・システムの四ジャンルに分けて公募していた。応募は全国各地から約二千二百余の作品が寄せられ、公設のコンペとしては大変意欲に富んだものといえる。年度により部門の変更があったり、一般と学生と対象を分けたりしているが、当時の時代精神ともいえる自然環境と人間の共生についてデザインの視点から考えるというテーマに貫かれている。

　このグリーンデザイニングのコンペを発展させたのが「山形エクセレントデザインセレクション」で、山形県内で企画開発、生産された製品を選定の対象としている。山形県のデザイン振興、ものづくり産業の発展を目指すもので、一九九七(平成九)年に第一回公募、二〇一一(平成二十三)年までに七回実施されている。審査基準は、計画性、機能性、安全性、社会性、市場性の五項目が設定され、それらを総合的に判断し、エクセレントデザイン大賞、イノベーションデザイン賞、エクセレントデザイン奨励賞、エクセレントデザイン賞などが選定されている。審査員は七回を通じて多少の交代があるが、會田雄亮、青木史郎、内田みえ、粟津潔、五十嵐治也、栄久庵憲司、長澤忠徳、本間利雄、山田節子、横川昇二、藁科裕里などの諸氏によって行われた。

　このコンペによって県内の企業、デザイナーたちの意識は高まり、山形県のデザインのレベルを計る格好の指標となっている。今後も継続的に実施されることが望まれている。

東北芸術工科大学

　東北芸術工科大学は、一九九二(平成四)年四月に山形市に開学した四年制の私立大学である。全国初の公設民営の大学で、山形県と山形市が経費を分担した。公立大学でなく私立大学にしたのは、教育研究に行政や議会からの介入を排し、自由闊達な大学の運営を目指したからである。芸術学部(芸術学科、

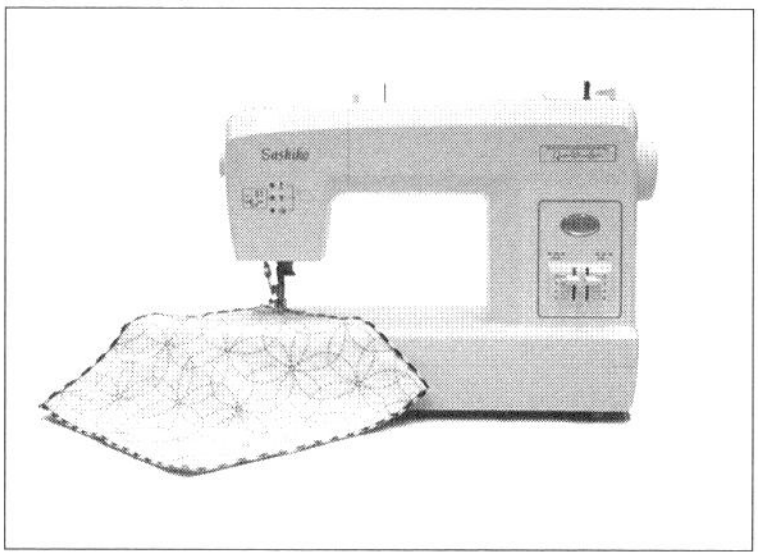

2009年度エクセレント大賞
㈱鈴木製作所「刺し子ミシン」

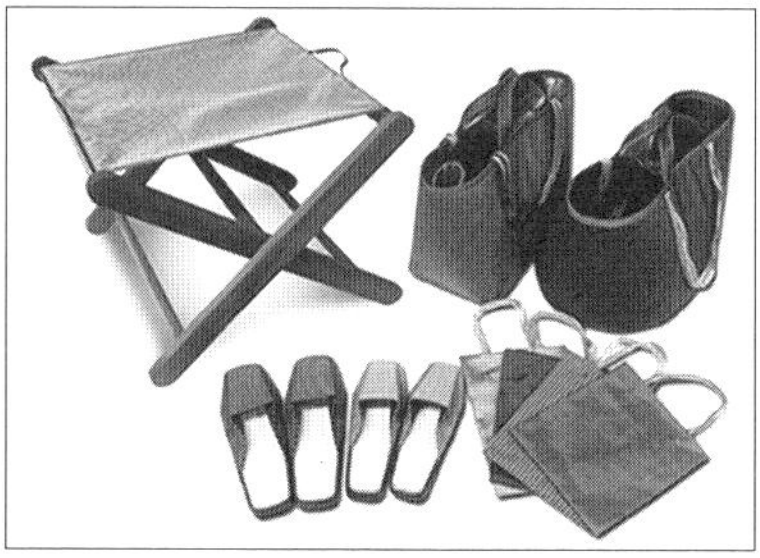

2011年度エクセレント大賞
阿部産業㈱「HAKAMA ZITATEシリーズ」

美術科）とデザイン工学部（生産デザイン学科、環境デザイン学科、情報デザイン学科）の二学部から成り、学生定員はそれぞれ百名と二百名で構成される。一九九六（平成八）年には大学院・芸術工学研究科（修士課程）が設置された。その後東北文化研究センター、文化財保存修復研究センター、デザイン哲学研究所などの付属研究機関も設立されている。

東北地区で初の四年制芸術大学として発足したが、単に東北地区だけでなく全国から幅広く学生が入学し、非常にバラエティに富んだ学生で構成され、地域との交流も盛んに行われて、公設民営の意図が充分に反映された活気のある大学となっている。また東北の文化や民俗の研究を目指した「東北学」の提唱や、デザイン哲学研究所による『デザインの知』の発刊などの独創的な試みも注目されている。また高校生を対象とする「全国高等学校デザイン選手権大会」は、開学翌々年の一九九四（平成六）年に開催され、本年（二〇一二年）には第十九回を迎えている。高校生の想像力と独創性を育むと共に、デザイン哲学の構築を図る企画として評価され、二〇〇六年度のグッドデザイン賞（新領域デザイン部門）の受賞に輝いた。

今日全国の大学を取り巻く環境は非常に厳しい状況にある。少子化による受験生の減少や、学生の基礎的な知識や教養のレベルの低下による教育の危機、就職環境の量的停滞など、とりわけ私立大学にとっては大学そのものの存立が危惧される状況となっている。さらに東日本大震災と福島の原発事故は、東北に基盤を置く大学にとっては開学時に等しい未知の試練が課されている。しかし教育研究の質的向上や、地域との連携による地道な活動の積み重ねが、こうした困難を解決する方法であり、今東北芸術工科大学に求められることもまさにここにある。大学としての知的レベルの維持と最先端の技術導入を図りながら、デザインの教育研究への飽くなき挑戦が期待される。

（早坂功）

東北芸術工科大学

column

東北芸術工科大学デザイン工学部の開学期の教育

山形に地域活性化への貢献を期待して一九九二（平成四）年に新設された東北芸術工科大学は芸術・デザイン系の総合大学であった。着任した教員の多くが既存の枠組みに縛られることなく新たな教育を展開できることへの期待の一方で、この地でこの分野の学生を集めて社会に進出させることの難しさも若干懸念していたはずである。

デザイン工学部は生産デザイン、環境デザイン、情報デザインの三学科編成で、最新の教育施設、設備が整えられた。生産デザイン学科（インダストリアル、クラフト、テキスタイル、インテリア）には国立大から五十嵐治也、早坂功、降旗英史が、国公立研究所から日原もとこ、渥美浩章、玉田俊郎が、またデザイン事務所主宰の羽生道雄（クラフト）、山中良子（テキスタイル）その他が着任した。環境デザイン学科（建築計画、環境計画）には小沢明（建築家）、山畑信博（建築設計）、水島幸治、小林敬一（都市計画）、三田育夫（造園）、高野公男（環境計画）その他が着任した。情報デザイン学科（グラフィック、映像、情報計画、情報環境）はグラフィックデザイナーの上条喬久、馬場雄二ら、ＣＧを含む映像分野では山崎博、西村宣起、幸村真佐男らが、プランニングを主とする情報計画では河北秀也、長澤忠徳らが、情報環境では長谷川文雄、水鳥川和夫、松村茂らが就任した。また理論面で川野洋、端山貢明が招かれた。

初代学長は久保正彰（元東大文学部長）、初代学部長は五十嵐治也（元筑波大副学長）であった。リベラルアーツを重視し、多彩な一般教養科目を開講して学生が自由に受講できるように考えられ、赤坂憲雄、鶴岡真弓、竹村真一らの気鋭の研究者も着任した。各学科の専門科目も大学教育であることを踏まえて学生には苦手と思われる学術的科目群も整えられた。

開学当初で記憶に鮮明なのは情報化の進展を予測したコンピュータ演習である。かく（書く）、かく（描く）、そろばん（論理）のソフトウエアの学習が入学生に課せられ、後にプレゼンテーションやＣＡＤ、ＣＧソフトの活用に発展してデザイン系では他校を凌駕する存在となる。一方では対極的に学部学科を超えた混成クラスの基礎造形演習が展開された。

生産デザイン学科では、デザインの基盤能力としての幅広い視点と実体験を重視し、他校で失われつつあった素材加工演習を含めて、各デザイン領域を総合的に学ぶことから出発する教育が展開された。しばらくして学科の特色のひとつを創造力育成におき、一九九五（平成七）

年に画期的な入試種目「構想表現」が取り入れられ、さらに後に「実験デザイン」演習を設けて鮮明化された。

環境デザイン学科では設計・計画のための知識と思想、方法技術を教える真摯な専門教育が展開された。しかし入学生の関心や資質が明らかになってからは建築計画系の比重を高め、学科名も建築・環境デザインと改称された。教員の多くは開学当初より研究者として県市また東北地域の委員会やプロジェクトに参画し貢献していった。

情報デザイン学科のグラフィックは美的感性、創造性、洗練性を追求する教育が、映像は一方ではフィールド撮影、一方では最新の画像処理やCG技術を駆使した創造への挑戦が展開される。情報計画は地域に密着して社会や人々のための情報のありかたとデザインの可能性を探求するこれまでにない新たな教育が展開された。情報環境は社会に貢献する情報提供のシステムモデル等の探求が目指されるが、後に時代に対応するゲームやアミューズメント映像、eビジネス等の領域に踏み込んでいく。

新設大学で公設民営のイメージもあってか当初の学生確保は好調で、豊かな感性と好奇心を備える明るい学生たちに恵まれたと考える。それぞれの学科が地域連携の演習やプロジェクトを展開し山形の地に明るさと活気をもたらした。しかし少子化の進展と関連大学の新設が相次ぎ、他の私大同様学生確保のための教育内容の検討が絶え間なく続く。

学長は久保彰〜會田雄亮〜小沢明に、学部長は五十嵐治也〜小沢明〜渥美浩章と代替わりする。そして二〇〇六年にデザイン工学部は大幅に改組される。この改組後の学科、コース名称からも教育内容の変遷がうかがわれる。プロダクトデザイン学科（製品デザイン、家具インテリアデザイン、実験デザイン）、建築・環境デザイン学科（建築、ランドスケープ、まちづくり）、情報デザイン学科（グラフィックデザイン、映像）、メディアコンテンツデザイン学科（コンテンツプロデュース、未来デザイン）

開学期から最初の大幅な教育改革までを記したが、その後もわが国の大学教育の環境下で地方私大として存立していくためには学生確保と就職支援が大命題とならざるを得ない。開学期の教員たちが展開した独特の教育内容も伝統として受け継がれる部分はあるものの前面からは後退していったものが少なくない。

しかし大学は時代とともに歩んでいくから教育内容も刷新される。活力ある大学であるため困難な条件下でも時代に対応した新たな意欲的教育が展開されていくものと思われる。

（渥美浩章）

山形の伝統的工芸品のデザイン

山形鋳物

山形鋳物発祥は約九百年以上前に遡るといわれている。一〇五八年から一〇六四年の康平年間前九年の役で出羽国を転戦した源頼義に同行した鋳物師が、現在の山形市を流れる馬見ヶ崎川の砂と土質が鋳物に適していることを見出した。山形では日用の器具の製造が主であった。その後一三五六(延文元)年奥州大崎から入部した斯波兼頼が羽州探題となり、霞ヶ城を築城した際に鍛冶町在住の鋳物師に命じて、築城に関わる鋳造品を調達したといわれている。この時期から山形鋳物の本格的な生産が始まった。しかし山形の鋳物生産は庄内地方がすでに先行しており、鎌倉時代には現在の鶴岡市を中心に鋳造が盛んに行われており、羽黒山頂に現存する大鐘(径五尺五寸、高さ七尺八寸、重量二千六百貫)が一二七五年から七七年の建治年間に鋳造されたとされている。これは海上交通による河内や近江などの先進地からの鋳物師の往来、原料の入手などに有利であり、さらに羽黒山の宗教勢力の庇護などにあったという。

一六〇四(慶長九)年山形の城主最上義光は鍛冶町と銅町を城下に配置し、鋳物師十七名を配下に置き、銅町を中心に鋳物の産地が形成された。その後唐金の技術や、脚踏み式のタタラの導入などによって多くの寺社の梵鐘の鋳造や灯篭、仏具などが鋳造されるようになった。当時の山形は出羽三山の門前町として栄え、参詣人がお土産として求める仏具や日用品は相当な数量に及んだという。「山形故実録」一六九七(元禄十)年によれば、町の長さ百五十二間、町幅四間、屋敷数三十七軒とあり、屋敷はほぼ鋳物師で占められていたという。また鋳物の原料としての鉄は、日本海を航行した廻船で運ばれた出雲産砂鉄を原料とする石見鉄が使われた。また山形鋳物の主流となる唐金や青銅の原料の銅と錫は県内の永松銅山や銀山や、秋田、佐渡から入ってきた。

明治時代に入ると藩政時代の御用職人としての身分保障がなくなり、次第に活況を失う苦境に陥った。しかし県の奨励策や内国博覧会への出品などにより、再び活況を取り戻す。この時期から大正時代および昭和初期にかけては火鉢や置物、鉄瓶や茶釜などが生産の中心となっていく。また大正期の製糸業界の興隆による織機の需要に支えられ、機械鋳物が鋳物産業に導入されていく。さらにこの時期には技術革新も盛んで楢《なら》炭などの木炭からコークスへの燃料の変換、生型の普及、「洋くず」と呼ばれる輸入鉄くずの使用、タタラに代わる焼玉エンジンによる送風など数々の新技術が導入された。同時にモーター、送風機、研磨機、ロクロ、炭粉砕機などが電化され技術革新は確かなものとなっていく。

昭和初期の不況の時期や第二次世界大戦の始まりは鋳物業界にとっては苛酷な時代で、奢侈品の禁止令によって、鉄瓶をはじめ美術工芸品の生産が禁止された、当時の山形鋳物の業者の中から五名だけに年間十個の製造が許され、これで技術保存が確保されたという。しかし戦中戦後の混乱期を脱した山形鋳物は、ミシンおよびその部品製造に進出、アルミ鋳物の導入などと共に、新たな段階を迎える。

山形鋳物を今日のような伝統的工芸産業として発展させる契機を創ったのが、山形市の中堅の鋳物会社のひとつ㈱山正鋳造と連携してデザインを推進した芳武茂介の活躍である。山正鋳造は当時すでに卓越した茶釜の作家として知られていた高橋敬典（後の重要無形文化財保持者）が代表であった。この高橋と芳武の出会いがあり、一九六二（昭和三十七）年にデザイン契約が結ばれた。同社との共同による芳武のデザインは花器、鉄皿、鍋敷、キャンドルスタンド、灰皿、鉄鉢、すきやき鍋、ステーキ皿、グリルパン、フライパンなど、鉄瓶と茶釜を除く大多数の日用製品におよび、その精力的な創作活動は驚異的といえる。

芳武は一九〇九（明治四十二）年、山形県宮内町（現南陽市）に生まれている。東京美術学校工芸金工科を卒業後、仙台市にあった商工省工芸指導所に入所、関西支部勤務などを経て、一九五〇（昭和二十五）年から一九六一（昭和三十六）年に依願退官するまで東京の産業工芸試験所に勤務した。このころの同期には藤井左内、山脇巌、小池新二、勝見勝、豊口克平、剣持勇、小池岩太郎、明石一男、

芳武茂介「灰皿」

小杉二郎などの日本のデザイン界を支えたそうそうたるメンバーがいた。一九五二（昭和二十七）年には、佐藤潤四郎、山脇洋二、小杉などと「創作工芸協会」を結成し創作活動を多様化していく。また一九五六（昭和三十一）年にはデザインによる工芸の再建を目指した「日本デザイナークラフトマン協会（現社団法人日本クラフトデザイン協会）」を創設、理事長などの中心的な役割を担った。退官に併せてデザイン事務所「東京クラフト」を創設、同年九月より武蔵野美術学校教授となる。一九七四（昭和四十九）年には、財団法人工芸財団より、第一回の「国井喜太郎賞」を受賞するなど、デザイン界のみならず産業界、教育界などでの実績は計り知れないものがある。

こうした芳武の山形鋳物におけるデザインとの結びつきは、芳武の教え子である増田尚紀（鋳心ノ工房主宰・第二十七回国井喜太郎賞受賞者）や武井呉郎（元山形工業技術センター研究官）などに引き継がれ、南部鉄器や高岡銅器などと並んで全国的なブランドとして不動の地位を占めている。

山形仏壇

漆器の製造は山形においても古くから伝統的技術のひとつとして栄えていた。山形仏壇はこうした漆器製造の技術と相まって藩政時代から行われ出羽三山信仰と共に、仏具製造と合わせて広く伝統産業の重要な地位を築いてきた。産業の形態は漆器製造の技術と基本的には同じであるが、木地、宮殿、彫刻、金具、塗装、箔押、蒔絵、仕組など仏壇特有の技術が加わる。一九一一（明治四十四）年には、すでに仏像仏壇組合が設立されており、一九五七年には八十一の企業で構成される山形県仏壇商工業協同組合に発展していた。一九八〇（昭和五十五）年には伝産品としての指定を受け、産地としての揺るぎない地位を築いている。

近年の住宅事情の変化や、核家族化などの影響によって、仏壇に対する認識が著しく異なっているが、こうした状況を打開するために、仏壇組合の若手組合員を中心とする新しい試みがなされている。「山形みらい匠の会（会長・小出浩太郎）」は一九九二（平成四）年に結成された会で、山形市や近隣市町村のものづくりに携わる若手作家の集団で、異業種交流による新しいものづくりを目指している。従来の仏壇のイメージにとらわれず、日本人特有の信仰心を表す空間を住宅に導入したいというコンセプトに基づいて、さまざまな提案を試みている。彼らの活動には行政も強い興味を示し、山形市が毎年開催している「山形市伝統的工芸品まつり」では中心的な役割を担っている。

置賜紬

旧上杉藩を中心とする置賜地方は古くから養蚕の盛んな地域であり、続日本紀の七一四（和銅七）年の条に「出羽国に養蚕を始む」という記述があり、置賜地方の養蚕を指しているといわれている。置賜地方でも西置賜地域が特に盛んでその中心が現在の長井市、白鷹町であった。上杉家の重臣直江兼続が米沢でこの地方を治めていた時代（上杉家の本拠は当時会津にあった）に直江は長井の代官に命じて絹屋を設け、絹織りを奨励させている。また京都から織工や染色工などを招集し、紬（つむぎ）の生産を指導させた。九代藩主上杉鷹山の代には産業振興の柱に養蚕、織物、漆とろうそくの生産を挙げ、そのために桑、漆、櫨（はぜ）の植林を大々的に行わせた。文化・文政期（一八〇四〜三〇年）には紬織はようやく商品として出回るようになる。明治時代に入って紬織をこの地方の名産品に育てていこうという気運が盛り上がり、質量共に置賜紬の名に相応しい産業として定着した。

置賜紬は西置賜地域がその中心地であったが、米沢も上杉家の城下町でもあり、当然もうひとつの産地が形成される。米沢の紬も置賜紬のひとつであるといえるが、関西地方では長井や白鷹で生産される紬を米琉（米沢琉球紬）と呼び、本場大島紬の代用品の役割を果たしていたといわれる。このように米琉から転化した「米沢織」と「置賜紬」は本来同じものと考えるのが妥当で、狭義には産地を特定するものである。

今日、紬織は非常に厳しい状況に置かれている。それは日本全体の絹織物の産地に共通することであり、置賜紬だけのことではない。和服の衰退や新しい科学繊維の発達が背景にあることは言うまでもないが、本物志向の強い消費者や、新たな商品開発の努力などと相まって、山形の代表的な伝統的工芸産業のひとつとして、今後も末永く存続して欲しい。

羽越しな布

山形県と新潟県の県境に位置する関川地区（現鶴岡市）と新潟県の山北町に栄えた古代布のひとつにしな布がある。古代布は遠く縄文や弥生に遡る日本各地に伝わる技術である。山野に自生する科、楮、葛、芭蕉などの草木から取り出した繊維で糸を紡ぎ、布に仕上げて衣装や装飾につくりあげた。山形県関川地区は戸数四十六戸の四方を山に囲まれた地区で、古くからしな布が織られてきたが、その起源ははっきりしていない。しかし地区の家々に伝わる「いざり機」の形態が中国から伝来した「はたおり機」を全く改良していないことなどから、かなり古くからの織物であると推測されている。

しな布の技法は約九段階に分かれ、ほぼ一年中に及ぶ作業となる。初夏（六月下旬〜七月上旬）に「皮剥ぎ」がある。しなの木を切り倒して枝をおとし外皮を剥ぎ、中皮を取り出して日光で約十日ほど乾かす。次の「しな煮」は一昼夜水浸けした皮を、鍋で木炭と一緒に約半日煮出す。さらに「こく」の作業に進む。煮出した皮は薄皮の層になる。これを一枚ずつはがしていき、さらに川の流れの中で石や棒で叩きながら繊維状にする。これを大きな桶に粉糠と水に一昼夜浸けておくのが「しな浸け」の作業である。晩秋から冬にかけての農閑期に「裂き」「績み」「より」の作業によって糸に仕上げていく。これを「いざり機」やそれを改良した「高はた」で織り上げて布にしたのがしな布である。

関川地区のある庄内地方では永く日常の着流しや、農作業の仕事着などに仕立てていた。また日本海に面した漁村では魚網、漉し布、敷布、収納袋などに利用されていた。明治時代に入り、紡績技術の発達により綿製品が普及したことによって、しな布の生産は衰退していくが、ざっくりとした風合いで、あたたかい温もりが伝わってくるしな織は民俗文化遺産としても貴重なものであり、現代生活の中にも活かせる伝統工芸のひとつである。

天童将棋駒

天童市は将棋駒の産地として全国的に知ら

れている。全国生産の九十五パーセントを占めるといわれ、洗練された技術は高い評価を得ている。

将棋は中国象棋（シャンチイ）、韓国将棋（チャンギ）、タイ将棋（マーク・ルック）、チェスなどと同様、インドのガンジス川流域に発祥したといわれ、日本には奈良時代に朝鮮半島を経由して伝来したという説が有力である。日本最古の駒は、奈良の興福寺の境内にあった遺跡から発掘されている。

天童の将棋駒の歴史は江戸時代後期に始まる。一八三一（天保二）年、織田信長の信雄の子孫が石高二万石で入部した。藩の財政は貧困で、天保の大飢饉も重なり藩士の生活は窮乏に瀕していた。このような状況にあった時、藩の重臣吉田大八が当時上杉藩に伝わっていた将棋駒の製作を学ばせるために、藩士を米沢に派遣し、藩士の内職として広く将棋駒の生産が始まったという。

天童の将棋駒は、草書体で、肉厚な「書き駒」と呼ばれるものが主流である。「彫り駒」は駒に刃物で文字を彫り、漆で文字を埋める駒である。また「盛り上げ駒」という最上級の銘柄品があり、駒づくりの名人の銘が施されている。二十世紀にはスタンプで文字を印刷する普及品が出回るようになり、将棋の普及に貢献したという。

特に第二次大戦中は、慰問品としての需要が急増し、天童の駒づくりは活況を呈した。戦後も昭和三十（一九五五）年代に再び活況を呈し、天童将棋駒の最盛期を迎える。量的には押駒、書駒が主で、彫駒もわずかずつながら生産を増やしていった。使用材は従来より「ホウ」「はびろ」、「いたや」「まき」などが主流で、後に「あおか」「シャムツゲ」などが使われるようになる。天童での生産は今日では減少傾向にあり、生産額で最高の四億七千万円を記録した一九八〇年に比べれば、二〇〇〇年代に入って半減している。二〇〇六年に伝産品の指定を受け、プロ棋士によるタイトル戦の対局も毎年行われている。

毎年四月下旬に城址公園のある舞鶴山で、桜の花の下で開かれる「人間将棋」は地元の商店主と芸者衆が二手に分かれて対座し、有名人の対局に合わせて動くという催しで、天童の春の風物詩となっている。

（早坂功）

山形県の近代化産業遺産群の建築とデザイン

二〇〇八（平成二十）年度に経済産業省が認定した「近代化産業遺産群・続33」では、山形県で二十六件の産業遺産が認定された。その内容の主なものは、明治から大正時代にかけて県内全域で建設された建築と土木（道路、隧道、橋梁、鉄道）に分類される。この項では建築に焦点を充ててその建築様式やデザインを中心に検証したい。なお、ここで取り上げた対象については、二〇一一年度に山形県商工政策課から、山形県デザインネットワークに委託された「山形県近代化産業遺産群に関する調査研究」の報告書に基づいている。

松ケ岡開墾記念館

刀を鍬に代えて月山山麓の原始林の開墾に挑んだ庄内藩士たちの開墾の歴史を伝える伝承記念館である。戊辰戦争で佐幕派に就いた庄内藩（酒井藩）の旧家老菅実秀は、旧藩士の先行きを考え、養蚕によって近代化を進めることによって再建を図った。三千名に及ぶ旧藩士は、一八七二（明治五）年から事業に取り組み、一八七四年には三百十一ヘクタールに及ぶ桑園を完成させた。大蚕室十棟を完成させた。この蚕室を開墾記念館として再建したのがこの建物群である。

大きな太い柱と梁をもつ和風様式建築で、二階の腰窓には和風建築独特の無双窓を設け、通風換気のための越屋根を取り付け、一八七五（明治八）年に竣工した。設計および施工は地元鶴岡の棟梁・高橋兼吉による。現在国指定史跡に指定されている。

山居倉庫

庄内平野の米を保管するために、現酒田市山居町に建てられた木造の巨大倉庫群で、十二棟におよぶ米穀倉庫である。一八九三（明治二十六）年に竣工した。設計は地元の棟梁・高橋による。二重屋根で、天窓や換気窓が配置され、建物の敷地周囲はケヤキ並木で防風と空調がなされている。その景観は酒田港の運河と共に、独特の美しさを呈している。現在も米穀倉庫として使用され、同時に「庄内

松ヶ岡開拓記念館

山形三居倉庫

米歴史資料館」を併設、ＪＡ連合会によって運営管理されている。

旧鶴岡警察署庁舎

酒田県令・三島通庸は、明治新政府の指導の下で新しい秩序を確立し、庄内の近代化と復興を進めるために建築した。これも高橋の設計によるもので、一八八四（明治十七）年に竣工した。棟高十九メートルの木造二階建てで、入母屋造りの建物は、大棟の屋根、破風妻飾りなどの在来様式も併用している。酒田県は後に鶴岡県に変更、一八七六（明治九）年八月、山形県、置賜県と共に山形県として統合され、三島は初代の山形県令となる。

鶴岡警察署はその後現在地の中新町に移設され、財団法人致道博物館の事務所棟として使用されている。山形県指定有形文化財に指定されている。

旧西田川郡役所

高橋兼吉、石井竹次郎の協同による設計で、一八八一（明治十四）年に竣工した。初期ルネッサンス様式を模倣した擬洋風建築で、二階から塔屋へ上る階段は、下から支える「つり階段」で、壁面側板の装飾模様などと共に、独自のデザインが随所に見られる。現在は「致道博物館」として使用されている。国指定重要文化財でもある。

旧西村山郡役所および郡会議事堂

寒河江村の幕末の代官所跡に建てられたもので、一八七八（明治十一）年に郡役所が、一八八六（明治十九）年に議事堂が、それぞれ竣工した。設計者は不詳であるが、建設は地元の大工・富樫伊久助で施工されている。木造二階建てで、寄棟造り、銅版葺きの屋根をもつ建物で、郡役所と議事堂が一体となっている遺構は全国的にも珍しい。議事堂は山形県内で最も古いもので、当時の議会の様相を伝える貴重な資料である。

現在は寒河江市の長岡山公園に移設され、「寒河江市郷土資料館」として使用されている。双方とも県指定有形文化財となっている。

旧東村山郡役所

織田藩二万石の城下町天童に、一八七九

山形旧鶴岡警察署

山形旧西田川郡役所

山形旧西村山郡役所

（明治十二）年に竣工している。設計および施工は不詳であるが、三層で白壁の壮麗な洋風建築である。旧西村山郡役所と共に、明治初期の洋風建築の様式を知る貴重な建築である。県指定有形文化財でもある。

山形県旧県庁舎および県会議事堂

一八七六（明治九）年八月に発足した山形県は、翌年に県庁舎を、一八八三年に県会議事堂を建設した。しかし一九一一（明治四十四）年五月の山形大火によって双方とも焼失した。直ちに同地に復興が計画され、一九一六（大正五）年に竣工したのがこの建物である。その後一九七五（昭和五十）年に県庁および議会が市街地から移転するまで、六十有余年の間県政の中心としての役割を果たした。

設計は田原新之助で、施工は地元山形の建設業者によって行われた。建物はイギリス・ルネッサンスの様式を基調とするもので、レンガ造りの三階建てである。また中央正面玄関の塔屋にある時計塔は、札幌の時計塔と次ぐ古いものである。議事堂の内部はかまぼこ型のヴォールト天井に独立柱が並び、ガラス張りの明かり窓からの光によって、壮麗な空間を演出している。

県庁と議会が移転した後の数年の復元工事によって、創建当時の建物の姿によみがえり現在「山形県郷土館」（通称・文翔館）として公開され、議事堂は音楽ホールなどに利用されている。国指定重要文化財でもある。

山形師範学校本館

一八七八（明治十一）年、山形師範学校が開校した。創建当時の校舎は移転のため失われたが、一九〇一（明治三十四）年に現在地に建てられたのがこの校舎である。明治、大正、昭和の時代に多くの教育者を育成し、山形県の教育界を担う中核的な役割を果たした。本館の正面玄関を中心に、ルネッサンス様式の木造桟瓦葺き二階建ての建物である。廊下や教室の床と天井は斜め板張りで、建築技術の面でも価値の高い建物である。

現在は「山形県立博物館・教育資料館」として、山形県の教育の歴史を伝える貴重な資料が展示されている。一九七三（昭和四十八）年に国指定重要文化財に指定された。

山形旧東村山郡役所

山形県旧県庁

山形師範学校本館

旧済生館本館

一八七八（明治十一）年に、山形の中心市街地に建てられた病院で、山形の洋風建築の黎明期の代表的な建物である。設計は地元の宮大工のひとりである筒井明俊とする説が有力である。山形県令・三島通庸が「山形の近代化」の象徴として建設したもので、東北初の西洋医学学校を併設した。中庭を囲んで病室を円形に配置し、正面は三層構造の塔屋で、全国の明治建築の中でも、非常に独創的な様式の建物となっている。

イギリスの女性旅行者イザベラ・バードは、一八七八（明治十一）年に、新潟から山形を経て東北地方を旅行しているが、その旅行記『日本奥地紀行』の中で、この済生館について触れ、「大きな二階建ての病院は、円屋根があって、百五十人の患者を収容する予定で、やがて医学校になることになっているが、ほとんど完成している。非常にりっぱな設備で換気もよい」と記している。当時のイギリス人の眼から見ても斬新的な建物としての印象が強かったことが窺える。

現在は藩政時代の城跡である山形市の霞城公園の一郭に移転され、「山形市郷土館」として、医学資料を中心とする歴史資料館に利用されている。国指定重要文化財にも指定されている。

山形市立第一小学校校舎

昭和初期に竣工した学校建築で、当時の最先端の技術が駆使されている。特に鉄筋コンクリートの校舎としては東北初の建物である。設計は山形市内にあった秦・伊藤建築事務所により、岳南組が施工した。竣工は一九二七（昭和二）年で、鉄筋コンクリート三階建てとなっている。正面玄関のポーチの半円アーチ開口窓や、門柱、柵にドイツ表現様式やアールデコ様式などの当時の最新流行を配した斬新な学校建築である。現在は「山形まなび館」として利用され、ギャラリーや産業資料館、生涯学習室などを常設し、山形市民に広く活用されている。国登録有形文化財に登録されている。

旧米沢高等工業学校本館

一九〇九（明治四十二）年、米沢市に開校した全国七番目の国立の高等工業学校の建

山形旧済生館本館

山形市立第一小学校

物である。米沢は染織産業の長い歴史があり、その発展と振興を図るために設立された研究教育機関である。その本館となる建物はルネッサンス様式を基調とする木造二階建ての壮麗な建築である。設計は中島泉次郎により、竣工は開校の翌年一九一〇（明治四十三）年である。現在は山形大学工学部の歴史を伝える記念史的建築として展示資料館として利用されている。国指定重要文化財でもある。

以上は建築部門の内容であるが、土木部門についても以下に概括する。

道路　隧道

- 関山隧道：山形県と宮城県を結ぶ街道の県境に開通した。一八八二年竣工。
- 栗子隧道：山形県と福島県を結ぶ「万世大路」の隧道。一八八一年竣工。
- 片洞門：山形と新潟を結ぶ街道の渓谷沿いの崖を掘削して広くした。一八八三年竣工。

橋梁

- 堅磐橋：羽州街道上山の前川に架かる石橋。一八七八年竣工。
- 中山橋：羽州街道中山に架けられた石橋。一八八〇年竣工。
- 新橋、覗橋：いずれも羽州街道楢下宿の金山川に架かる石橋。一八八〇年竣工。
- 吉田橋：羽州街道中川に架かる石橋で石工吉田善之助の名をとった。一八八〇年竣工。

鉄道

- 新庄駅機関庫および転車台：一九〇三年に開業した新庄駅の施設。
- 真室川森林鉄道：最上地方の森林業の隆盛を伝える。一九三八年竣工。
- 最上川橋梁：JR左沢線とフラワー長井線に架かる鉄橋で、東海道線大井川架橋を半分ずつ再利用した。英国製。一九二一〜二三年竣工。
- 板谷峠のスイッチバック遺構：JR奥羽線板谷駅、峠駅、大沢駅に残る遺構で、標高六二二メートルの板谷峠を通行するために設置された。一八九九年竣工。

（早坂功）

旧米沢高等工業学校

山形デザイン史年表

年表内容編者／早坂功

西暦	和暦（年）	背景（一般・デザイン界など）	産業界の動き	教育研究界の動き	官公庁の動き
1871	明治4	庄内藩士による松ヶ岡開墾はじまる			
76	9	山形、鶴岡、置賜が合併し、山形県となる。山形市に県庁を置く			
77	10				山形県庁開庁
78	11			山形県師範学校開校	天童に旧東村山郡役所竣工
80	13	栗子トンネル開通			
81	14				鶴岡に旧西田川郡役所竣工
84	17				旧鶴岡警察署竣工
93	26		山居倉庫建設		
94	27	日清戦争			
99	32	奥羽線福島・米沢間開業			
1900	33	山形市などに電灯がつく			
01	34	奥羽線山形市経由楯岡まで延伸		山形県師範学校、現在地に移転	
04	37	日露戦争			
07	40	山形市に電話が開通			
09	42			米沢高等工業学校開校	
14	大正3			米沢の県立工業学校に意匠図案調整所設置	
19	8				山形県立工業試験場設立
20	9			山形高等学校開校	
27	昭和2			山形市立第一小学校校舎竣工	
33	8	工芸指導所にブルーノ・タウトを招聘			
40	15	工芸指導所にC・ペリアンを招聘、新庄で折畳式寝椅子を試作	天童木工家具建具工業組合創業、木製弾薬箱を製作		
42	17		天童木工が有限会社となる		

揺籃期

45	20	太平洋戦争終戦	天道木工が戦後軍保管の木材で徐々に家具製造へ		
49	24			山形大学設置、師範学校は教育学部となる（二〇〇四年地域教育文化学部に改組）	
51	26	山形県商業美術展開催（一九五九年まで継続）			
56	31	芳武茂介ら日本デザイナークラフトマン協会創設	柳宗理がバタフライスツールを製作		
58	33	山形県宣伝美術展開催			県立工業試験場設備強化する
61	36		第一回「天童木工家具デザインコンクール」開催		
62	37		㈱山正鋳造が芳武茂介とデザイン契約		
68	43	山形県広告賞開催、現在まで継続			県立工業試験場七代場長に塩沢永孚就任、デザイン分野に手腕発揮
74	49		芳武茂介が第一回国井喜太郎賞受賞		
80	55		将棋駒天童で生産額最高を記録		県立工業試験場、山形県工業技術センターと改称
81	56	企業誘致により県の工業団地数六九、事業所数一〇六八に	Gマーククロングライフ特別賞「座卓」乾三郎天童木工		
90	平成2	山形県デザインネットワーク（以降DEN）設立／山形デザインビエンナーレ			山形グリーンデザイニングコンペ公募
91	3	山形デザインビエンナーレ／デザインサターデー（DEN）以降継続開催			
92	4	山形新幹線開業／仏壇組合若手が山形みらい匠の会を結成	Gマーク景観賞「屋根材アイジー景観ルーフ」アイジー工業㈱	東北芸術工科大学開学。初代学長久保正彰、デザイン工学部長五十嵐治也	
93	5	『山形デザインアトラス』刊行			
94	6			第一回全国高等学校デザイン選手権開催（以降毎年開催）	
96	8	第三回山形デザインビエンナーレ（DEN）		日本デザイン学会第四十三回大会（実行委員長渥美浩章）東北芸術工科大学	
97	8		エクセレントデザイン大賞「ロードシリーズ公衆トイレ」㈱クラフト		第一回山形エクセレントデザインセレクション公募

創造期 ← 発展期 ←

西暦	和暦（年）	背景（一般・デザイン界など）	産業界の動き	教育研究界の動き	官公庁の動き
1998	平成10			東北芸術工科大学第二代学長會田雄亮。芸術工学会春期大会（実行委員長小林敬一）同大学	
99	11		エクセレントデザイン大賞「金山杉タウンファニチャー」㈱カネモク		
2000	12	デザインビエンナーレ「いいもの21」（DEN）			
01	13		エクセレントデザイン大賞「ベビーロック縫工房」㈱鈴木製作所		
02	14	特定非営利活動法人山形県デザインネットワーク設立		東北芸術工科大学第三代デザイン工学部長渥美浩章	
03	15	山形デザインハウス開設／山形市七日町モニュメント製作（DENが受託）／山形県スポーツ賞メタル製作（DENが受託）	エクセレントデザイン大賞「穂波シリーズ」穂波繊維工業㈱		
04	16	山形県産業物産ガイドリニューアル（DENが受託）／寒河江市記念モニュメント製作（DENが受託）		山形大学教育学部が地域教育文化学部に改組／芸術工学会第十二回大会（実行委員長小林敬二）東北芸術工科大学	
05	17	DEN15周年記念「吉武茂介展」			
06	18		エクセレントデザイン大賞「籐具amiシリーズ」㈲ツルヤ商店	Gマーク新領域デザイン部門で全国高等学校デザイン選手権受賞	
08	20			「グローカルデザイン見学会――山形の伝統産業をめぐって」東北芸術工科大学	
09	21		エクセレントデザイン大賞「刺し子ミシン」㈱鈴木製作所		
12	24	C・ペリアン展（新庄市・雪の里情報館）			

創造期

山形

日本・地域・デザイン史

3 東海 静岡·浜松

Tokai
SHIZUOKA
HAMAMATSU

3 東海 静岡・浜松

Tokai SHIZUOKA, HAMAMATSU

徳川家康ゆかりの静岡浅間神社造営に端を発する伝統工芸の匠で語られる静岡のものづくり、進取の気風とチャレンジ魂のやらまいか精神で語られる浜松のものづくり、静岡県のデザインを支える二つの源流である。

日本列島のほぼ中央に位置する静岡県には、人口八十万人の浜松市、七十二万人の静岡市、二つの政令指定都市が連なる。温暖な気候と豊かな自然に恵まれ、古くから東西交通の要衝を占めるなど交通条件も優れる。製造業の集積に厚く、屈指のものづくり県であるといわれるが、花卉、果樹をはじめとした農業生産も盛んである。平均的な県民性から久しくマーケティング適地ともされてきた。

近年、産業経済の国際化や高次化の流れのなか、生産機能の空洞化が懸念されるところであり、デザインなどの価値生産力やコミュニケーション力の向上も、両地域にあって課題といえるだろう。

（黒田宏治）

総説1 静岡・浜松地域の時代とデザイン

前史　一九五〇年以前

　寛永年間、三代将軍家光の命による浅間神社造営の際、全国から集められた名工たちが気候温暖で住みやすい静岡の地に根づき、漆器など伝統工芸産業の形成につながった。明治中期以降は、静岡漆器は欧州各国に輸出されるまでに発展した。

　一方、綿花栽培に適した気候風土の浜松地域は、江戸中期以降に綿織物の産地として成長した。明治期には自動織機の発明・普及が織物産地としての成長に拍車をかけ、機械産業の発展につながっていく。

　そして、それら産業の一層の振興に取り組むため、一九〇六（明治三十九）年に静岡県により、静岡には静岡県工業試験場（漆器部等）が、浜松には同染織部が設置された。また、一九一八（大正七）年には静岡工業学校（漆工・木工含む）、浜松工業学校（大正二十年に図案科設置）が設置された。それらが、両地域におけるデザインにかかわる産業振興と人材育成を牽引した。なお、静岡の試験場には芹沢銈介が一九一六年から五年間在籍した。

　柳宗悦らの民芸運動の中で、浜松に最初の民芸館が建てられたことは付記しておく。一九三一（昭和六）年に柳らの運動に共鳴した浜松の高林兵衛、中村精らの尽力で、積志村（現浜松市内）に日本民芸美術館が開館した。二年後には閉館となるが、貴族的な工芸美術に対比される民衆的工芸に光をあてた民芸運動は、近代デザイン運動にも位置付けられるものである。東京・駒場の日本民芸館開館は一九三六（昭和十一）年のことである。

行政主導期　一九五〇〜七〇年代

　一九五三年に静岡県工業試験場工芸部に意匠課が設置された。

　これが静岡県における本格的なデザイン振興の始まりである。対米輸出が戦後復興の重要政策課題とされるなか、試験場では家具・雑貨等地場産業製品の設計・試作に取り組まれた。海外デザイナー招聘による業界指導も行われた。なお、このころの静岡県工業試験

「遠州縞プロジェクト」
2007グッドデザインしずおか大賞

場の試作品は、全国展で通産大臣賞等を受賞することもしばしばであり、デザイン力は高いレベルにあった。

一九六九年には県内の企業団体が参加する静岡県産業デザイン協会が発足し、県と二人三脚でのデザイン振興に移行、主に東京方面から国内デザイナー等を招いての業界指導がスタートした。六九年は日本産業デザイン振興会設立の年であり、静岡県の先進性が窺えるところである。

なお、五〇年代後半より、鈴木自動車工業(現スズキ)、日本楽器製造(現ヤマハ)、ヤマハ発動機など一部大手企業では、デザイナー採用や社外活用などデザイン体制整備が始まっている。

県内デザイナー人口が数百人の時代である。六三年に浜松工業高校で工業デザイン学科が登場、六五年に試験場にデザイン課が設置され、六九年にはデザイン協会発足など、静岡・浜松地域においてデザインの名称も市民権が得られ始めたころである。企業等ではデザイン部門が置かれるようになり、県内高校・短大にもデザイン科等が散見されるなど、少しずつデザインの土俵も拡がり始めた。

普及育成期　一九八〇～九〇年代

一九八〇年代に入ってから、地場産業においては、生産技術に加えて企画開発力の強化が重要課題となる。八四年の県内産学官委員会によるデザイン振興体制見直しの提言を受け、九〇年に静岡県デザインセンターの設置に至る。センターの機能はデザインの普及啓発、人材育成、情報提供等であり、設計・試作に対する側面支援が行政関与の中心となった。ちなみに提言では、製品開発にとどまらず、販売戦略、企業イメージを含めたものにデザイン概念が広がっている。

八六年に地場産業界、県内デザイナー等を会員とする静岡県デザイン振興会が発足し、デザインセンターの事業機能とも相まって、デザインの展示会や会議・セミナー、情報誌発行など振興事業も活発に展開され、企業・デザイナー間の交流促進も図られた。アクトシティ浜松などビッグプロジェクトの一方で、資生堂アートハウスはじめ質の高い小品建築が生まれ始めたのはこのころである。ただ、

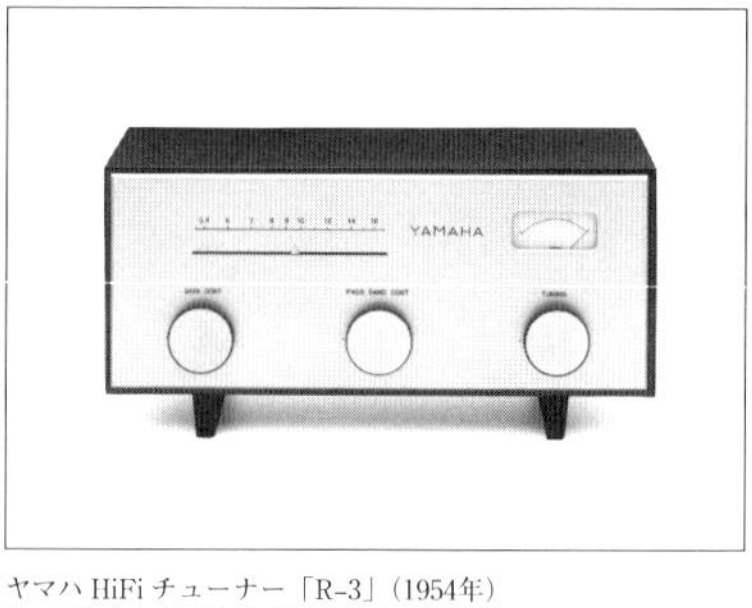

ヤマハ HiFi チューナー「R-3」(1954年)
D：GK インダストリアルデザイン研究所

バブル崩壊を契機に、九〇年代後半にはデザイン低迷の時期を迎えることとなった。

八〇年代、九〇年代は、県内デザイナー人口が千人を超えて三千人近くまで増加した時代である。七〇年代を通じて県内企業から試験場へのデザイン相談・依頼件数は減少してきた経緯もあり、大手企業以外でも少しずつデザイン体制が整ってきたと察せられるところである。

胎動展開期　二〇〇〇年代

二〇〇一年、静岡県デザインセンターが廃止となった。対をなす民間団体である静岡県デザイン振興会も二〇〇五年に解散に至る。センター廃止に唐突感は否めず、置き去りにされた部分も少なくないが、製品開発分野では相当に普及の跡も窺えるなど、行政関与のデザイン振興は一区切りを迎えたと言えなくもない。グッドデザインしずおかの評価・顕彰は継続されたが、評価の軸足はマネジメントにシフトされている。

二〇〇〇年にはデザイン学部を擁する静岡文化芸術大学が開学、〇二年には常葉学園大学造形学部発足など、また近年高校教育では新分野デザインが散見され、大学レベルでのデザイン教育の充実が図られる一方、デザイン概念の新機軸も垣間見られる。また、起業支援やベンチャーにデザインが関与するケースも少なくないころである。

九〇年代に景観と持続するまちづくりの流れが始まるが、二〇〇五年の景観法施行に前後して各地景観賞でも新築の建築・施設から歴史や暮らしを視野に入れた景観デザインが重視されるようになるなど、変化が窺えるところである。

一方でバブル崩壊以来のデザイン低迷の持続感は否めないが、県内デザイナー人口は漸増傾向にある。地域経済における脱系列化、グローバル化の流れの中で重要性増す製品・サービスのデザインに加え、旧来の枠組みを越えた新発想のデザインへの胎動ないし展開が始まっているのかもしれない。

（黒田宏治）

ヤマハ発動機「RZ250」（1980年）
D：GK ダイナミックス

総説2
静岡地域のデザイン文化土壌

新幹線静岡駅ホームに降り立つと「模型の世界首都静岡」と大書したポスターが出迎える。タミヤ、アオシマ、バンダイ、ハセガワなど国内外で知られるプラモデルや木製模型メーカーが集結し、見本市もこの地で開催されるから「世界首都」なる大見得も受け入れてよいかもしれない。それにしても「模型」は地場産業としては異色である。

静岡地域の中心静岡市は駿府もしくは府中と呼ばれた徳川幕府直轄の城下町であった。家康は幼少期を過ごしたこの地に駿府城を築城、今川家が築いた京文化の流れを汲む城下を再整備し、呉服町、紺屋町、大工町、研屋町、両替町など駿府九十六箇町と呼ばれた街区をもつ一大城下町を形成した。この駿府城の築城と家康の最初の墓地である久能山東照宮の造営、そしてとりわけ三代将軍家光の命による「静岡浅間神社」の造営が静岡の地場産業の礎となったとされる。幕府の威光で全国各地から集められた名工たちは年月を要した大事業のためこの地に根づく者も多く、高度な技能を伝承していった。その蓄積が木製家具、雑貨、建具、指物、挽物、漆器・蒔絵、塗り下駄、サンダル、雛人形、竹千筋細工、和染など多彩な伝統的地場産業の形成に繋がった。

第二次世界大戦後にプラスチックやアルミ等への材料置換と大量生産技術による製造への移行が一気に進むが、それ以前の生活用品の多くは各地域の小規模な地場産業で作られていた。静岡地域は全国有数の産地で産品が内外に広く配給されていた時代もあった。

冒頭で触れた模型産業もこの歴史と無縁ではない。わが国は戦前に教育の一環として模型飛行機工作を奨励し、全国各地に模型飛行機会社が設立された。一九二三（大正十二）年に設立された青島飛行機製作所（現アオシマ）もその一つで、設立者青島次郎は建具職人から出発している。飛行機が好きで、仕事が終わると模型飛行機作りに熱中していたという。その後民間パイロットの資格まで取得した人物であるが、国策の流れもあってグライダー、ライトプレーンなどの模型飛行機製

静岡浅間神社
知名度は低いが26もの社殿群（いづれも重文）をもつ壮麗な神社。黒漆塗で金箔張。彫刻を含めて当時の工芸技術の粋が見られる。

作を家業とした。長谷川商店（現ハセガワ）などもこれに続いた。戦後ＧＨＱの指令で模型飛行機は中断したが、木製ジープや電気機関車、さらには風力計、湿度計などの教材も手がける。やがて田宮商事（現タミヤ）、今井商店（後の今井科学）など木製の模型、教材、玩具を製作する会社の設立が相次ぐが、この背景には前述の技能の伝承と産業基盤を有する地の利があった。まもなく木材はプラスチックに急速に移行する。そして精緻な金型技術とマブチモーターで走る戦車などで頭角を表したタミヤが業界を牽引するようになる。小松崎茂らによる箱絵は当時の少年たちを魅了した。またモデルキットだけでなく部品群、塗料、接着剤などを販売して工作少年の裾野を拡げていった。

　伝統産業と模型の話が突出してしまったが静岡地域の産業には別の特色がある。一八九九（明治三十二）年に開港場に指定されて国際港となった清水港が東西を結ぶ海運の拠点であることから山岳と海の間の極めて狭隘な地帯に多彩な業種の主力工場が立地した。アルミ精錬、造船、機械、化学製品、自動車部品、建材から缶詰、飲料等の食品加工までと幅広い。そのほとんどは静岡市清水区（旧清水市）で旧静岡市とは対照的な港湾工業都市として発展した。ちなみに旧静岡市にも家電、化粧品企業などが立地し、隣接する焼津港は清水港とともに全国有数の漁港である。伝統産業分野を併せたこの地域の産業は実に多彩な拡がりを見せている。地域産業の業種と生産環境はそこに住む人々の意識や感性にも働きかける。近代産業の多くは大手や中堅企業の立地によるものであるが、産業の多彩さは人的交流を豊かにし視野を拡げる機会も提供してくれる。

　デザイン文化の土壌には幾層もの重なりがある。その中で静岡地域の基層となっているのはやはり徳川幕府の直轄領として醸成されてきた文化的土壌と考えたい。駿州人（静岡地域）は万事おっとりとして遠州人（浜松地域）のような進取の精神に欠けるとされる。ただこの文化的土壌と海外にも繋がる風土意識があってかデザインという美術に近い新たな職能に関心を抱いて挑戦し、その確立と展開期に活躍した人材を少なからず輩出している。

（渥美浩章）

清水港
清水区（旧清水市）は旧静岡市とは対照的な港湾工業都市。
富士山を遠望して生活することも静岡地域の特色。

総説3
遠州地域のデザイン文化土壌

なぜ綿織物からバイク、自動車、楽器に。

遠州地方とは大井川を境にして浜名湖まで、静岡県の西側をさす。この地方は、戦後の日本をリードし、なお世界に躍進した企業や人材を排出した。ヤマハ(山葉寅楠、父親は土木・測量技師)、カワイ(河合小市、父親は車大工)、ホンダ(本田宗一郎、父親は鍛冶職)、スズキ(鈴木道夫、父親は大工)はもちろん、はじめてテレビに映像を受信した高柳健次郎(浜松ホトニクス)、胃カメラの杉浦睦夫なども遠州人であり、豊田織機の豊田佐吉もまた遠州人である。

これらの企業すべてに共通するのは資本を外から、近代の資本家である財閥から求めることなく、地元で自ら起業し遠州から世界に羽ばたいた自立性の高さである。

その原点は職人の集積度が高い土地にある。まず木工と金工の職人が数多く活躍できた。遠州の大河のひとつ天竜川は流域に広がる美林の木材を伐採し筏で江戸まで運んだ。下流に製材所ができる一八九七(明治三十)年までは山元で製材してから筏を組むことが多かった。つまり板材にする木工職人とその機械をつくり修理する職人が天竜川流域に多かった。その技術が後に木製の織機とピアノを生み出すことになる。木材の伐採と川流しは季節仕事。だからそれらの職人の多くは季節労働者「渡り職人」であった。

遠州は絹織物の記録では八世紀にさかのぼる土地だが、絹から麻へ、そして綿花の栽培が盛んになった江戸中期以降に綿織物の産地として急成長し、資本を蓄積した。綿栽培に適した土地だが、最初は織りの技術があった伊奈谷や諏訪地方に綿花を送り、反物となって再び遠州から江戸へと流通した。だが十九世紀半ばに遠州地方での織物が奨励され、家内工業からまたたくまに綿織物の小規模工場ができると、糸繰りから織りまでの織機の改良や革新に取り組む金属(鍛冶職)と木工職人が集まり、性能の良い機械の開発にしのぎを削り、織物はもちろんその機械をつくる工作機械もまた同時に商品にした。織物という産業は糸から織り上がるまでにほぼ六つの行程があり、織元を頂点にする分業体制だった。遠州のこの下請け工場群は自らが受け持つ工程、その機械の部品改良を盛んにしていた。つまり機械のユニットごとの改良を行ってきたのである。織元は直接工場をもたない。下請けの工場群を取りしきり、できた反物を販売した。だから繊維の景気が悪くなれば他の商品に移り、下請け側も一つだけの織元に縛られることなく織物から別の分野に移っていった。

その下請け工場で働いていた職人、ことに「渡り職人」は織物が量産体制になった明治から大正時代にヨーロッパ製の機械を輸入した工場、あるいは軍需工場や鉄道院浜松工場などに、技術を磨くために入社し、すぐ退社して次の工場でまた技術を磨き、と移動を繰り返した。「渡り職人」の果たした役割は『職工事情』(一九〇三年)に詳しいが、多くの優れた職人が遠州地方に定着した。その理由は、藩政二百六十年の間に二十五人の浜松城主が交代したほど出入りが激しく、地域以外の人間に対して開放的だったからである。遠州は天竜川という水の街道沿いに信州、甲州との交流が、東海道に沿って阪神と江戸との交流が、つまり東西南北からの人間、そして職人の技術、なお情報が集約する場でもあった。

戦争や地震など遠州地方を経済的な混乱が襲うたびに、工場群は織物から別の分野に進出して生きのびてきた。第二次世界大戦で浜松市は灰燼に帰したが、戦前から始まっていた自動車へのシフトは、この地の中小企業を一九四〇年代後半に小型エンジンをつけた自転車(バイク)の製造とその部品供給にかりたてた。資本投下がすくなく、手軽に開発できたからだが、江戸末期から織機で養った木工と金工にかかわる蓄積された技術が、それほど広くない地域に重なるようにあったからである。織物から工作機のメーカーとなったエンシュウ(遠州織機)、スズキは織物(鈴木織機)から自動車に進出した典型である。数多くの企業は互いにライバルでありながら、絶妙なネットワークを組んでいた。浜松に存在し、現在メーカー名と製造期間がわかっているバイクのメーカーだけでも三十五社を数える。

(竹原あき子)

静岡県のデザイン行政

試験場主導の地場産業デザイン

終戦から十年、人々の暮らしは食べる物と着る物は貧しいながらも満たされるようになり、収入は不安定であったが住むところの改善へと進んでいった。住宅金融公庫（昭和二十五年五月法律五六号）の援助を受けて2DK住宅が建てられるようになり、畳で座卓の座式生活から、椅子・テーブルの立式ダイニングルームが普及するようになり、茶ダンスはサイドボードへ、水屋（食器入れ棚）にかわり背の高い食器棚が使われるようになった。板づくり家具から工業材料による機械大量生産へ、そして質の追求へ。

一九五九年に、静棚会（静岡県工業試験場（以下、県工試）指導業務、担当久保田芳郎、土屋晃一）で板づくりの和家具業者が合板と天然材の棒材で人工板を作って家具を作るフラッシュ家具造りを始めた。毎年五月に静岡市産業工芸展でデザイン・加工技術を競い合った。

地方の家具産地、札幌、旭川、山形、新潟、埼玉、群馬、東京、静岡、愛知、岐阜、府中、広島、徳島、大川、宮崎等で大規模家具メーカーも加えて家具工業組合が作られ、五八年には全国家具工業組合が創立された。そして全国優良家具展示会が東京で五月に開催され、全国の家具産地の家具のデザイン・加工技術の改良が急激に進行した。展示会では各産地が十二〜三の賞を取り合う争いとなったが、静岡市工芸指導所と一緒に指導にあたり、家具産地静岡はトップ賞以下八賞を受賞し気勢を上げた（県工試指導業務、デザイン課・木工課・塗装課）。

それに前後して、一九五六年五月に通商産業省中小企業庁から中小企業振興資金助成法（通称団地法）が施行された。

静岡県の木工家具では静岡県鏡台家具工業団地協同組合が六二年に結成され、続いて藤枝に家具工業団地が翌年六三年に第一号木工団地として造成され、合板・突板・チップボードを使った工業材料による大量機械生産による家具が生産され始めた。そのころに静岡県は家具生産額が全国二位ないし三位の座を

昭和30年ごろの試験場の作業風景
（静岡県デザインセンター『DEWS015』より転載）

昭和28年竣工の静岡県工業試験場本館（静岡市駒形通）
（静岡県静岡工業技術センター『100年のあゆみ』より転載）

占めていた。

一九六四年に県工試の土屋晃一が、県工試では四人目になるが、通商産業省の海外デザイン研究員制度（五五年にデザイン水準向上と海外輸出品の拡大を目標に施行）に応募し、RCA（英王立芸術大学）工業デザイン学部家具デザイン学科でデイビッド・パイ（David Pye）教授の教えを受けた。そこで、工業化・機械化・大量生産も良いが、困ったことが起きた時に解決する手掛かりは日本固有の材料・技術・感性が決め手になるので、確かなものを受け継いでいくようにと教えられ、ショックを受けた。帰国してから静岡の家具産地を俯瞰すると、大量生産は精度が上がり秒きざみで作られるようになっていた。

他方、天然ムク材での家具づくりは、一部で細々と高級家具として作り続けられていた。

固有技術再生への取り組み

一九七二年、家具産地静岡の有志に呼びかけて静岡家具研究会（会長高橋雄一郎（起立木工㈱社長）、副会長萩原秀彦（萩原家具本店社長））を創設し、家具問屋、家具メーカー、職人（木工指物、漆塗り、漆蒔絵等）、製材店等三十余名で静岡固有技術を軸にしたものづくりに着手した（県工試指導業務、担当土屋晃一、上田孝、川合和彦）。その二年目に伝統的産業工芸品協会主催の第二回伝産展で内閣総理大臣賞を受賞した。

そのころにオイルショックに見舞われ、物が売れなくなり、廉価なものづくりの傾向が顕著になっていた。が、天然ムク材での手作り家具はなかなか値段が下がらない。会創設十年になろうとして、固有技術で天然材の手作り品は作り手が増えるように見え、業界の自然の成り行きに任せようと会の役割を終了することにした。

一九八二年に静岡家具研究会は解散したが、職人グループを霧散させてしまうと技の伝承がままなくなるので、静岡蒔絵の第一人者前田新一ほかに相談をして静岡工芸会を創設した。木工指物・漆塗・蒔絵・金工・七宝と多くの工芸分野の新しい人たちを含め活動が始まった。日本工芸会主催の九月の日本伝統工芸展、六月の日本工芸会地域別支部が催す東海伝統工芸展に出品していくことになった。毎月一回の研究会でデザイン・加工技術を研鑽し、支部展に入選したものを改良して九月の本展に出品するようにしていった。そのころに出品を重ねた人々が、静岡県優秀技能者表彰や静岡市伝統工芸秀士表彰を受け、後に木工指物・漆塗・蒔絵等の組合役員や後進の技術指導者として産地技能の発展に寄与している。

なお、解散した静岡家具研究会の家具メーカーの中で天然材料で家具を作り続けて家具産地の軸となっているメーカーが六社健在である。（土屋晃一）

静岡県デザインセンターの開設

一九八〇年代に入り、地場産業を取り巻く環境が厳しさを増した時代、市中にデザイン事務所も増え、工業試験場で安価にデザイン図面を提供することは営業妨害だとの声も聞かれるようになった。そのように試験場のデザインの役割も変化する中、静岡県商工部では八四年、地場産業の「生産技術高度化促進事業」が進められた。

その中で生産技術とともにデザイン技術の高度化を図るべく、山崎充（地域産業経済研究所長）を委員長とした静岡県地場産業デザイン技術高度化促進研究委員会が立ち上げられた。静岡大学、日本チェーンストア協会（流通分野）、静岡経済研究所、地場産業組合十業種（印刷、紙・紙器、家具、サンダル、雑貨、郷土工芸品、楽器、繊維、別珍コールテン、アパレル）、デザイナー団体、行政等の広汎な分野から構成され、一年間にわたる検討を通し、県に対しデザイン振興拠点の設置を求める提言がなされた。翌年、静岡県商工部地場産業課四名のスタッフにより、デザインセンター開設準備がスタートした。

八六年、行政サイドのデザインセンター開設準備に呼応するかたちで、静岡の地場産業である家具、雑貨、工芸、建具、サンダル、テキスタイル、染色、印刷、雛具、菓子、酒等の組合をメンバーとした任意団体、静岡県デザイン振興会が発足し、家具組合理事長の斉藤実が初代会長になった。振興会は、静岡県内におけるデザイン普及の民間側の受け皿となり、これら業界の各種製品が、開設後に生活提案展示のメインとなった。

行政サイドでも、デザインセンター開設準

備と平行して、デザイン振興業務を開始した。地場産業業界やデザイナーを対象としたデザイン集会等における意見交換、セミナーで関係者の認識を深めるとともに、県内中部・西部地域のデパート等を会場としたGマーク商品や県内デザイナー作品の展示等を実施して、県民の関心を高めることに取り組んだ。県内のデパートからは積極的な協力も得られ、また来場者も多く、デザインの認識向上に手ごたえを感じた時期であった。

センターの機能検討にあたっては、構想の策定を踏まえ、他府県におけるデザインセンターの設置・運営状況の調査を行った。地場産業製品を展示紹介するコーナーやデザイン展示コーナー、三次元CAD等最先端のコンピューターを配置して開放利用を図るコーナー、デザイン関連図書等資料コーナーなどから構成される施設として基本設計が進められ、予算化も図られ、センターの組織的位置付け、体制等について検討が進められた。

センター長にはデザインの特性から行政内部ではなく民間の人材を求めることになり、大学教授、デザイナー等人選が進められたが、試験場に在籍実績があり静岡の地場産業に造詣の深い鴨志田厚子が適任と認められ、就任要請を行った。結果、「静岡はいつも気になっていた」とのことで、県の処遇については課題が残されたが承諾をいただいた。後に静岡県が全国でいち早くユニバーサルデザインに取り組んだのは、センター長のライフワークとする活動の情報提供によるものである。

デザインセンターの活動概要

静岡県デザインセンターは、設置場所をめぐって紆余曲折を経ながら、最終的には静岡県庁や静岡の中心商業地にも近い追手町に新設された静岡県産業経済会館の中小企業総合指導センター内に一九九〇年に開設に至った。一階に展示コーナー、二階にライブラリー、CADルーム、事務スペースを設けてオープンし、デザイン技術高度化のための普及啓発、人材育成、情報収集提供を開始した。また、デザイナーバンク、グッドデザイン紹介展示等々が、試験研究機関としてのデザイン指導研究業務に加えられ、新たなデザイン行政の取り組みがスタートした。

静岡県デザインセンターの展示会風景（1997年）
（静岡県デザインセンター『DEWS032』より転載）

静岡県デザインセンターの主な活動は次の通りである。

展示コーナー：ニュー着物と履物、ドレッサーと化粧品、宝石箱とアクセサリー、菓子と器、電子楽器でコンサートなど、地場産業各分野の製品のコラボレーションによる生活提案展示を行うとともに、作り手と生活者のフリートーキング、ミニファッションショー、人気投票など様々な切り口から地場産業とデザインの関わりに対して県民の関心を高められるような取り組みが行われた。また、青森、秋田、仙台、山形、石川、高知、松江、沖縄等県外各地域のデザインニューウエーブ紹介をはじめ、国際デザイン展、グッドデザイン商品展等国内外のデザイン展を開催した。

デザイナーバンク：県内デザイナー（グラフィック、プロダクト、アパレル、テキスタイル等約百五十名）をデータベース化し、デザイナーバンクとして企業のニーズに供するとともに各分野のデザイン作品展を開催し、地元デザイナーの活動を県民、企業に紹介した。

優れた地場産品の選定：県内地場産業の優れたデザインの選定、紹介を通して企業、生活者の関心を高めた。なお、この事業については、選定の企業で有効に活用されており、名称、所管を変えながらも、県による優れた製品の奨励策として現在も継続中である。

コンピューターシステム導入：地場産業の製品開発にコンピューターの活用促進を図るために最先端ＣＡＤ、ＣＧシステムを配置し、普及途上にあったパソコンの操作研修をはじめ開放利用を行った。

情報発信：製品開発に供すべくデザイン資料をデータベース化するとともにデザイン関連図書・ビデオ等を開放利用するデザインライブラリーを開設した。九三年から福祉・介護、バリアフリーをテーマとした展示企画、調査研究がスタートした。九五年発足のＥ＆Ｃ静岡とともに視覚障害、車椅子の当事者と街中や室内の不便さ調査を行ったが、後のユニバーサルデザイン普及、啓蒙のベースとなった。

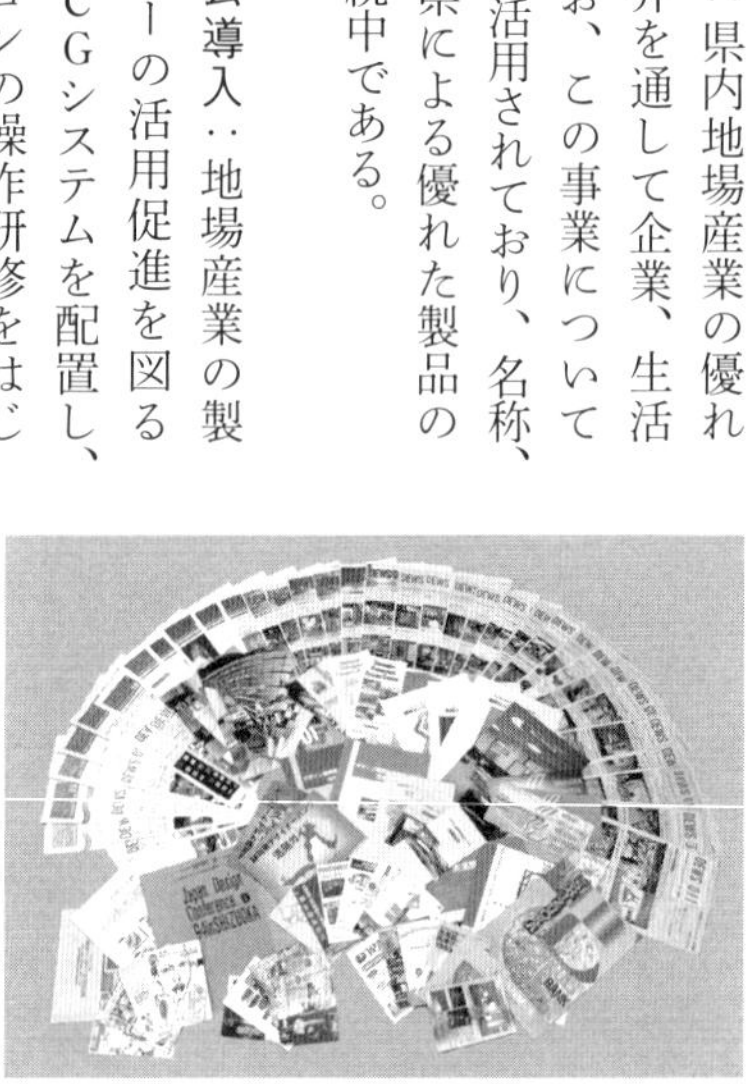

静岡県デザインセンター発行の冊子類（1990～2000年度）
（静岡県デザインセンター『DEWS45』より転載）

デザインセンター閉鎖とこれから

デザインセンターの開設から間もなく、時代はバブル崩壊から平成不況に突入し、大企業でもデザイン部門縮小や外注化促進が進む中、地場産業の衰退も加速され、地域中小企業ではデザインどころではないと言われる状況になった。振興会からも毎年退会団体が出る状況にあって、デザイン事務所も従業員をおける状態ではなくなった。当時の県知事をして産業振興策を打ち出そうにももう打つ手がないと言わしめるほどの状況に陥っていた。

そして、設立から十年余を経た二〇〇一年に、中小企業総合指導センターの廃止に伴いデザインセンターも閉鎖されるに至る。指導センター廃止が決定した時点ではデザインセンターの存続は別途検討とされていたが、蓋を開けてみると「デザイン開発に行政が率先して関わる時代は終えた」という理由でいきなり廃止ということであった。その間の経緯はセンター担当者には全く知らされない状況であり、直接の担当者・関係者等にあって失望感は相当であったと察せられる。

その余波は静岡県デザイン振興会に及ぶこととなった。すでにこのころには、発足当初の地場産業の業界メンバーは形ばかりとなり、デザイナー主体の振興会となっており、デザインセンター廃止により行政の支援もなくなり、存続の意義を失い二〇〇五年に解散した。

デザインセンターの在りし日を思い返すに、今こそデザインが重要なときでありながら、現在デザイナーも地場産業界も組合を形成し得ないまで衰退してしまっている。

過ぎ去った経済発展の夢を追うことではなく、これからは真の豊かさの在り様を問い直し、生活者の自覚を持って、日本の目標、価値観の形成を担うデザインでありたいと考えている。

デザイン振興事業の難しさに関連して忘れられないことがある。デザイナーを紹介した企業に結果の報告がないことから尋ねたところ、「あの時は儲けさせてもらった。だけど儲けのネタなんか他人に言うわけはないでしょう」と驚きの回答を寄せられた。もっともだと思う反面、デザイン行政の困難性を実感させられた出来事であった。

（川合和彦）

column 昭和三十年代の試験場とデザイン

私は、東京芸術大学の学生時代に、毎日IDコンペで特選三席を受賞した。最年少の受賞で女子学生ということで話題になり、指導教官の小池岩太郎先生が私のことを売り込んでくれたらしく、それで卒業して静岡県工業試験場に就職することとなった。一九五五（昭和三十）年のことである。就職にあたって、私が女性であったことも重要であったらしい。静岡の地場産業に木工家具があるが、当時の主力製品は嫁入り道具、すなわち鏡台や針箱など五点セット、七点セットであった。嫁入り道具だから女性とは短絡ではあるが、そのような家具の新しいデザインが求められる時代状況にあったわけである。

試験場では意匠課の配属となり、木製家具のデザインはずいぶんと担当した。鏡台の仕事が多く、従来は座式の和鏡台が中心であったが、それを椅子式にしたり、ガラストップにしたり、三面鏡にしたり、全身の姿見など、洋鏡台を指向していろいろと試みた。東京や大阪の百貨店に足を運んで製品動向の調査もした。自転車で回って現場の職人さんに木材加工のノウハウを教えていただいた。試験場の工芸部は、意匠、木工、塗装の三課構成で、デザインから試作品製作まで一貫して行える体制を備えていた。年に一～二回は試験場の試作品展を行っていたが、地場産業の家具業者が熱心に見に来ており、展示会でソースを拾っては自社の製品づくりに取り込んでいたように思う。そんなプロセスを経て、静岡の家具産地も、しだいに和鏡台、和家具から洋鏡台、三面鏡、大型の姿見へと中心が移り、嫁入り道具のスタイルも変わっていった。他方、履物業界は下駄からビニールサンダルへと全面転換を実現。私たちの成果が地場産業に生かされていると実感できた時代である。なお、赴任直後に戸惑ったのは、地場産業ではデザインが絵付けに近かったことであった。いま思うと笑い話ですけどね。

その時期が過ぎると、後は個別企業からの依頼仕事で、浜松地域のオルガンやスクーターのデザイン、県東部地域では計算機や照明器具のデザインなど様々である。機器関係は先端技術分野で、仕事としては面白く取り組めた。思い返すと、デザイン事務所にかわって試験場の意匠課が、その役割を果たしていた部分も少なくない、そんな時代だったのかなと思う。また、鈴木省吾さん、船越三郎さんらと仕事をしたのも良き思い出である。私は試験場には、結果的に一九六〇（昭和三十五）年まで在籍した。その時期の試験場は大学院みたいな側面もあり、五年間でだいぶ勉強になったと思っている。

（鴨志田厚子）

静岡地域の産業とデザイン

豊かな地域資源に恵まれた静岡地域

霊峰富士山のお膝元静岡地域は、北部県境域には三千メートル級の山岳地域が控え、前面には急深の駿河湾を抱える。温暖で類まれなる豊かな自然環境は絶好の生活空間を提供するばかりでなく、南北に流れる河川は杉や檜といった木材の集積地を生んだ。

江戸時代一六三五年に徳川三代将軍家光が駿府賎機山麓に浅間神社を造営する際、全国から工匠（宮大工、漆工等）を集めて髹漆の仕事に従事させた。その後、二度の出火により社殿は焼失し、再造営工事が行われたが、工期は六十年、当時の金額で十万両（約一千億円）の大事業であったといわれる。現在国宝に指定された久能山東照宮の造営などが続いたことにより、職人たちは気候温暖な駿府に移り住み、その結果、静岡地域は脇息、文箱、印籠、刀剣の鞘、食器、馬具など漆塗り調度品の名産地になった。

それが静岡の地域産業のルーツといわれている。

静岡の伝統工芸とデザイン

駿河漆器の特徴は「変り塗り」である。伝統的な技法の駿河漆器は大正時代に黄金期を迎えた。その後も、伝統の技法を継承しながら常に新しい塗りを模索し続けた職人たちの努力と研究により「紅蝉塗」「浮島塗」「蜻蛉塗」「珊瑚塗」など独特のデザイン・技法が生み出されている。また「金剛石目塗」のようなより強靭な下地塗りの技術も開発され、現在の駿河漆器の基礎を形作っている。二〇〇七年には「伝統の技と心を伝え、今に活かす」不易流行をコンセプトに、時代の求める漆器作りに若手継承者たちが取り組み始めた。

竹千筋細工は一八七三年ウィーンの万国博覧会に日本の特産品として出品され、その繊細さと優雅さが脚光を浴びた。これが契機になって海外から注文を受け製作し、輸出されている。駿河竹千筋は他の産地の竹細工と違い「千筋ひご」と呼ばれる丸く削った丸ひごをしなやかに曲げ、竹の輪に組み込んでいく

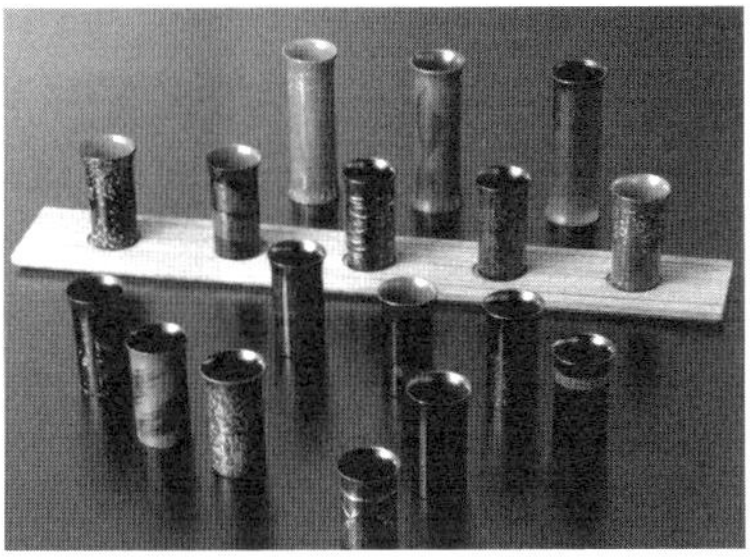

駿河漆器十人十色

のが特徴である。竹細工特有の繊細さとともに、丸ひごが醸し出す暖かく柔らかい肌触りが特徴で、同時に丈夫で長持ち、使い込むほどに竹特有の侘び、寂びが漂い、経年変化により風格を感じさせる。一九七六年には独特の曲げや継手の技法により通商産業（現経済産業）大臣から伝統的工芸品の指定を受けている。その後若い感性によるデザイン力をもつ学生と伝統技を有する職人とのコラボレーション事業も行われ、時代に対応した地場産品の商品提案を行い、一九九二年にはその作品が商品化され通産大臣賞を受賞した。

一九八六年、静岡県地場産業の新たな取り組みとして「静岡県レディース・アイ・チェックリスト委員会」が設立された。ここではモノづくりに生活者ニーズを反映するためユーザー調査をして、調査結果を踏まえた商品提案を行っている。一九九三年には分業化によりすすめられていた雛具・雛人形組合と「ライフスタイル」「トータルデザイン」をテーマにした共同開発を行った。住環境のコンパクト化に対応したインテリア雛具・雛人形のデザイン提案である。一方、ホテルや展示会のディスプレイを目的にした大型回転稼働式円形三段飾りもデザインされている。センサーによる音響装置、ファイバースコープによるライティング、衣装素材を駆使した新しい技術や素材を使用した雛具・雛人形が製作され、東京見本市や日本橋高島屋などで好評を博した。翌年静岡の雛具・雛人形が国の伝統工芸品に認定されている。

家具産業の新展開

静岡の木製家具は一八七七年東京で開催された第一回内国勧業博覧会に日本初の漆塗りの西洋鏡台を開発し新しい時代を迎えた。その後製品の改良、新素材の開発、新技術と機械の採用を行い全国に販路拡大する。大正時代には茶ダンスや椅子などの洋家具が作られるようになる。一九三七年に発生した関東大震災の復興需要を契機に静岡鏡台の直販を開始し、これにより鏡台は大衆商品化した。また、輸出も好調で、最盛期には生産額一千数百万円の三割が輸出されていたと記録に残っている。このころの静岡の家具産業は、鏡の製造、合板、単板工場の建設、東南アジアの優良材の

駿河竹千筋細工　行灯「照陽」

調査、そして輸入と多方面で活発に活動している。昭和三十（一九五五）年代にはサイドボードが開発されるなど高度成長期の家具需要拡大のもと、多種多様な家具を生産する一大総合家具産地を形成した。

二〇〇五年には、持続可能な社会づくりのためのサスティナブルデザインの展開として、静岡家具を対象とした家具デザインと新たな流通手法の検討が始まった。家具デザインでは、「地産地消」、「自然素材」、「手づくり」をコンセプトとした環境負荷の少ないサスティナブルな原型デザインを試作し、「素っぴんの家具」と名付けられシズオカKAGUメッセに展示された。流通手法については、流通コストの削減を狙って、インターネットを利用した通信販売方式と、建築家グループ等との協働による直接販売方式について検討を行っている。

さらに、近年では環境や健康あるいはユニバーサルデザインに配慮した高付加価値の商品開発や、デザイン性・インテリア性の高い家具をベースにしての生活空間全体の提案、住宅・福祉市場への進出、海外を視野に入れたブランド化の取り組みなどを進めている。

こうした取り組みが注目を集め、年二回開催される「家具メッセ」には全国から多くの流通関係者が集まっている。

さらなる発展を目指して

静岡地域の立地環境の優位性を活かし、まちを楽しむ、生活の質を高める、次世代を担う人材を育成する、産業集積を図る、を将来ビジョンとして掲げた「世界に誇れる産業が集積するまち静岡」が二〇〇五年に策定された。「地域間競争に勝つ」、「時代の要請に応える」、「地域資源を最大限に活用した新産業づくり」を目指し、具体的な取り組みが始められている。

その一つとして、同じく二〇〇五年にSVC（Shizuoka Contents Valley しずおかコンテンツバレー推進コンソーシアム）が設立された。地域間競争に勝ち抜き、地域活性化に寄与する新産業としてコンテンツ産業を強化し、世界に通用するクリエイターの育成を行う事業を、市民・行政・企業・教育機関が一体となって行う組織である。すでに世界のクリエイターを招いた展覧会の開催や「朝鮮通信使」の映像作品を制作するプロジェクトなどが行われ

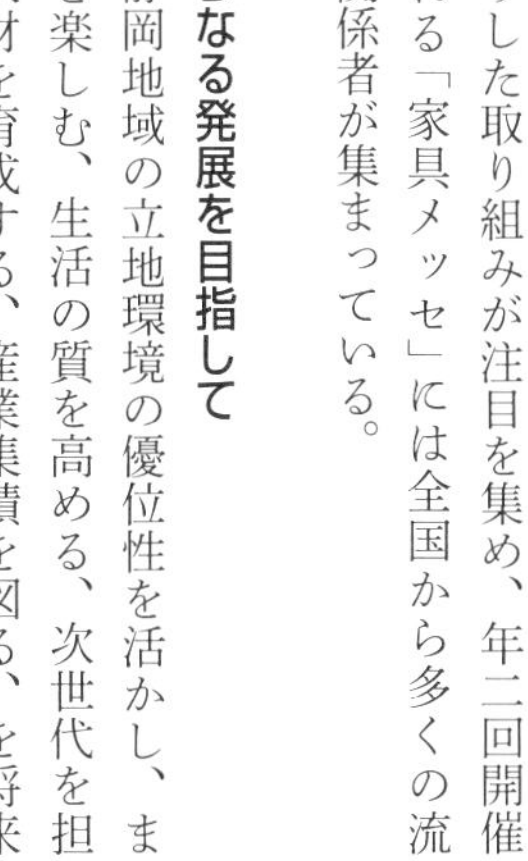

三角四角ケンセツ
㈲八木大製作所　switch design

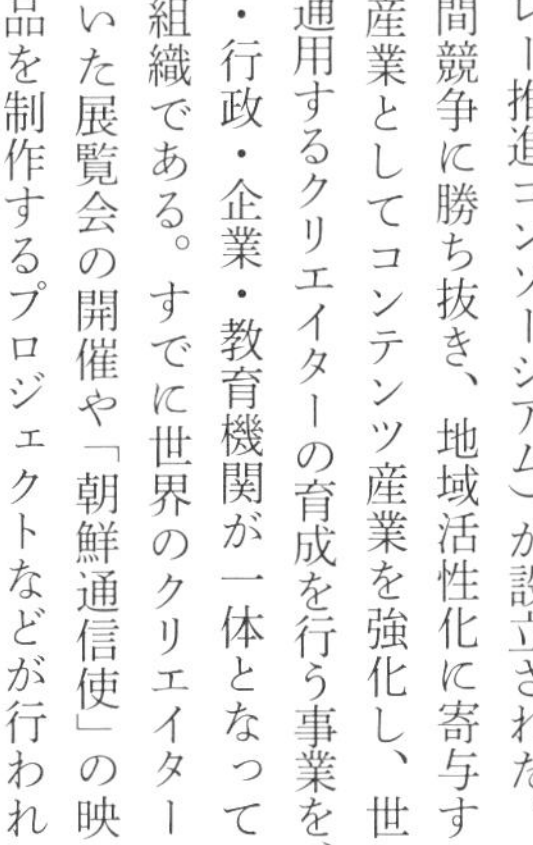

「QUIET SHOES」
長谷川化工㈱　DRILL DESIGN

ている。

また、匠の風土静岡で引き継がれてきた駿河漆器をはじめとする伝統工芸技術と、家具デザイナーである清水俊彦他六名のクリエイターのコラボレーションにより、新たな可能性を見出す取り組み「TAKUMI×DESIGN」が始まっている。さらに、新産業のビジネスモデルとしてブランド・マーケティング戦略による新しいものづくり事業「Emotional Complex C ＋ CREATIVE PROJECT」なども注目される。

最後に、静岡の伝統技術と新しい感性の協働により国内外に販路を拡げ活躍している下駄の生地メーカー水鳥工業を紹介する。

戦前、静岡地域は高級塗下駄産地として全国に不動の地位を築き、戦後は「モード履」という木製サンダルの開発によりその地位を維持してきた。その後下駄業界の多くはケミカルサンダルの製造に転換し全国的な生産地となり、近年ではファッショナブルな外出履き商品を開発するとともに、革靴、コンフォートシューズなどの開発も行っている。

水鳥工業は、戦後はサンダル用天板やシューズ中底を扱ったが、安価な海外製品との競争にさらされ、厳しい状況に追い詰められる。そこで、履物の原点に戻り、履き心地を追求するとともに普段使いの履物づくりに集中することにした。履き心地、履き易さを核に、コスチュームデザイナーのひびのこずえをはじめとする外部クリエイターとの協業で新作を次々と発表したところ好評を博し、現在は販路を国内外に拡げるまでになった。静岡産ヒノキを加工し天板に曲面をつけることで足裏にフィットし、ヒールにEVA（硬質ウレタン）を採用することにより履き心地の向上を追求している。ヒノキ天板の圧縮加工は地元家具メーカーに依頼し、クリエイターの求めるスタイリッシュな薄さと強度のある生地を製作するために二年間の試行錯誤が続いたといわれる。二〇〇九年から、静岡ブランドとして認定が始まった「しずおか葵プレミアム」に毎年の新作「茶人」「しきぶ」「ツーピース」が登録されている。

（東恵子）

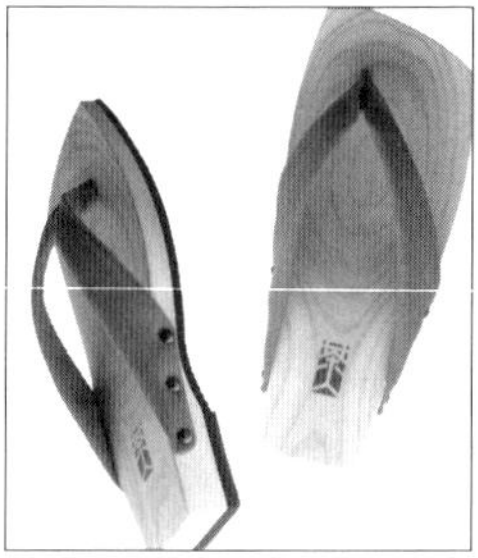

「茶人」㈱水鳥工業

column

製紙産業とデザイン

富士市を中心とする静岡県東部地域の地場産業に製紙産業がある。印刷用紙や家庭用再生紙、工業クラフト紙が中心の量産型産地であるが、本の装幀やパッケージのデザインに欠かせないファンシーペーパーの産地でもある。ここでは長泉町発祥のファンシーペーパー大手である特種製紙(現特種東海製紙㈱)とデザインのかかわりを、主に同社顧問・杉本友太郎への取材に基づき紹介しておこう。

一九五四年ごろ、竹尾栄一(㈱竹尾、元社長)が「マーメイド」の見本帖の相談でデザイナー原弘を訪ねたのが、製紙会社がデザイナーとタッグを組む始まりである。そして、原の指導のもとフランスの「キャンソン」をモデルに本格的な色紙を創ることとなった。そこに製紙メーカーの特種製紙も参画して開発されたのが「アングルカラー」である。二十七の色数をもつ紙商品は世界初であったと言われている。原は竹尾の顧問に迎えられ、竹尾と特種製紙のタッグで「マーメイド」「レザック」などが生まれていく。原は六一年に毎日産業デザイン賞(製紙におけるシリーズ・デザイン)を受賞した。

六〇年代には高度経済成長を背景に、印刷技術の進歩、日本宣伝美術協会の公募展等もあり、特殊紙への多様なニーズも高まってきた。特種製紙も独自商品の開発を模索するなかで、七一年に当時気鋭のデザイナー田中一光と顧問契約を結ぶこととなった。「レザック71」が田中監修の最初の商品である。以降、「タント」「岩はだ」など特種製紙の半数近いファンシーペーパー商品を監修した。田中は色彩の監修が中心で、質感などは社内開発チームと二人三脚であった。いまでも田中門下のデザイナーが引き続き顧問に就いているという。

ファンシーペーパーとは、もとから英語のファンシーfancy(極上の、手の込んだ)なペーパーpaper(紙)であった思われがちだが、いささか経緯は異なるようである。四九年に特種製紙が「MLファイバー」という色彩豊かな特殊紙を売り出した際に、「色紙のファンがほしい、そうすれば会社も潤う」と開発担当者の間で繰り返し語られたとのこと。それが縮まって「ファンしい」と、社内で語呂合わせで呼んでいたという。辞書を調べたらピッタリの気分であり、それで一般化したそうである。なお、特種東海製紙三島工場(長泉町)には、原弘の約四千点の書籍やポスターを中心にスケッチ、直筆原稿なども収蔵する「原弘アーカイブ」が置かれている。

(黒田宏治)

遠州地域の産業とデザイン

遠州、モダンデザインの原点

遠州を代表する伝統的なデザインといえば木綿の縞文様である。基本的には藍と白の平凡な縞だが、藍色が黒に近く、白の主張がすくないところが特徴である。現代の白物家電品のデザインに大きな差がないように、普段着の木綿だったからである。だが、織機の自動化が他の産地より早かったため、生産量は他をしのいだ。繊維産業は一九四〇年代までは最先端技術を必要とする産業であり、日本の有望な輸出産品でもあった。その最先端技術がしだいに楽器、バイク、自動車へと応用範囲をひろめるに従いそれらの商品に特別なデザインが必要になる。戦後の輸出品のデザインがヨーロッパやアメリカ製品の模倣であり、それが国外から痛烈に批判され、国家として経済復興を推進するためにも、オリジナルなデザインでなければ、とデザインを国策の柱とした。インダストリアルデザイナーが浜松で活躍しはじめたのはそんな一九五〇年代であった。

遠州発モダンデザインの原点はホンダ・カブF（一九五二年）である。「白いタンクに赤いエンジン」でホンダを日本一のメーカーに押し上げたのは、小型エンジンを自転車につける、というアイデアとエンジンカバーの位置（女性のスカートが汚れない）、それを象徴的に表現した円形と楕円形の鮮やかな対比をみせる色彩にある。当時デザインの最終決定は本田自身であった。つまり、遠州生まれの本田宗一郎というインダストリアルデザイナーの存在こそ、戦後の日本産業を牽引してきたといえるだろう。

遠州ではエンジンつき自転車を「ポンポン」と呼び、新緑の稲田を背景に赤と白が際立つポンポンに女性も憧れ、その姿は誰の眼にも焼き付いている。戦後の買い出しに自転車で苦労する妻を楽にしたい、という本田のコンセプトから生まれたデザインだった。ポンポンからモーターバイクの開発に向かった多くのメーカーは輸出への対応もあり、このころからインハウスデザイナーを雇用し、外部の

「ホンダ・カブF」（1952年）

デザイナーも起用しはじめた。ＫＡＫとＧＫの浜松での活躍もこの時期からであった。

浜松のインハウスデザイナー

世界に羽ばたいた遠州の代表的な企業三社のうちスズキ、ヤマハは本社が浜松にありデザイン部門も浜松で活動を続けてきた。

スズキは創業者、鈴木道雄が一九三〇年ごろまでは織機のデザインを自ら行い、強烈なオレンジ色に塗装した織機などは、陽気な遠州気質をあらわす。浜松本社のデザイン部門で一九五〇年代からインハウスデザイナーが活躍する。

ヤマハ本社に音響機器に主力をそそぐデザイン研究所があり、約二十五名のデザイナーが電子ピアノからサイレントギターまで、楽器というより「音を人に届ける」あるいは「音の新たな姿を追求する」姿勢を研究所創立当初から貫いてきた。音の文化をストイックに意表をつくアイデアで提案し続けるデザイン集団でもある。

ホンダの工場は遠州に残ったが本社は東京へ。そのため遠州人にとってヤマハ、スズキより馴染みがうすい。だが本田宗一郎との無謀なレースで苦楽をともにした思い出を語る遠州人は多い。ホンダは東京と和光市にデザイン部門があり、インハウスデザイナー約二百名が活躍する。

遠州のフリーランスデザイナー

戦後、遠州地方のフリーランスデザイナーの活躍は興味深い足跡を残している。日本を代表し多数のインハウスデザイナーが在籍する大企業からの外注はめったにない。だがこの地でユニークな活動を続けてきた加工機器メーカーや、大企業の下請けからオリジナル商品開発に乗り出す企業を積極的に支援してきた。

○内藤工業デザイン研究所

この地域でデザインに関心があればだれもが内藤三兄弟を知っている。三人とも浜松に生まれ育ったデザイナーだからである。そのうちの二人は一九七二年に内藤工業デザイン研究所を創立した。戦後の遠州地方、ことに浜松のプロダクトデザインをフリーランスの立

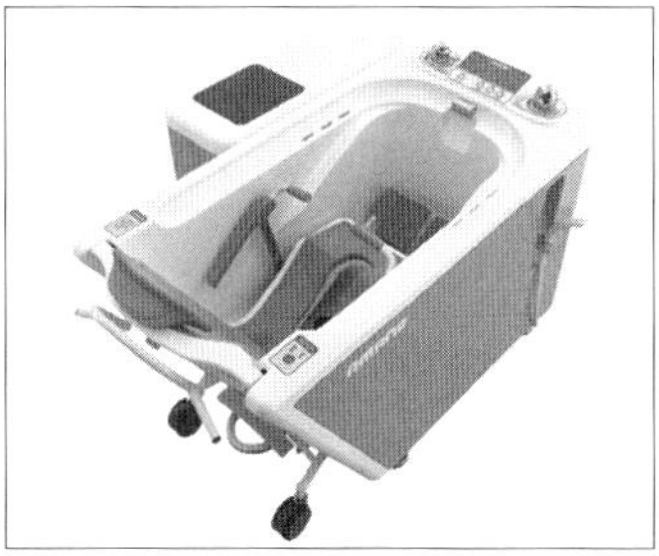

㈱アマノ　特殊介護浴槽
D：内藤工業デザイン研究所

場でリードしてきたのは内藤工業デザイン研究所であった。

　その創立には遠州ならではの秘話がある。弟博義はデザインを学んで帰郷したが家業である織物工場を継いだ。兄政敏も先祖からの生業を継ぐためにパナソニックのデザイナーをやめ大阪から帰郷した。だが二人はすぐ織物よりデザインに方向転換し事務所創立に挑戦した。当初の仕事はまったくなかった。最初の依頼はハマネツの小型電動芝刈り機、そしてバイクの部品メーカーのフジコーポレーションが新規に開発した米びつ「ハイザー」だった。それらは一九五〇年代創業の新進気鋭の企業であった。研究所運営が軌道に乗り始めた二年後、兄政敏はパナソニック社から請われ七四年に再び大阪に向かい、一九八八年に「総合デザインセンター」所長となり、再び帰郷するのは二〇〇一年であった。内藤博義が引き受けるデザイン件数は順調に増し、燃料電池シニアカー、業務用清掃機、特殊介護浴槽、メーターモジュールプラットフォーム、などなど一九九五年までには年間百アイテムを超えるほど多忙をきわめた。

　ここ数年好きな事を中心にと、デザイン業務は世界一のシェアをもち長年契約している一社に絞り込んでいる。四十年間のデザインは店頭に並ぶ一般商品ではなく、加工機器や社会的な意義のある用品であった。それは遠州という地方に根づいた活動だったからだ。祖先が経営してきた木綿織物から内藤工業デザインへ。それは遠州ならではの、先を見る選択であった。

○ワダデザイン、和田功

　黒木靖夫の「自分のためにデザインしなさい」、という言葉に触発され、ソニーを退職したのは三十五歳のとき。七十歳までデザイナーであり続けるための決心だった。一九九二年、東海道沿線だったらどこでもよかったが、でも妻の実家近くの浜松に、と事務所を創立する。最初の仕事は町内会からの呼びかけではじまった。ナノレベルでの計測、解析技術をもつ創業四十年の地元企業パルステック工業が供給する電気毛布コントローラーだった。

　和田の仕事は浜松地域だけに限らないが、小柴博士ノーベル賞受賞で話題になった浜松

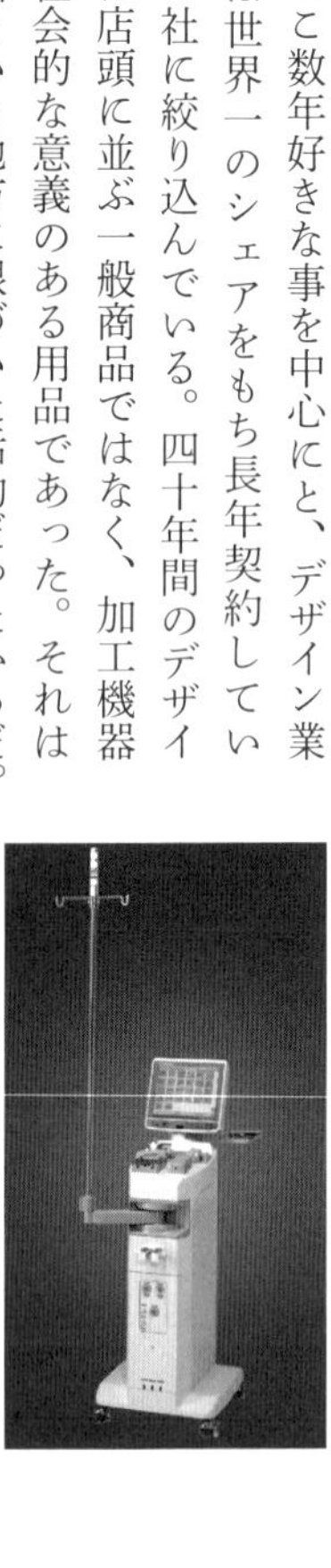

日機装㈱個人用透析装置
D：ワダデザイン

ホトニクス研究公開のための、レーザー光線で分子を発光させ空中に3D動画を描く装置(Glass Egg)のデザインは近未来を思わせる。そして、日機装㈱の患者とのコミュニケーションをイメージ、イラスト、音声で援助する個人用透析装置のデザインも、今後の医療にとっての試金石になる。

これら最先端技術と同時進行する作業は遠州デザインの今後をうらなう試みだ。排他的でない遠州の気質が和田にとっての心地よさだという。しかも最初の仕事が町内から始まったように、コミュニティーづくりがデザインにとっても大切というスタンスをとり続けるデザイナーでもある。

○コーズデザイン、神津宏昭

林英次がデザインした「丸正商会」のライラックに憧れた小学生はデザイナーを志した。バイクに憧れた神津宏昭は日本でデザインを学びアメリカに留学し、ニューヨークの事務所で実績をつみ、十五年後に帰国。ニューヨークから見れば東京も浜松も同じ。少年時代を過ごした浜松には空間があり、そこに事務所を構えたのは一九九一年。バブルは終わっていた。

精密機器のメーカーであるスター精密のテープレコーダーやプリンターが初期のデザインだった。円筒形のユニークな造形をしたヤマハのオーディオスピーカーYST-SD90のデザインは、オーディオ界では忘れられない製品となった。

製品のデザインだけではない。神津がこの地で情熱を傾けたのは戦災ですべてを失った浜松で奇跡的に生き残った酒蔵「天神蔵」を食、アート、歴史発見の場としてよみがえらせながら、表情に乏しい浜松の景観を見直すことだった。「天神蔵」の次のチャンスはまだやって来ないが、新たにデザインを主軸にした浜松シリコンバレー構想に情熱を傾ける。

技術者も企業も先端の技術もある。それを横断する若いデザイナーが住みやすい環境を整えたい、と。この地から再度二十一世紀の「渡り職人的デザイナー」の定着がホンダ、ヤマハ、カワイ、スズキ、を凌駕する産業を起こすかもしれない。

天神蔵
D：コーズデザイン

○「ぬくもり工房」大高旭と
「遠州縞プロジェクト」の小杉思主世

織元「大幸株式会社」の実質的後継者、大高旭は二〇〇六年二十六歳で家業を継いだ。遠州木綿の多くが縞から寝具類の白生地を主として生産するようになっても、大高の祖父はまだ「遠州縞紬」を扱っていた。大高は縞紬の暖かさに魅せられ「ぬくもり工房」を立ち上げネット販売で初年度に百万円を売り上げ、まもなく三百万円に。祖父の時代からの職人の技術が生きのびて安堵した、という。

いま伝統的なデザインから明るい色の縞まで五十種類のデザインをそろえ、ネットでの販売はもちろん、遠州縞木綿の新たな顧客獲得に奔走する。大高はハイアットリージェンシー箱根のソファを縞で貼った。ソファというヨーロッパの造形を和のなごみにつつみ、縞の伝統は空間という新たな場を得たようだ。

「ぬくもり工房」を支えるのは小杉思主世が主幹する「遠州縞プロジェクト」。九名のメンバーが木綿縞を使う工房や商店、作家を紹介しながら研究会や年一回の市を開く。遠州の縞、そのデザインを初めて見たのに懐かしい、もしかしたら日本人のDNAのなかに埋め込まれた感覚かもしれない、というのがこの運動の発端だった。小杉思主世は試験場に勤務していた一九七〇年代ごろ、遠州に冬の農閑期だけ信州からゆかたの注染（染色）のために職人が出稼ぎにくる現場を見たという。これは遠州が迎えた「渡り職人」の最後の姿であろう。一九七〇年代で遠州の木綿織物は主たる日本の輸出産業としての役割をほぼ終え、歯が抜けるように六工程あった工房の閉鎖がつづいた。

だが「ぬくもり工房」と「遠州縞プロジェクト」は三十代の若いメンバーを中心にして、これから繊維の可能性を引きだすデザイン運動に成長する可能性は高い。

（注）ウエブサイトで確認できる限りの情報であるが、遠州地方にはグラフィックデザイン五十、建築インテリア関連五十、そして雑貨の工房三十、程度の事務所活動がみてとれる。

（竹原あき子）

ホテルの遠州縞ソファー

column

スズキのデザイン、草創のころ

私が鈴木自動車工業株式会社(現スズキ株式会社)に入社したのは一九五七(昭和三十二)年のこと。その年に初めて二名の大学卒のデザイナーが採用され、私はデザイナー第一号である。まだデザインのセクションはなく、企画室に配属され、オートバイのデザインに携わった。

最初の代表作といえるのは五九年に発売された125CCのセルツインである。アイデアスケッチからモデル化、生産までのデザインとフォローを初めて一人で担当した機種である。新開発の2サイクル二気筒のエンジンで、シリンダーが低い特性を活かして、ヘッドライトからリアフエンダーにかけて斜めの直線ラインで結んだフォルムを強調したデザインで全体を取りまとめた。当時はデザインのわかる人も社内におらず、けっこう好きにやれた。売り出したら月産五～六千台の大ヒットとなり、会社にとって起死回生のモデルとなった。

そして、デザイン課の係長になってから、六三年に四輪乗用車フロンテ800のデザインに携わった。これもほぼ一人で担当した。発端は四輪メーカーの名乗りをあげるためで急を要すプロジェクトで、それこそ突貫作業で半年くらいで仕上げて秋のモーターショーに間に合わせた。1/5クレーモデルから1/1線図に移り、試作は全部を手作業で、空力特性を高めるための曲面のスタイルが特徴的だった。このモデルが当時の鈴木俊三社長以下の高い評価を得て、それでヨーロッパに行ってこいということになり、十ヵ国を約ひと月で回ってきた。カーデザインの本場は新鮮で、合理性に徹した設計思想に感銘を受けたのを覚えている。

帰国してすぐに軽乗用車フロンテ360のデザインを命じられた。リアエンジンの三気筒で、車体の軽量化、四人乗車時の十分なスペースをテーマに、薄い鋼板で強度を得る工夫として三次曲面の造形とし、これはコークボトルラインと称してセールスポイントにもなった。当時の営業力では月二千台が限度と言われていたが、六七年に発売すると生産台数は月を追って増え、六九年には月産一万台に達する大ヒットとなった。スズキが自動車メーカーの足場を築いたのは、この車のおかげといえるかもしれない。私はこの仕事で社長賞をもらうことができた。振り返ると、私はデザイナーとして、スズキの事業基盤づくりにずいぶんと貢献できたと思っている。

(佐々木亨)

column

ヤマハのデザイン

日本楽器製造株式会社（現ヤマハ株式会社）の第四代目の社長に就任した川上源一は、一九五三年七月から約三ヵ月にわたる欧米視察の旅に出た。帰国後の第一声は「これからの工業製品に求められるのはデザインだ」と、社内に号令をかけた。自らも行動を起こし、剣持勇、アントニー・レイモンドなど第一線で活躍する家具デザイナー、建築家に新しいイメージのピアノのデザインを依頼した。戦後の経営者のなかで、デザインの大切さをいち早く意識した一人であったと言える。

この一連の動きの中で特筆すべきは、東京芸術大学の小池岩太郎助教授（当時）にデザインの協力を求めたことである。小池助教授は在学生六名を集めてグループ・オブ・小池（ＧＫ）を組織して、ピアノやオートバイのデザインで川上社長の要望に応えた。

一九五〇年代は、まだ新幹線や東名高速などはなく、浜松と東京は現在では考えられないほどの遠隔地であった。事業が多角化しスピードアップを要求されるなかで、デザインは外注に頼るだけではなく社内でも行う必要に迫られた。一九六三年四月、設計課に所属していた外装デザインのセクションを、川上社長の強い意向によって、意匠課という小さなデザイン組織として独立させた。私は、その第一期生として入社し、一九七三年には意匠課長に任命された。組織強化のために最初に取った行動は、社内デザイナーの能力アップと優秀な人材の獲得であった。社内だからといって甘えや妥協をいっさい許さない体質を身につけるため、常に社外デザイナーとの競争にさらすことに努めた。長年ヤマハの製品デザインと縁が深いＧＫ、マリオ・ベリーニ（伊）、ポルシェデザイン（墺）、川上元美などの一流デザイナーとコンペを行い、社外デザイナーは心強い協力スタッフであると同時にライバルでもあるという意識を社内デザイナーに植えつけた。

ヤマハ製品には、一見して「これはヤマハだな」と感じられるよう、ヤマハ・デザイン・フィロソフィーを制定し、デザインイメージの一貫性を図った。Integrity（本質を押さえたデザイン）、Innovative（創造的なデザイン）、Aesthetic（美しいデザイン）、Unobtrusive（でしゃばらないデザイン）、Social Responsibility（社会的責任を果たすデザイン）の五つである。このような活動が功を奏して、ヤマハ・デザインは海外デザイン賞も数多く受賞するなど高い評価を受けるようになる。この高い評価が、優秀な人材獲得に大きく貢献した。

（高梨廣孝）

column
ヤマハ発動機のデザイン

ヤマハ発動機株式会社は日本最後発のバイクメーカーである。そこに流れるものづくりの思想は、遠州の「やらまいか精神」によるチャレンジ魂であり、オリジナル追求への熱い想いである。

そのモーターサイクルのデザインは、一九五五年の初号機YA-1以来、外部のフリーランスのGKデザイングループに託されてきた。日本の工業デザインのパイオニアでデザインの啓蒙運動を牽引してきた。ヤマハ発動機とGKの今に続くパートナーの関係は世界でも稀有な例である。社外は率直に進言ができる反面、要求を超えるアウトプットが不可欠な要素である。共に創り出す間柄の切磋琢磨の過程で、相互の美の判断力のセンスは鍛えられ、デザインを重視するヤマハの社風が築きあげられた。

愛すべき等身大の冷たい機械に、人とモノとの世界を繋ぐ「人機一体」「人機官能」の思想で、モーターサイクルに血を通わせ命を与えるのが、「ダイナミックデザイン」である。

ヤマハを代表するモデルにV-MAXがある。ゼロヨン加速世界ナンバーワンを引っさげ一九八五年に発売された初代は、アメリカ文化をバイクに反映させたアメリカ発信の強烈なオリジナルデザインである。スケッチ段階から社内でも反響は大きく、このデザインをどう実現するか技術陣は日夜奮闘していた。「真っ直ぐ速く走ればええ、曲がらんでもええ」。プロジェクトリーダー荒木の言葉は、大胆なデザイン実現への潔さであり、あの時代の高揚感である。しかし、高性能達成のため技術も譲らない。熱く沸騰したせめぎ合いの日々である。痛快なコンセプトを共有化し、前例のないオリジンを生み出せる予感で開発陣のエネルギーも沸騰していった。そんな想い入れを込められ、デビュー後数々の伝説と共に熱いファンの心を掴み、四半世紀ものロングライフとなった。何にも似ていない独自のデザインと個性の力である。そして二〇〇九年にモデルチェンジした新型は、一転して類例のない日本文化からの「力と美」の極みの世界への発信である。このコンセプトもプロダクトの世界では前例のないテーマである。

今までにないものやことに挑戦する時、GKにはエキサイトする体質がある。単なる移動具を超え、人間とマシンとの情感に訴求するモノづくりが、ダイナミックデザインの真骨頂である。その結果、ヤマハにはきら星のごとく「美しいオリジン」が存在する。

（一条厚）

静岡・浜松地域の景観・建築デザイン

建築は人間がその内部において活動するための器であり、人間の物理的欲求および精神的欲求を満たすとともに、場所とその地域に深く関わるものであるといえる。したがって建築は、社会の動きとつねに敏感に反応し、ときに社会の潮流を動かす存在ともなる。また景観は、建築がその主要な要素を構成するものであるから、つねに社会を反映させたものとして現出し、ときに社会と対峙する動きさえ顕在化させる。

ふたつの潮流――建設の時代と保全の時代

戦後の景観・建築デザインを語るとき、大きくふたつの潮流があったといえる。一つは建設の時代。造っては壊し、壊しては造ってきたスクラップ&ビルドの時代である。もう一つは保全の時代。フローからストックへ、如何にあるものを生かし保全していくかの時代である。このふたつの流れはどちらかが潮流としてうねっていた時代の中でも底流としての論理は流れていたたし、ふたつの時代を画するというわけではなかった。あえて言うなら、保全の時代はつい最近になって表面化しはじめ、二十年から十五年前から潮流になってきたと考えられる。

建設の時代――復興と成長

建設の時代は、戦災から立ち上がろうとする人々の思いから出発した。一九四五年六月から七月に、浜松、静岡、清水、沼津の四市は米軍からの大空襲を受けた。戦災復興土地区画整理事業はこの四市において一九四七年から事業開始され、復興の槌音が響いた。静岡県は区画整理に限らず、街路拡幅事業、市街地再開発事業等の都市計画事業が三大都市圏に次いで盛んに行われた地域である。東海道はじめ歴史的に蓄積された都市の基盤形態やそれに基づく建築や町並みの良好なストックがあったにもかかわらず、それらは流れの底に沈められ忘れ去られたものとして捨象された。

一九五四年、耐火建築促進法が施行され、

静岡県下九市（静岡、浜松、沼津、清水、熱海、富士、吉原、島田、磐田）で防火建築帯が指定された。これは一九六一年の防災建築街区造成事業に引き継がれ、九市でその成果をみた。狭隘で木造建築が建ち並ぶ商店街を、街路拡幅と同時にＲＣ造建築で不燃化し商店街の近代化を図ろうとする画期的な事業であった。二〇一二年現在、静岡市呉服町通り、沼津市名店街（一九五三美観地区、現在景観地区）、富士市吉原本町通りの三地区に残されている。これらは街路幅十五メートル、建築三～四階建てのほどよいＤ／Ｈが保たれ、建築も飾らないシンプルなデザインの中に、新しい時代への意気込みを感じさせる。

一九五〇年代、六〇年代の社会は、高度経済成長の時代であった。一九五七年静岡国体が行われ、一九六一年伊豆急行、一九六四年東海道新幹線、一九六八年東名高速が開通する。とりわけ国体開催に合わせて建設された丹下健三の駿府会館は、七九年に解体されるまで、本来の体育館機能だけでなく、コンサート、プロレス興行などが行われ、シェル構造により翼を広げまさに羽ばたこうとするデザインが時代を象徴する建築として記憶された。

一九七六年に発表された駿河湾巨大地震説は社会を震撼させた。建築に対しても耐震診断の実施を促し、静岡県が全国に先駆けた耐震設計基準を設けて対処したことは、構造デザインの先導的役割を果たした。全国基準を上乗せする静岡独自の耐震設計基準は、構造、機能、デザインのフィードバックによる検討が求められ、結果として構造とデザインが融合した機能性に富んだ建築を現出させた。一九八五年の浜松プレスセンター（大成建設）、一九八六年の浜松科学館（仙田満）はその典型であろう。

静岡県庁舎は一九三七（昭和十二）年、静岡市庁舎は一九三四（昭和九）年に建築された。市庁舎は中村與資平の設計、県庁舎も設計競技の後、実施設計を中村が行っている。駿府城の外堀を間に向かい合う二つの建築は、戦前から戦後の社会を見つめ続けてきた。この二つの建築の存在の持続が選択され、一九七〇年の県庁東館（日建設計）、一九七四年の西館、そして一九八七年の新市庁舎（佐藤総合計画）の完成を見た。二つの公共建築

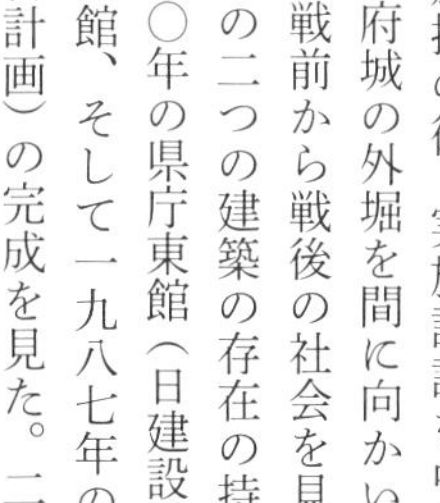

静岡県庁舎から静岡市庁舎を見る

の存続と新たな建築は、旧い建築を遺し活かす動きの先駆けとなるものである。

ビッグプロジェクトの時代

一九八〇年代半ばから九〇年代は、建設の時代にあってビッグプロジェクトの時代ともいえる。

その先鞭となるものは八一年に設計競技が実施された一九八六年の静岡県立美術館であろう。設計競技は五社の指名コンペであった。大手設計事務所の中で一社のみ静岡の地元設計事務所が連合を組んだグループ、静岡設計連合（高橋茂弥建築設計事務所・高木滋生建築設計事務所・田中忠雄建築設計事務所・サン設計事務所）が一等を勝ち取ったことは特筆に値する。当初駿府公園内に計画されたが、遺跡の発見によって現在地に建設された。新たな場所で設計をし直した美術館は、一九八九年の静岡県立大学（アトリエK＋日総建）や一九七〇年の県立中央図書館（山下設計）とともに芸術文化ゾーンを形成する代表的建築として存在感を示している。

ビッグプロジェクトは、一九九四年西のアクトシティ浜松（日本設計・三菱地所）、一九九八年東のグランシップ（磯崎新）により最高潮に達する。建設の時代を象徴する巨大建築の出現であった。

アクトシティは浜松駅の鉄道高架と区画整理によって生まれた所産ともいえる。高架化事業には貨物駅の移転が前提であり、当時の国鉄と浜松市との土地の交換、買収、取得という大きな課題があり、区画整理は都市計画として進めていく大きな方針があった。戦後の復興を終えて、都市をさらに再生していく事業として長い道のりであった。この大事業に対して市民が立ち上がり自分たちで考えプランを練り提案する活動があった。建築士会が中心となり市民に呼びかけ「住民こそ地域の設計家」であるという市民レベルの活動を展開したことは、新しい流れの胎動を感じさせるものであった。

八〇年代、九〇年代のビッグプロジェクトに対峙するものとして、小品ではあるが質の高い優れた建築が生み出されたことも事実である。一九七六年青嶋ホール（田中謙次）、一九七八年の資生堂アートハウス（谷口吉生）、

グランシップ（静岡県コンベンションアーツセンター）（静岡市駿河区、1998年）

静岡県立美術館（静岡市駿河区、1986年）

一九八一年芹沢銈介美術館（白井晟一）、一九八一年大和葺きの家（高木滋生）、一九九一年玉露の里・瓢月亭（川口宗敏）などであろう。

新しい流れ——景観と持続するまちづくり

九〇年代ごろから新しい流れが顕在化しはじめる。それは景観をまちづくりとして持続する活動に高めていくものであった。九二年にはじまった清水港・みなと色彩計画による景観形成はその代表といえるものである。物流・工業機能が第一に優先される殺伐とした港の景観を、自然環境と調和した色彩計画と配色基準を策定し、石油タンク、コンテナクレーンなど三百を超える施設・構造物に対して塗り替え時期に色彩の提案やアドバイスを行ってきた活動は評価される。

二〇〇五年に景観法が全面施行されるが、自治体による景観賞が八〇年代後半から相次いで創設された。静岡県と浜松市が八八年に都市景観賞、静岡市が九二年に市民景観大賞、三島市と富士宮市が〇八年に景観賞である。

静岡県は第二十回を節目に〇八年から景観賞と名称を改め、それまで新築の建築や都市整備に重点が置かれがちであったが、歴史的な建築とその周辺一帯やわさびとお茶の里など積み重ねられた人々の暮らしへと視点がシフトしている。静岡市のしずおか市民景観大賞は特にその傾向が強く、石積み、茶畑、民家が一体になった里の景観を毎回評価しており、地域に培われた人々の生活の表われとしての景観デザインを再認識するものである。

自分たちの住む場所を良くしたいという発意は、市民主体のまちづくりにつながっていく。〇五年から続けられている「しずおか町並みゼミ」は毎年一回、県内各地で活動するまちづくり活動団体が一堂に会して情報交換し、個性あるまちづくりに向けて意見交換するものである。身近に存在する建築や町並みを大切にしたいという意思の表われが継続されているといえる。

これらの流れはデザインを市民の目線で考えていこうとする動きであり、市民の共通認識として共有できれば、景観・建築デザインは着実に高められていく。

（塩見寛）

青嶋ホール（静岡市葵区、1976年）

column 海からの景観デザイン

清水港の色彩計画

清水港は天女伝説の三保の松原、富士山を借景にした日本を代表する風景を持つ静岡県の国際拠点港湾である。しかしこの半世紀の間、産業経済が優先された結果、紅白の煙突や老朽化したタンクや倉庫が建ち並び、多くの港と同様に、汚く殺伐で、市民が立ち寄りがたい港になってしまった。

このような中、一九九一（平成三）年度に自然景観と調和した人工景観を創出しようと色彩計画が策定された。翌年度には色彩計画推進協議会が発足し、官民学連携の体制がつくられ、以来今日までの二十年間、美しいみなとまちづくりが着々と進められてきた。

対象区域は臨港地区の五百ヘクタール。港湾施設や工作物が五年から七年毎に塩害防止・耐震対策工事を実施するのに合わせて、色彩計画にしたがった配色に沿って、塗り替えていこうという取り組みである。

計画当初は、費用の点や企業独自のＣＩ（コーポレートアイデンティティ）カラーとの関係から、対象企業の三割の賛同も得られず、計画の実行が懸念された。そこで参画意識を得やすいように、各港湾機能の空間イメージを形成するシンボルカラー、ベースカラー、アクセントカラー、アクセサリーカラーの色彩構成を設定した。また、各企業の個性や独自性を活かしながら周辺環境と調和を図るため一件ごとにコンピュータグラフィックスによるシミュレーション等で提案を行い、さらに景観・環境色彩への理解を深めるためにアドバイザー制度の設置や相談窓口の仕組みづくりを行ってきた。

紅白のコンテナクレーンは、日本で初めて清水港のシンボルカラーである洗練されたホワイトとアクアブルーの配色に塗り替えられた。大きなタンクにもアクセントカラーでラインを施して圧迫感を軽減し、グラデーションによる配色計画と相まって空間にリズムをつけている。特にこの地域で一番高い、高さ百五十メートルの紅白の煙突は、ホワイト基調のデザインで、一九九三年に塗り替えられてシンボリックかつ美しく変身した。その後、地域の要請によりライトアップもされて夜間のランドマークになった。

特筆すべきは、高さ百四十五メートルの煙突の塗り替えである。これには、六万五千世帯の同意書、一億一千万円の費用と、五年の歳月がかかっている。航空法では、百五十メートル以上の高さの煙突には高度障害灯を設置しなければならないが、色は自由に塗り替えることができる。それ以下の煙突には高度障害灯の設置は不要だが紅白に塗らなければならないとされている。航空当局と折衝の結果、煙突から半径五キロメートル圏内住民の九割の同意書を連合自治会が中心になって一カ月間でとりつけ、地元清水市議会により景観条例を制定するに至った。一方企業は赤色障害灯、中光度障害灯の併設と塗替費用などを負担することにより、産業景観の一般的象徴といえる紅白の配色から清水港独自の色調でリニューアルできた。

これを機に、市民、企業、国・県・市の各機関の役割分担とその連携により美しいみなとづくりは加速していく。

海から港、そして都市部へ波及した景観デザイン

再開発事業による商業施設、親水緑地公園、マリーナなどの整備が進行し、清水駅のリニューアルや国際文化交流施設マリナートの建設により、現在は年間八百八十万人の人々が訪れ賑う、都市と一体になったみなとまちづくりに成功した。

色彩計画も臨港区域内から市街地へエリアを拡大している。全国展開する電気量販店、遊興施設等大規模商業施設が次々に建設されるが、高彩度の色彩使用や大型屋外広告物建設にも「美しいみなとまちづくり」の二十年の実績によるローカルルールにより、周辺景観と調和のとれた色調におさえられ、大規模看板の縮小されている。日の出地区は地権者の同意を得て静岡市景観重点地区に指定されている。加えて、富士山世界文化遺産の構成資産として三保の松原が登録された。

海からのまなざし

港への印象は、シンボルカラーであるアクアブルーの「新しい、清潔感がある、明るい」色彩イメージが浸透し、市民の誇れる景観としては、日の出地区ウオータフロント、港湾荷役活動のコンテナクレーン群があげられている。また港湾関連企業は、緑化、ライトアップ、工場内見学などの積極的な社会貢献への意識変化も熟成されてきている。

補助金、減税制度がないなかで、塩害防止のための塗り替え時に色彩イメージ効果、デザインによる付加価値付けの取組みにより港の再評価が行われ、「世界に誇れる美しいみなとまちづくり」の共通の規範が形成されたのである。

経済効果はもちろんのこと地域の人々のみなとへの関心に加えて、企業や市民「ＭＹ　ＰＯＲＴ意識」が生まれたことが何にも代えがたいものとなっている。

（東恵子）

静岡・浜松地域のデザイン教育

高等学校のデザイン教育

静岡・浜松地域におけるデザイン教育のはじまりは大正年間の工業教育の萌芽にさかのぼる。一九一五（大正四）年に、遠州地方の染織産業の人材育成のため、浜松市馬込の静岡県工業試験場染織部の敷地内に、後のデザイン科の前身となる図案と染色、機織の三科からなる静岡県染織講習所が設置された。染織部主任技師の山本又六が所長を兼任した。一八年に静岡県立浜松工業学校となり、染色仕上科、紡織科に加え二〇年に図案科が設けられた。初代校長には工業学校設置に奔走した山本又六が就任した。後に浜松市長となる栗原勝は一九四一（昭和十六）年度図案科の卒業である。四三年に図案科は木材工芸科となった。

静岡地域では一九一八（大正七）年に、静岡市瓦場町に静岡県立静岡工業学校が設置され、電気機械科に加え、地場産業である木漆関連産業の振興のため専修科に漆工・木工が置かれた。初代校長には試験場長の三上虎太郎が就いた。翌一九年、漆器部、図案部等からなる静岡県工業試験場が、相互連携が図れるよう水落町から隣接地に移転した。当時、試験場職員であった芹沢銈介は、工業学校で講師として図案指導に携わっていた。二一年には専修科が廃止となり、木工科が設置され、三九年に建築木工科となった。これら二校が静岡県内初の工業学校である。

戦後の学制改革により、一九四八（昭和二十三）年に浜松工業学校は浜松工業高校となる。五〇年に木材工芸科内は木材工芸コースと繊維関係の図案コースとに分かれる。高度経済成長を迎えた六三年に工業デザイン科に改称され、実習授業は工業デザインに加えて商業（ビジュアル）、室内（インテリア）、染織（テキスタイル）が選択となった。翌六四年に浜松市初生（現在地）に移転、八一年にはデザイン科に改称され、デザイン教育の中心は工業（プロダクト）と商業（ビジュアル）となり、現在に至っている。講習所以来三千余名の卒業生を送り出し、京都の染織図案家や大

浜松工業学校図案科実習風景　1924（大正13）年ごろ
（静岡県立浜松工業高等学校『創立70周年記念写真集』より転載）

浜松工業学校正門　浜松市北寺島町　1935（大正10）年ごろ
（静岡県立浜松工業高等学校『創立70周年記念写真集』より転載）

手企業デザイナーも少なくない。静岡工業学校も四八年に静岡工業高校となる。デザイン関係は建築木工科より木材工芸科として分科した。六三年に工芸科に、七三年にインテリア科に改称となるが、二〇〇四年に募集停止となり、建築科内にインテリア類型として置かれ、〇六年に建築デザイン科に引き継がれた。〇八年に再編統合され、県立科学技術高校となっている。

両校のほかでは、北遠の森林・林業を背景とした静岡県立天竜林業高校（七五年にインテリア科設置、九二年に建築デザイン科に再編）は木工デザイン関係での歴史を有する。静岡県内でデザインを冠する学科等を有する高校は、県立御殿場高校（情報デザイン科）*、静岡市立商業高校（デザインコース）、藤枝順心高校（美術工芸デザイン科）、常葉学園菊川高校（美術・デザイン科）などに加え、近年は県立田方農業高校（園芸デザイン科、ライフデザイン科、いずれも二〇〇〇年設置）、〇六年再編開校の県立浜松大平台高校（芸術・デザイン系列）、〇九年再編開校の県立遠江総合高校（ライフデザイン系列）がある。また、県立清水南高校芸術科、県立浜松江之島高校芸術科、浜松学芸高校芸術科などでもデザイン教育は取り入れられている。

高校学校のデザイン教育は、工業系に端を発しつつも、芸術系とのはざまに置かれ、近年後者では安定的だが、前者では建築分野との統合など縮小傾向が窺える。一方で、旧商業系、農業系、生活系などの教育分野にデザイン概念の裾野の拡がりも見受けられるところである。

（黒田宏治）

東海大学静岡地区のデザイン教育

東海大学の創立者松前重義博士は、戦後勉学の機会が得られなかった勤労青年に時代を担う教養と高度な専門知識を与える場として一九五二年東海大学短期大学部商科第二部を清水に開設した。

一九六二年、静岡市柚木に移転し、この商科を母体とし三年後の六五年には、新しい女子教育機関として、人道主義に根ざした一般教養、人間探求の哲学と生活科学の知識を併せ備えた女性の育成を図ることを目標に日本で初めて「生活科学科」を設立する。七〇年

*二〇一三年四月に静岡県立駿河総合高校に再編となり、総合学科デザイン系列となった。

東海大学短期大学部（静岡）校舎全景

に生活科学コース、生活芸術コースの二専攻コースを発足。生活科学としての科学技術時代に即応した学問とともに、芸術による感性教育を通して社会機構とのつながりを実践し、新しい時代への創造力を滋養育成することを目標にしている。この発足が静岡地区におけるデザイン教育の源流となる。カリキュラムは造形理論とともに油絵、彫刻、デザイン、地場産業である和染め、手織り、彫金、陶芸等の実習教育や京都・奈良の古美術研究等幅広い内容で構成される。

一九九〇年、東海大学デザイン教育協議会が発足して、デザイン教育を行う湘南、旭川校舎各キャンパスの特徴ある授業を受講できる「アプリシエーション」交流授業システムがスタート、スケールメリットを活かした教育が始まる。

一九九一年、大学法人は「時代に即応した教育改革」を提示して生活科学科は生活情報、環境デザイン、国際コミュニケーションの三コースに変更。短大の二年間教育のなかでのデザイン技術力の補完、クリエイティヴ能力の育成を目標に、デザインプロセスにパーソナルコンピュータ導入、また地域をテーマに環境デザイン実践型教育を行う。その成果は学生のデザインコンクール受賞や、卒業後の進路としての、家具業界、マスコミ関係、デジタルコンテンツ制作等幅広い分野での活躍にみられる。短期大学部から四年制大学への編入も行われ、これまで湘南の教養学部デザイン課程に三名、旭川の芸術工学部デザイン学科に四名が進学している。

同じく一九九一年、静岡県沼津市原に静岡県の学術研究の拠点として開発工学部が「情報通信工学科」「物質化学科」「生物工学科」「医用生体工学科」の四学科の構成で開設される。二〇〇二年には文理融合学科として「感性デザイン学科」が開設。感性科学、テクノロジーおよびアートの分野を通しクオリティ・オブ・ライフのためのモノや情報（コンテンツ）を実現するデザイン教育が始められた。しかし、入学者が学部全体の募集定員の半数に満たない状況が続き、二〇〇九年に募集停止、二〇一三年三月に閉部することとなった。

（東惠子）

常葉学園大学造形学部*

常葉学園大学造形学部（静岡市）は、一九七二年に常葉女子短期大学菊川校舎（菊川市）に設置された美術・デザイン学科（一学年定員五十名）を前身とする。同校舎には七七年に常葉美術館が設置され、七八年には常葉学園短期大学に改められ、地場産業等の要請にも応えて七九年には男女共学となった。九一年より七十名に臨時定員増となり、絵画・彫刻および産業デザインの二コースも充実期を迎えた。なお、同校舎開設にあたり、常葉短大菊川高校が併せて設置され、普通科に加えて美術・デザイン科も置かれた。短大美術・デザイン科は九四年に専攻科（二年制）の設置を経て、デジタルメディアへの対応や民間企業等で活躍できる人材の育成などに向けて、二〇〇二年に四年制の常葉学園大学造形学部（上田孝学部長）に改組転換され、新入生八十四名でスタートした。〇五年に本部キャンパス新校舎（静岡市）に移転した。同学部は造形学科一学科の構成で、平面造形表現、立体・メディア表現、視覚伝達デザイン、環境デザインの四コースが設けられ、一一年にはアート系一コース（アート表現）、デザイン系三コース（ビジュアルデザイン、デジタル表現、環境デザイン）に再編された。短大時代から今日までに静岡県中部地域の企業等に多くの卒業生を送り出している。

静岡文化芸術大学デザイン学部

静岡文化芸術大学は、二〇〇〇年四月に静岡県を中心とした公設民営形態で開学した。キャンパスはＪＲ浜松駅から徒歩十五分の市街地の一画、浜松市中区中央（開学時の野口町から地番変更）に位置している。文化政策学部とデザイン学部の二学部が設置され、学生定員は一学年三百名である。開学にあたり理事長に石川嘉延（当時静岡県知事）が、学長には木村尚三郎が就き、デザイン学部長には栄久庵憲司が就任した。

静岡文化芸術大学のはじまりは一九九五年三月の新大学基本構想に遡る。同構想は新大学基本構想検討委員会（高坂正堯委員長）が、静岡県立大学短期大学部（浜松市）を基礎に四年制大学整備の方向について取りまとめた。人間文化学部とライフデザイン学部の

*二〇一三年四月に常葉学園大学造形学部は常葉大学造形学部となった。

静岡文化芸術大学校舎全景　ＪＲ浜松駅から徒歩15分に位置する都市型のキャンパス。外観デザインには山の尾根、波のうねりを思わせる緩やかな起伏が取り入れられている。

構成案であった。静岡県西部地域では産業・大学とも技術系の集積が厚いが、文化面での基盤整備が求められていた。そこから高坂正堯（学長予定者）の呼びかけにより栄久庵憲司、そして鴨志田厚子が検討に加わり、九五年九月にデザイン学部設置を含めた新大学整備基本構想が策定された。翌年五月に高坂正堯の急逝があり、木村尚三郎が新たな学長予定者に就任し、開学準備委員会等で具体化検討が進められ、九八年九月の設置認可申請等を経て、二〇〇〇年四月の開学に至っている。デザイン学部に関しては、栄久庵憲司の総括のもとに黒田宏治が実務の中軸を担い、計画作成、具体化が進められてきた。

整備構想では、人とモノ、社会とモノ、モノとモノとの関係を見つめ直し、二十一世紀の文化構築に寄与するデザインの人材を養成すると位置付けられ、生活者視点のデザイン活動を、身近な製品分野から考える生産造形学科、先進技術の可能性から考える技術造形学科、取り巻く環境から考える空間造形学科の三学科で二〇〇〇年四月に百二十名の新入生を迎えてスタートした。各学科長は、生産造形に鴨志田厚子、技術造形に松原季男、空間造形に茶谷正洋が就いた。そして、〇四年に大学院デザイン研究科（川口宗敏研究科長）が開設され、〇六年に技術造形学科がメディア造形に変更となり、一〇年には運営主体が公立大学法人（有馬朗人理事長）に移行され、今日に至っている。

静岡文化芸術大学においては、〇四年および一〇年に芸術工学会大会（いずれも黒田宏治実行委員長）、〇七年に日本デザイン学会大会（河原林桂一郎実行委員長）が開催され、キャンパスに設置されたギャラリーでは学生グループのデザイン展覧会等が開催されるなど、デザイン分野での全国区の学術拠点としての地歩を固める一方で、地域社会における情報・交流の結節点としても定着しつつある。すでに九百七十七名のデザイン学部卒業生を地域社会等に送り出してきた（一一年度末まで）。今後は文化政策学部との相乗効果の涵養に加え、卒業生を介した地域企業との連携等の展開も期待されるところである。

（黒田宏治）

静岡文化芸術大学シンボルマーク
文化・芸術を探求する波が重なり合い、新時代のうねりがダイナミックに形づくられる。文化芸術創造への熱き思いと営みが本学から世界へ拡がっていく。そんな願いがこめられている。

column

静岡文化芸術大学を思う

教員OBの声

技能重視か教養のデザインか——迫田幸雄

一線のプロフェッショナルを育てようと、開学準備に取り組んだが、実際の入学生や地域状況を見るにギャップを感じないわけにはいかなかった。大学の方向性は地元がどう考えるかによると思うが、下請け型の産業構造からの脱却を目指すなら、もっと利用を検討すべきだ。デザインスキルを備えた人材を育てたいなら、技能重視で選抜と教育をしていけばいい。教養としてのデザイン、デザイン理解の厚い生活者を育てる方向もあると思う。

新しい概念のデザイン教育——大倉冨美雄

栄久庵先生の考えで、新しくデザイン教育を目指した大学で、僕はすごく期待していたし、自分もそこで何かできると思っていた。特に空間造形は、建築学科と言わず、空間概念のもとデザインの総合性を指向した学科で、すごく評価した。いざ始まると就活対策もあり、建築士資格との兼ね合いもあって、だんだんと建築の実務寄りになって、当初の理念が薄れてきたのは心残りである。

時代に早すぎた技術造形——高梨廣孝

栄久庵先生からは、技術造形の中には映像もロボットも造形もあって、いろいろな造形実験をやりたいと話をいただいた。でも、私が在任した六年間は、ほとんどが映像希望の学生で、ロボット指向は一人もいなかった。当時のロボットは工学技術の結晶で難しく、造形との結婚は時期尚早だったと思う。その中で動く立体造形には、学生たちも楽しんで取り組んだ。動画に通じる基礎教育にもなった。工房設備は、木工も金属も機械加工もすばらしく、ものづくりや研究創作にもずいぶん活用した。

レス・アートとテクネーの世界——伊坂正人

モリスのレス・アート（小芸術）の意味で、デザインを軸にした芸術大学であると思う。レス・アートを解題すると、生産されるモノの世界、モノがつくりだす場としての空間、新しい可能性を生むテクネーの世界があり、三つを並べると特色あるデザイン世界が見えてくる。それがデザイン学部の開学時の三学科であった。その中で技術造形の新しい概念が軸になりうると期待した。メディア造形に変わって領域が狭められたのは残念である。開学に先立ちユニバーサルデザインを学部の旗印にしたが、十余年を経て例えば自助具など個別解に結実しつつあり、見直すべき時期だろう。

（構成文責　黒田宏治）

column 大村アトリエ

デザインという職能がまだ確立途上にあった一九五〇年代後半から六〇年代にかけて、デザイン教育の専門課程がない普通高校の教育環境が多くの学生をデザインの分野に進出させた例がある。

県立静岡高校は進学校ではあるが野球が強く、文芸も盛んで自由な気風があった。この高校の美術教員であった大村政夫（一九一四〜九八年、彫刻家、日展参与）は在任中（一九四九〜七五年）自宅のアトリエを美大志望生のデッサン等の場として解放した。デッサンは彫刻家の目線で空間、立体、質感の本質的把握と表現について厳しく指導した。しかし大村は純粋美術よりも当時脚光を浴びつつあったデザインの分野に学生が進むことを奨励した。その結果、デザイン志望生が増えてアトリエの大半を占め、芸大の建築、デザインへの入学生も相次いだ。ちなみに難関建築科の十名中二名を占めることもあり、工芸科（当時はデザインも含む）入学生七十名中五名が静岡高校出身であった年度（一九六二年）もある。

この大村アトリエ出身者は、プラスチックデザインのパイオニアとなった中村次雄、漆工デザインの望月好夫、大阪万博の設計に携わった都市計画の曽根幸一、建築の高木慈生、グラフィックデザインの田宮督夫、岩崎堅司、伊藤方也、ジュエリーデザインの田宮千穂、石川暢子をはじめ本田技研、資生堂、GKインダストリアルデザイン研究所など幅広い領域で活躍した。デザイン、建築の大学教員になった者も多い。また大村アトリエ出身ではないが、同校は染色家の芹沢銈介、基礎造形教育の朝倉直巳らも輩出している。

当時の静岡高校は工芸も選択科目でサークルもあり、筆者らは渡辺力のひも椅子の模作、小家具の創作などを試みた。工学系志望であった筆者は担当教員水野光太郎の研究室に山と積まれていた工芸ニュース誌を見てデザインの道に急遽進路を切り替え、わずか半年余であったが大村アトリエでデッサンなる難題に挑戦した。一見おおらかな大村であるが無言のままに厳しい評価の目を向けてくる。筆者にはまさに修練の場であった。

大村、水野が去ってからはデザイン志望生は激減する。デザイン分野への多数の進出はこの高校の小さな記憶の一つにすぎなくなった。

考えればデザイン教育は小中高の教育課程の中にきちんと組み込まれても良いはずである。デザインへの関心をもたせ考えさせる教育環境についての本学会の取り組みを期待したい。

（渥美浩章）

静岡・浜松デザイン史年表

年表内容編者／黒田宏治

西暦	和暦（年）	背景（一般・デザイン界など）	産業界の動き	教育研究界の動き	官公庁の動き
1889	明治22	東海道本線が全線開通／静岡市誕生／浜松町誕生（一九一一年に浜松市誕生）			
97	30		このころ、浜松に帝国制帽（現テイボー）、日本楽器製造（現ヤマハ）、木綿中形（現日本形染）などが設立さる		
1906	39				静岡県工業試験場設立（静岡市に漆器部・紙業部等、浜松町に染織部）
15	大正4			静岡県染織講習所設置（浜松市馬込、静岡県工業試験場染織部の敷地内）	
16	5				芹沢銈介が静岡県工業試験場図案部に在職（〜一九二〇年）
18	7			静岡県染織講習所が静岡県立浜松工業学校となる／静岡県静岡工業学校設置	
19	8			静岡県工業試験場が静岡工業学校隣接地に移転	
20	9			浜松工業学校に図案科設置	静岡県工業試験場から静岡県静岡工業試験場に改称、同浜松分場は静岡県浜松工業試験場になる
21	10			静岡工業学校の専修科廃止、木工科設置	
31	昭和6	浜松に日本民藝美術館開館（三三年閉館）			
32	7	『工芸ニュース』創刊			
36	11	東京・駒場に日本民芸館が開館（初代館長、柳宗悦）			
43				浜松工業学校の図案科が木材工芸科に改称	
45	20	浜松大空襲／太平洋戦争終戦			
47	22				戦災復興土地区画整理事業開始（浜松、静岡、清水、沼津）
48	23			学制改革で浜松工業学校は浜松工業高校に／静岡工業学校は静岡工業高校に／静岡工業高校に木材工芸科設置	

前史

西暦	和暦(年)	背景（一般・デザイン界など）	産業界の動き	教育研究界の動き	官公庁の動き
1949	昭和24			浜松工業高校の木材工業科が木材工芸科に改称	
50	25	ニューヨーク近美グッドデザイン選定／県内デザイナー人口：七三人（国勢調査）		浜松工業高校、木材工芸科に木材工芸コースと図案コースを設置	静岡市工芸指導所設置
51	26	松下電器産業が宣伝部に製品意匠課設置／第一回日宣美展			
52	27	毎日新聞創立七十周年事業で第一回新日本工業デザインコンペティション			
53	28				静岡県工業試験場工芸部に意匠課設置
54	29				耐火建築促進法施行、防火建築帯指定（浜松、静岡、清水、沼津ほか）
55	30	県内デザイナー人口：二一九人（国勢調査）			
57	32	通商産業省グッドデザイン商品選定制度開始／静岡国体	鈴木自動車工業㈱大学卒デザイナーを初めて採用		駿府会館（静岡市）
58	32		通産省グッドデザイン県内企業選定第一号ヤマハ発動機㈱（浜北市）オートバイＹＡⅡ１２５		
59	34	通商産業省にデザイン奨励審議会設置（意匠審議会を改組）／輸出デザイン法制定			
60	35	世界デザイン会議開催（東京）／県内デザイナー人口：二二〇人（国勢調査）			県工試の近江、香川、鈴木、土屋、上田、猪俣が、それぞれＪＥＴＲＯ海外デザイン派遣員として欧米に派遣（〜六八年）
61	36		通産省グッドデザイン県内企業選定第二号：リズムフレンド製造㈱（浜松市）家庭用ミシンＲＱＢ-５、ＲＱＬ-10		一九六〇〜六二年、静岡県工業試験場で海外デザイナー招聘のデザイン教室を開催
63	38		日本楽器製造㈱意匠課を創設	浜松工業高校木材工芸科が工業デザイン科に改称／静岡工業高校木材工芸科が工芸科に改称	
64	39	東海道新幹線開通（静岡県内に熱海、静岡、浜松の各駅設置）		浜松工業高校、浜松市初生（現在地）に移転	
65	40	県内デザイナー人口：四九〇人（国勢調査）	㈱デザインセンター静岡設立	東海大学短期大学部に生活科学科設置	静岡県工業試験場工芸部にデザイン課設置

行政主導期

68	43	東名高速道路開通／東海道新幹線三島駅開業			
69	44	日本産業デザイン振興会（産デ振）設立	静岡県産業デザイン協会設立		
70	45	県内デザイナー人口：九〇〇人（国勢調査）		東海大学女子短期大学部設置、生活科学科に生活科学コース、生活芸術コースを設置	
72	47			常葉女子短期大学菊川校舎開設、美術・デザイン科設置／常葉女子短期大学菊川高校開校（普通科、美術・デザイン科）	静岡県家具研究会創設（高橋雄一郎会長、萩原秀彦副会長）
73	48	デザインイヤー／ＩＣＳＩＤ73京都開催／第一次オイルショック		静岡工業高校工芸科がインテリア科に改称／県立天竜林業高校インテリア科設置	静岡市工芸指導所から静岡市産業工芸センターに改称
75	50	県内デザイナー人口：一二三〇人（国勢調査）			
76	51	駿河湾巨大地震説			
77	52			常葉女子短期大学菊川校舎に常葉美術館開館	
78	53	デザイン奨励審議会を輸出検査及びデザイン奨励審議会に改組／日本グラフィックデザイナー協会発足	資生堂アートハウス（掛川市）	常葉女子短期大学が常葉学園短期大学に改称	
79	54	栗原勝（浜松工業学校図案科出身）浜松市長に就任（～九九年）			
80	55	県内デザイナー人口：一三八一人（国勢調査）			
81	56			浜松工業高校工業デザイン科がデザイン科に改称	
82	57	浜松市、テクノポリス開発構想指定	静岡県クリエイター協会ＳＰＡＣ発足		静岡家具研究会解散
84	59				静岡県地場産業デザイン技術高度化促進研究委員会（山崎充委員長）デザイン振興拠点設置を提言／静岡県工業試験場から静岡県工業技術センターに改称
85	60	県内デザイナー人口：一八二一人（国勢調査）	浜松プレスセンター（浜松市）		
86	61		静岡県デザイン振興会ＳＤＳ発足、会員は県内地場産業業界団体三二団体、デザイナー、企業等一九社／デザイン集会（於静岡県立中央図書館）		静岡県立美術館

普及育成期

西暦	和暦（年）	背景（一般・デザイン界など）	産業界の動き	教育研究界の動き	官公庁の動き
1987	昭和62		デザインフェア'87（於、西武百貨店静岡支店）		静岡県景観形成ガイドライン
88	63	東海道新幹線掛川駅、新富士駅開業	デザインフェア'88（於、浜松遠鉄百貨店）		静岡県都市景観賞
89	平成元	デザインイヤー／ICSID'89名古屋開催／名古屋市で世界デザイン博覧会開催			
90	2	県内デザイナー人口：二三八五人（国勢調査）			静岡県デザインセンター開設（鴨志田厚子センター長）
91	3	芸術工学会発足（初代会長吉武泰水）		東海大学女子短期大学部生活科学科は生活情報、環境デザイン、国際コミュニケーションの三コースに変更／東海大学開発工学部設置（沼津市）	㈱浜松ファッション・コミュニティセンター（第三セクター）
92	4		JAGDA静岡マラソン展		清水港みなと色彩計画着手
93	5	デザイン奨励審議会中間答申「時代の変化に対応した新しいデザイン政策のあり方」がデザインをめぐる需給ギャップを指摘	静岡さいこうデザイン大賞（以降、大賞と記す）：ダストボックス㈲サイトーウッド	県立天竜林業高校建築デザイン科設置	静岡さいこうデザイン（優良デザイン選定）スタート
94	6		大賞：校倉シリーズ・スクリーン㈲森下木工所／アクトシティ浜松	常葉学園短期大学美術・デザイン科に専攻科設置	国際デザインワークショップⅠ・Ⅱ（〜九五年）／全国デザイン会議in静岡／浜松シティファンションコンペ創設
95	7	県内デザイナー人口：二六六一人（国勢調査）	大賞：サローネシリーズ家具㈱ファニコンインターナショナル	新大学基本構想（静岡文化芸術大学）が基本構想検討委員会（高坂正堯委員長）より発表（四月）〜高坂正堯の呼びかけで栄久庵憲司、鴨志田厚子が参画／静岡県が新大学整備基本構想策定（九月）	
96	8		大賞：幼児向け学習家具（キッズシリーズ）（富士木工㈱）	新大学（静岡文化芸術大学）の学長予定者高坂正堯急逝し木村尚三郎学長予定者就任	
97	9	輸出検査及びデザイン奨励審議会廃止	大賞：サイレントバイオリンSV-100（ヤマハ㈱）	新大学名称が静岡文化芸術大学に決定	
98	10	通商産業省、グッドデザイン商品選定制度を民営化（日本産業デザイン振興会が運営）	ものづくりデザイン静岡大賞（以降、大賞と記す）：ユニット式木製大型遊具・ユーカリハウス㈱クラタ	静岡文化芸術大学設立準備財団が文部大臣より認可	静岡さいこうデザインをものづくりデザイン静岡に改称／グランシップ（静岡県コンベンションアーツセンター）
99	11	日本デザイン事業協同組合設立	大賞：駿河塗木製　葵雛㈱三和	静岡文化芸術大学設置認可、学校法人静岡文化芸術大学設立、静岡県知事石川嘉延理事長就任	

普及育成期

2000	12	県内デザイナー人口：二七七七人（国勢調査）	大賞：うるしのＷＩＮＥＧＬＡＳＳ（鳥羽漆芸）	静岡文化芸術大学開学、木村尚三郎学長（〜〇六年十月）、栄久庵憲司デザイン学部長（〜〇三年三月）就任	
01	13		大賞：技 屏風（創房荻須）		静岡県デザインセンター廃止
02	14		大賞：壁面厨子「世音（ぜおん）」（吉蔵㈱）	常葉学園短期大学美術・デザイン科が4年制の常葉大学造形学部に改組（初代学部長上田孝）／東海大学開発工学部に感性デザイン学科開設	
03	15	静岡市、清水市と合併して人口七十万人都市に／経済産業省、戦略的デザイン研究会報告書「競争力強化に向けた40の提言」		東海大学女子短期大学部生活科学科を人間環境学科に改称	
04	16		グッドデザインしずおか大賞（以降、大賞と記す）：パナマコーディロイ・フィギュアコーデュロイの開発活動（福田町商工会）	静岡工業高校インテリア科募集停止、建築科内にインテリア類型設置／静岡文化芸術大学で芸術工学会春期大会（実行委員長黒田宏治）／静岡文化芸術大学大学院デザイン研究科設置	グッドデザインしずおか創設（静岡県）
05	17	京都議定書発効／浜松市周辺十一市町村を編入合併、人口八十万人を超える／静岡市、政令指定都市になる／県内デザイナー人口：二九五九人（国勢調査）	静岡県デザイン振興会解散／大賞：ひのきのはきもの「リマ・ペンハー」「リマ・クロス」（㈱水鳥工業）	常葉学園大学造形学部、本部キャンパス（静岡市）に移転	
06	18		大賞：「紙のまち・富士市」における「紙バンド工芸」開発活動（植田産業㈱）	静岡工業高校建築が建築デザイン科に改称／東海大学女子短期大学部人間環境学科の廃止	
07	19	浜松市、政令指定都市になる／経済産業省感性価値創造イニシアティブ策定／キッズデザイン賞創設	大賞：遠州縞プロジェクト（ぬくもり工房など）	静岡文化芸術大学で日本デザイン学会春季大会（実行委員長河原林桂一郎）／静岡文化芸術大学川勝平太学長就任	静岡県工業技術センターから静岡県工業技術研究所に改組
08	20		大賞：Ｕｎｉ-Ｔｙｐｅ（リムコーポレーション）	静岡工業高校は静岡県立科学技術高校に統合	静岡市クリエーター支援センター（ＣＣＣ）オープン
09	21	富士山静岡空港開港／前静岡文化芸術大学学長川勝平太が静岡県知事に就任	大賞：三島馬鈴薯贈答用パッケージ（ＪＡ三島函南）		
10	22		大賞：新感覚ふりかけ「ふりーらフルーラ」（静岡県商工会連合会）	静岡文化芸術大学で芸術工学会秋期大会（実行委員長黒田宏治）／東海大学開発工学部募集停止／静岡文化芸術大学熊倉功学長就任（一月）同大学が学校法人から公立大学法人に移行（四月）有馬朗人理事長就任	

胎動転換期

日本・地域・デザイン史

4 北陸 金沢

Hokuriku
KANAZAWA

4 北陸 金沢

Hokuriku KANAZAWA

「弁当忘れても、傘忘れるな」という諺があるほど、金沢は雨の多い地域である。冬には日本海側特有の曇天が続き、雪が降り積もって、雪吊りを点景とするモノトーンの世界に包まれる。

そうした風土にあって、金沢の人々は極彩色の九谷焼の器や加賀友禅の染め物など、艶やかな色彩文化を創り出してきた。御菓子の消費量が日本全国でトップクラス。各家庭には、いつ客人が来てもふるまうことのできる御菓子が用意されている。茶の湯も江戸時代より盛んで、人との交流の場を演出することを大切にしてきた。人間同士の繋がりを重視し、文物と場づくりによって、金沢は華やかなもてなしの文化を育んできたのである。

人口四十四万人（二〇一二年）。加賀前田藩の伝統文化のなかで住まう金沢の人々には、その美的感性が今も息づいている。伝統の上に次にどんな新しい文化を創り出してゆくかが、近代以降の金沢の課題であり続けているのだ。

（出原立子）

金沢デザイン史総説

前史　江戸時代〜一九四五年

金沢を語るには、前田家を中心とする加賀藩のことから始めないわけにはいかない。デザインも例外ではなく、金沢のデザインの原点は加賀藩が文化施策として扱ってきた工芸にある点で、その代表と言えそうである。

加賀藩が工芸に力を入れたのは初代前田利家に始まるが、中でも三代藩主前田利常（一五九三〜一六五八年）は工芸文化の基礎を築き、続く五代藩主前田綱紀（一六四三〜一七二四年）の治世下で、工芸文化を支える学術的体制が整えられた。綱紀は、「百工比照」という当時あった諸々の工芸の技を収集したサンプル集のようなものを編纂するという偉業を成し遂げた。百工比照は、釘隠や錠、鐶、棚金具、張付唐紙、織染品など、当時の工芸品を収集、分類、整理したもので、工芸の技術を体系的にとらえることで、工芸文化のさらなる向上に寄与したと考えられる。現代においてもその価値は変わらない。

「百工比照」の次に綱紀は、元々、武具・武器の補修のために設置されていた「御細工所」を、工芸調度の制作・補修の機関として整備する。御細工所では、全国から優れた職人を招聘し、「百工比照」と同様に諸工芸を二十三職種に分けて制作・補修が行われた。工芸技術の実践的研究機関の役割を果たしていたことになる。

その後、明治維新の直後には、藩に庇護されていた工芸士たちは廃業の憂き目に合い、加賀の伝統工芸に衰退の危機が訪れた。危機を救ったのは、国が殖産興業として伝統工芸に注目したことだった。金沢の伝統工芸を輸出産業に転換するべく、一八八〇年に石川県勧業博物館内に図案を検討評価をする有志の会「蓮池会」が発足。東京には同じ目的をもつ「龍池会」があり、これに倣って組織された。蓮池会の図案研究会の構成員は実製作者が中心であって、啓蒙活動ではなく、実践的な図案改善を目指しての組織化だった。

蓮池会発足と同年の一八八〇年、石川県は工芸意匠の改良指導のために地元出身の岸光景や佐賀出身の納富介次郎を招聘し、二年後、納富を初代校長として金沢区工業学校（現在の石川県立工業高等学校）を設立する。納富が重視したのは図案教育であり、今日のデザイン教育の先駆けとなる教育機関が石川県に最初にできたことになる。このことは特筆すべきだ。工房において子弟制度で行われていたそれまでの工芸のものづくりから、志望する者ならだれにも門戸を開放する工芸教育が実施されることになったのである。

一八七六年、石川県勧業試験場が開設され、その流れを汲む石川工業試験場が一九一八年に設立。石川県内の産業の技術向上、人材育成に貢献することになる。

伝統工芸産業とは別に、明治以降、金沢は新たな産業として繊維産業に力を入れた。その大きな契機となったのが、一九〇〇年わが国初の動力式絹織機（津田式力織機）の開発である。織機の生産性が向上し、第一次世界大戦後の大不況まで飛躍的な成長を遂げた。それだけに留まらず、金沢において機械工業も発達することに繋がった。津田式力織機は金沢の近代産業を推進する役割を果たしたのである。

導入期　一九四五〜一九六九年

戦争の痛手で街の復興に力を注いだ都市が多いなか、金沢は幸いにも戦火に見舞われなかったため、新しい時代へ歩み出すのは早かった。一例は、一九五五年の市立の金沢美術工芸大学設立である。この大学の前身は一九四六年開校の金沢美術工芸専門学校だが、金沢市は工芸美術の伝統を継承し、その保存と育成を図るために専門学校を大学に改組した。

この大学では工芸美術の分野における社会性と生産性を追求し、産業と直結する産業美術学科を設けた。金沢工業学校と同様、新制大学における美術工芸学部と産業美術学科の設立は、日本初であった。開学当初から長きに亘り産業美術学科工業デザイン専攻の教育に力を注いだのが柳宗理である。Gマーク制度を提案して創設に参加し、日本のインダストリアルデザインの啓蒙普及に努めた平野拓夫も客員教授、その後学長に就任し、柳とともに教育指導にあたった。

一九五、六〇年代にかけて、金沢は繊維産業の最盛期を迎え、織機に始まる機械工業も発展した。しかし、当地の機械工業系企業は完全受注型生産であったため、デザインの必要性が低かったのが実状である。産業活性化に伴い金沢も近代化の波に乗り、地域文化の個性を見失いかけた時期でもあった。

産業の発達と共に、金沢には各種デザイン団体が設立された。一九五三年の石川県建築設計監理協会設立を嚆矢として、一九六一年石川県デザイン協会（事務局は金沢商工会議所）、一九七〇年石川県インテリア産業協会、一九七一年石川県ビジュアルデザイン協会（金沢美術工芸大学内）と続くのである。工芸・ID関係では、一九七二年に石川県クラフトデザイン協会（石川工業試験場内）が、一九七八年には石川インダストリアルデザイン協会（澁谷工業内）が設立されている。

発展期　一九七〇～一九八七年

一九七〇年には金沢港が開港して貿易が盛んとなり、デザイン振興を提唱する声もさらに高まる。一九七三年には地方博覧会では最大規模の「日本海博覧会」が金沢で開催され、地元でデザイン関係のイベントを開催する契機となった。

教育研究においては、一九七〇年に金沢工業大学工学部建築学科が設置され、北陸で初の建築系の高等専門教育研究機関ができた。

ものづくりを超えた街づくりについても書いておこう。一九七〇年代、新しい街づくりのプランニングに中心的役割を果たしたのは金沢工業大学建築学部教授の水野一郎である。水野は当時の石川県知事の中西陽一、金沢市長の江川昇、山出保宛に提言を取りまとめ、金沢経済同友会の旦那衆が計画の推進役を果たした。民間企業の有志たち、いわゆる旦那衆による同友会の発足は一九五七年である。水野の構想した金沢の都市デザインは、伝統工芸を柱に据えた街づくりであり、プランの全容は北陸放送元会長の嵯峨逸平を理事長とする㈶北国文化事業団が発刊した『金沢伝統工芸街構想――世界に通ずる伝統工芸の街・金沢を目指して』（一九八一年）にまとめられた。

一九七五年に、国の地方デザイン開発推進事業が実施され、全国にデザイン振興会が設立されたが、その先駆けの一つが一九七六年に石川県工業試験場に設立された石川県デザイン振興会である。こうした地方のデザイン振興会の大半は行政の支援を受けて活動していたが、財界の支援を受けて地域デザイン振興を行っていたのが大阪、京都であり、大阪は佐治敬三（サントリー）、京都は川島晴雄（川島織物）が影響力をもっていた。

石川も同様に、中央とは別の独自の活動を推進する傾向にあった。福光博（福光屋）を筆頭とする金沢商工会議所、石川県と金沢市の行政。それらに金沢美術工芸大学が加わり、産官学が連携してデザイン振興を推進していたことは注目に価する。石川、大阪、京都は、共に財界が力をもっている地域であり、中央（東京）とは一線を画した独自の文化を自負して、江戸時代より中央行政に従う気風の少なかった地域だ。こうした歴史的背景が、金沢のデザイン振興のあり方にも反映されていると考えられる。

さらに、金沢のデザイン振興の特徴の一つとして、各種デザイン団体が横に連携し一致協力して活動してきたことが挙げられる。各機関の拠り所としての役割を果たしたのが、一九八四年に設立された石川デザインセンターであった。本センターのオープン記念には早くもコンピュータグラフィックス展が開催され、金沢の進取の気性が窺える。

挑戦期　一九八八〜二〇〇三年

金沢の有志たちによる新たな時代への提言が、この時期より花開き実現されていった。

一九八八年、「金沢の国際化構想」が金沢経済同友会により提言され、金沢の個性・固有の文化を確立し、国内外に向けて発信することが提唱された。同会は、一九九七年より「金沢創造都市会議」と「金沢学会」を交互に隔年ごとに開催し、産官学が一体となった金沢の新たな街づくりを推進した。これを受けて、金沢市は山出保市長の指揮の下、特徴的な施策を次々に行った。

その一つとして、一九八九年に「卯辰山工芸工房」が設立された。本工房は、金沢美術工芸大学教授の小松喨一が中心となって企画準備が進められた。「育てる」「見せる」「参加する」の三本柱で構成されているが、特に、後継者育成が大きなテーマであり、高度な工芸技能を有する人材の養成を目指した。研修生は工芸の専門教育を経たプロの工芸士を目

卯辰山工芸工房

指す若手を全国から集めた。入所には選抜審査があり、研修期間は二年、ないし三年間。研修生には月額十万円の研究奨励金も支給される。開設から二十三年目となる現在では研修修了生が三百名を数える。入所時の県内出身者は二十七パーセント、修了時の金沢定着率は五十パーセントであり、県外から来た人が金沢に多く残り創作活動を続けている。将来を期待される工芸作家が金沢に根付くことに繋がり、かつての加賀藩の文化政策として機能した「御細工所」の現代版とも言うべき役割を担っている。

続いて、金沢市民の新しい表現活動を支援するための画期的な取り組みとして、一九九六年に「金沢市民芸術村」が設立された。アート、ミュージック、ダンス、パフォーマンスなど自由な創作活動が、市民の自主的な運営によってできる施設である。旧紡績工場跡のレンガ倉庫の再活用と運営方法のしくみの両面が評価され、一九九七年にグッドデザイン賞大賞を受賞した。

金沢市行政の施策はまだまだ続く。施設等のハードウェアだけでなく、ソフトウェアの面からも金沢の魅力づくりに繋がる施策を打ち出した。街の個性と美しい伝統的景観を形成するために、景観条例、用水保全条例、屋外広告物を規制する屋外広告物条例の策定などが積極的に推進された。

産業界のデザイン振興においても新たな取り組みが始められた。これまで機械・繊維系企業のほとんどは完全受注型生産を行っていたため、インハウスデザイナーを抱えていた企業はごくわずかであった。石川デザインセンターでは、一九九三〜九八年にデザイン導入マニュアルを作成し、中小企業社長と金沢美術工芸大学の教授らを招きセミナーを開催し、デザインの意義について企業に啓蒙活動を行った。

繊維産業は一九八〇年代以降、貿易自由化のあおりを受けて低迷し、生き残りをかけた企業は自社による製品企画、海外への売り込み戦略を行わざるを得なくなった。一九九〇年ごろより、ファッションパフォーマンスなどのイベントを開催するなど、国内外へ向けての情報発信も行った。

ファッションだけでなくガラスや漆作品に

関するコンペティションや展覧会なども数多く開催され、デザイン振興策としてイベントが活用された。こうしたイベント企画や広告などのビジュアルデザインにおいては、大手広告代理店が関わる地域が多いが、金沢は大場吉美など地元デザイナーを中心として、新聞、印刷、映像制作などのビジュアルデザイン関連企業が連携して行ってきた。

二〇〇〇年には、地元の私立大学である金沢学院大学に美術文化部が新設された。

創造期　二〇〇四年～

金沢の古くて新しい個性が国内外において際立ち、魅力ある街、独創的なものづくり文化が認知されるようになった。

二〇〇四年に金沢二十一世紀美術館がオープンし、伝統工芸の街金沢に新しい芸術文化の価値を創造する場が加わった。本美術館は地方都市美術館としては大成功をおさめ、県外からの来場者も多く観光客誘致にも繋がっている。

二〇〇九年に金沢はユネスコ創造都市ネットワークのクラフト&フォークアート部門に認定された。伝統工芸文化を柱に据え、街に新たな産業や市民のクリエイティビティを創発する街であることが国内外に認められた。

この地で培われたものづくりの美学、クラフトマンシップに基づき、伝統文化（工芸・食）を活かしたものづくりで成果も上げている。例えば、福光屋、小倉織物、丸八製茶場、桐本木工所など、いずれも地域性を活かし独自性を伸ばし、さらに伝統文化と現代的な技術・感性を上手く融合させることに成功した企業である。

こうした個性豊かで独創的な製品を作りだしている中小規模の企業が集まって、街の魅力を形成してゆくことが、金沢のデザインにさらに求められていくだろう。

（出原立子）

工芸の殖産興業

輸出振興としての工芸

一八七三年、ウィーン万国博覧会への参加を機に、日本は各地方で育まれてきた工芸を掲げて輸出振興に乗り出した。しかしながら、明治の西洋文明化に伴い、日本固有の工芸産業は大打撃を受け、さらに藩廃止となり藩の庇護を受けられなくなった工人たちも厳しい経済状況を余儀なくされていた。このような状況において、明治政府が輸出振興のために工芸の殖産興業を行う方針を打ち出したことから、伝統工芸を基にしたものづくり産業の新たなスタートが切られることとなった。

金沢は加賀前田藩が文化政策として工芸に力を注いできたことから、全国的にみても優れた工芸品を生産できる基盤を有していた。そのことから金沢の工芸の高度化を図る取り組みがなされたのである。

『温知図録』——フィラデルフィア万国博覧会を契機とした日本固有の意匠を求めて

ウィーン万博に参加した後、一八七六年に開催されるフィラデルフィア万国博覧会参加に向けて、博覧会事務局の事務官らは出品する優れた工芸品を制作するために、それらの文様意匠の改善を図る必要性を問うて、図案の指導督励を実施した。本事業の担当事務官には、後に金沢に大きな足跡を刻むことになる納富介次郎や岸光景らがいた。彼らは工芸品の手本となる意匠を表した図案を画家たちに描かせ、各地方にいる工人など作り手に配布し作らせるという方法を導入した。その時制作された言わば図案集が、『温知図録』*（一八七五〜八三年）と呼ばれるものである。

『温知図録』は中央の指導者が中心となって編まれたものであるが、その一部と同様のものが当時の金沢勧業博物館に保管されていた。** その他、明治初期からの工芸図案が多数残され、当時、金沢において図案の収集が積極的に行われていたことがわかる。これは、一八八〇年に当地に招聘された納富らの直接指導による影響が大きいと考えられる。収集された図

*『温知図録』の詳細は、東京国立博物館編『明治デザインの誕生——調査研究報告書「温知図録」』を参照されたい。

**現在は、石川県工業試験場と石川県立美術館に保管されている。

案は、当時、博物館内において誰でも閲覧が可能で、多くの工匠人によって図案は模写された。工匠人自らが図案改善のために積極的に取り組んでいた様子が窺える。

工芸品の図案研究――「蓮池会」発足

伝統工芸の輸出向け製品の質向上のために、金沢では生産者自らが積極的な取り組みを行った。その一つが、「蓮池会」という工芸品の図案考案会の活動である。蓮池会は一八八〇年に発足。これに先立つ東京の「龍池会」を倣って組織された。

龍池会は佐野常民が会頭を努め、主意として「本会ノ目的ハ本邦固有ノ美術ヲ振興スルニ在リ。広ク万国ニ其声ヲ永存セシムルニ存リ」と謳われ、国の殖産興業と古器物の保護政策のために組織された。*

蓮池会の活動は月一回、金沢博物館（石川県勧業博物館）に集まり図案の課題を出し、次回の集まりまでに図案を考案作成し持ち寄り、互いに選定評価を行うというものである。さらに、その図案を東京の龍池会に送り評価を求めた。本会にて考案評価された図案は、「蓮池会考案図式」として綴られ、納富ら中央の事務官らの添削も付されているという。

龍池会にない蓮池会の独自の特徴として、会員自身による図案を会において点数で評価するシステムと、点数評価を終えた図案は、考案者の承諾を得て謝金を贈り求めることができるということ。図案の需要者が定まったものは、会員といえども同様の形状や意匠のものを制作することを向こう一年間は禁止するということも会の定則に記されている。**全国的に工芸品の量産化に伴い、粗製濫造や模造も問題視されていた時期に、先進的な試みであったといえる。このような実践的な考えに基づいた活動が、金沢において盛んに行われていたということは注目に価する。

納富介次郎――地方における工芸指導

『温知図録』の編纂やそれを介した図案指導策の実施、そして蓮池会の発足や図案向上の促進など、工芸の改良・育成を先導した納富介次郎（一八四四～一九一八年）は、一八八二年に金沢において金沢区九谷陶器商盟約、銅器製造者同盟規定など、同業者の団結を組

*『金沢の近代工芸史研究』参照。

**山崎達文『「温知図録」の各種図案』、『明治デザインの誕生』参照。

織する取り組みを行った。それまで工匠人たちはそれぞれの閉ざされた工房の中で個別に生産していたが、このやり方では輸出産業に向いていない。そこで、分業制を取り入れることで効率的に生産を行える方法を取り入れようとした。そのために同業者で協力し合える同盟を結び、団結力を推進する組織を作ったのである。

金沢区工業学校——日本初の工芸学校

納富は、さらに一八八七年に日本で最初の工芸学校である金沢区工業学校（現在の石川県立工業高等学校）を設立し、初代校長に就任した。教育の特徴は、納富がかねてより日本の工芸産業の育成のために力を注いできた図案教育を実践し、手工芸に科学的手法を取り入れた効率的な製法について教育することであった。

学校規則には、「本校は各種工芸に関する学理の応用法と芸術とを兼授く」とあり、学部構成として専門画学部、美術工芸部（画の応用を主とするもの）、普通工芸部（理化の応用を主とするもの）の三大部を設置した。

設置の背景にある思想には、単に工芸の効率的な生産を目指すだけでなく、優れた意匠を創出し、他国にはない日本固有の文化、表現を再認識し、それに基づく新しい時代の工芸を生み出すことがある。これによって、優れた工芸品の量産を図り、輸出振興に寄与する人材育成を目指した。

本校は、これまでの子弟制度による技術伝承の殻を取り去り、誰でも学べるよう門戸を拡げた。さらに、女子部も設け女子にも工芸教育を受ける機会を与えた点は先進的試みであった。

卒業生には、松田権六（蒔絵）、寺井直次（蒔絵）、大場松魚（蒔絵）ら重要無形文化財（人間国宝）保持者など錚々たる顔ぶれで、日本の伝統工芸発展のためにも大きく貢献した。

（出原立子）

column

金沢発デザインへの道を開いた金沢美術工芸大学

加賀友禅、九谷焼、漆器、金箔等などが作られている金沢。この地には、美の創造を理念とする金沢美術工芸大学（金沢美大）があり、美術工芸と並びデザイン教育に力を入れ、これまでに数多くのデザイナーを輩出している。

金沢美大は戦後まだ日の浅い一九四六（昭和二十一）年十一月七日に開校した金澤美術工藝専門學校が発展したもので、六十五年の歳月を経ている。金澤美術工専に先立ち一八八七（明治二十）年兼六園の中に明治期窯業界の先駆者納富介次郎を創立者として金沢区工業学校が開設された。これは、明治に入り藩政時代に栄えた石川県の伝統産業九谷焼、輪島塗、山中漆器、加賀友禅などが衰退し始めたことへ対応したものである。伝統工芸再興のための学校であったが、日本の工業デザイン教育の発祥ともいえ、金沢は古くからデザインに縁があった。

何故、美術工芸専門学校か？　開学までの歩み

金沢という風土から考え当初は工芸振興を目的として開設された美術工芸専門学校がどのようにして、まだ黎明期であったデザイン教育に取り組んだのであろうか？

設置認可書には「金澤美術工藝専門学校」となっていたが、設置認知可申請書には「金澤美術専門学校」となっていた。これに「工藝」の二文字が加えられた。これが後にデザイン教育機関にもなって行く伏線となる。

金澤美術工藝専門学校は一九四六年十月五日には第一回入学式を、十一月七日には美術科（日本画、洋画、彫刻）、陶磁科、漆工科、金工科という学科構成で開校式を執り行った。

初代学校長として、西洋美術史が専門で東京美術学校（現東京芸大）教授、英国の陶芸家バーナード・リーチとも交流のあった森田亀之助が就任した。金沢美専の開校には、金沢市と市民の思いがあったはずである。

短大への移行、さらに金沢美術工芸大学へ

多くの人の力で開校された金沢美専であったが四年間という短期間で終わり、一九五〇年（昭和二十五）四月には、金澤美術工藝短期大学が設立され、こちらへ移行した。これには学校教育法の改正など、当時の社会環境変化が大きく影響している。短大へ移行するにあたり、美術科においては、創案意匠を中心とする広汎にして応用的実用的な教育を施し特に「インダストリアルデザイナー」の養成を目途とすると記され、ここに現在の金沢美術工芸大学（金沢美大）におけるデザイン教育の源流があるとい

える。

短期大学は、修業年限三年、美術科（日本画、油画、彫塑）、工芸科（陶磁、漆工、金工）という構成で開校した。ここでは、特別のデザイン教育は行われていなかったが、卒業後デザイナーとして活躍した人材も育てた。

短大設立から三年後の一九五四（昭和二十九）年四年制大学の設立を申請、翌一九五五年二月に認可され、同年四月短大を母体に金沢美術工芸大学が開学した。短大の時代が短かったのは、時代の流れと金沢で本格的な美術工芸教育をという関係者の思いが強かったからと推察される。大学になり、工芸科が廃止され産業美術学科が発足した。陶芸、漆芸、金工を外すということは学校にとって大きな決断となったが、短大工芸学科は定員割れするほど人気がなくなっていたことと、日本の産業界が復興を成し遂げ家庭電化が本格化し、社会がデザインの方向へ舵を取り始めたことが後押しをしたと思われる。

この時期、日本の産業界は伝統工芸的なものから、大量生産、販売を旨とする近代的なものへ大きく変換した。産業美術学科の中身は、商業美術（グラフィックデザイン）、工業意匠（インダストリアルデザイン）であった。工芸の各工房はデザイン教育のためのワークショップとなり、これが現在までの金沢美大の教育の特徴の一つとなっている。森田亀之助学長の英断であったとされる。

大学へ移行時に廃止された工芸は一九六五年産業美術学科に工芸・繊維デザイン専攻として設置され、一九七四年に名称を工芸専攻に改めた。一九九六年には工芸科として独立、伝統工芸の質を高めると共にデザインによる新しい風を吹き込んでいて現代アート教育の場としても高く評価されている。産業デザイン学科は一九九六年デザイン科と変わり、視覚デザイン、製品デザイン、環境デザインの三専攻となり今日に至っている。一九七九年造形芸術に関する高度の理論、技術および応用を研究教授、総合的な造形観を育成し、その深奥を究めて文化の創造、進展に寄与することを目的とする大学院美術工芸科（修士課程）が、二〇〇七年には博士後期課程が設置され、より深い教育と研究が出来るようになった。

金沢美術工芸大学のデザイン教育

金沢美術工芸大学のデザイン教育は、基礎に重点を置くと共に、社会での実務経験のある教師陣により実践を教えることで、発想、表現を身につけるというものである。商業美術科（視覚デザイン）では、日宣美の設立に参加、アイデア誌の編集長も歴任した大智浩が早くから教え、森嘉紀、佐々木健太郎、小松喨一、嵐一夫らが基礎を固めた。デザイン学科になってからは、金沢美大を卒業し社会での実務経験のある山岸政雄、服部光彦、角谷修、工藤俊之らが教え、多くの人材を育てグラフィックデザイン界へ送り出した。卒業生には、電通CR部長、多摩美術大学教授、金沢美大客員教授を歴任した田保橋淳がおり、資生堂シャンプーTSUBAKIの容器デザインで実績を上げ現在は准教授となっている畝野裕司をはじめ数多くのクリエイターを育てている。

工業意匠科（製品デザイン）は、柳宗理、平野拓夫の教育が特徴付けている。柳はル・コルビジュエ、バウハウス等を中心にものづくりの喜び、社会との関係、デザイナーのあるべき姿等を講義の中心とし、平野はアートセンター・スクール・オブ・デザインへの留学の経験から、アメリカの新しいデザイン技法を定着させる努力を惜しまなかった。米田重博、松村数雄、藤浦鋭夫、無量井三郎などに加え初めての工業意匠卒の教員である酒井和平らが、金沢美大の製品デザイン教育を形づくった。特徴があるのは卒業制作を学生自身の感覚でまとめていたことから低迷していたのを打開、活性化するため、自分では使わないもの、使う人の意見を聞かざるを得ないものとして、他人の意見が必要な病院で使われるものに照準を当てたことから、身障者用品をテーマに行うようになった。黒川威人が発案したが実現に数年を要した。朝日新聞が卒制を紹介したが、デザイン系大学での取り組みでは最も早かったとされる。人間工学が一般化したこともあり、藤浦鋭夫の後任として家電会社から転身した荒井利春は身障者のための用具作りを経験していたことから、福祉が社会のテーマになる前からこの分野を積極的に教えた。製品デザインからは、レンダリング技法で知られる清水吉治、福祉機器製作の第一人者である光野有次（でく工房）、宮本茂（任天堂専務）等を輩出している。

環境デザインは、一九九六年にできた最も新しい学科であり、当初は小松喨一、黒川威人が、建築デザイナー、インテリアデザイナー、商業施設士、照明デザイナーなどの養成を目指し、現在は坂本英之、角谷修、鍔隆弘らが教え実績を上げつつある。

金沢美大のデザイン教育で特筆すべきは、二〇〇五年に学長職にあった平野の発案で大学院デザインにファッションデザインコースが設けられたことで、アパレルは金沢の産業でもあり、この分野へも人材を送り出している。

おわりに

二〇一〇年、金沢美術工芸大学は公立大学法人となり、新たな時代を迎えた。以前からデザインを中心に注力していた産学協同プロジェクトが社会連携へと進化し、地域振興の力となっている。国際交流にも積極的でベルギー、フランス、中国の大学と提携Think local act globalを実践している。これからも金沢の文化、風土に触れて学ぶデザイン人材を育てて行くであろう。

（栗坂秀夫）

伝統工芸街構想を実現した都市

地域性を活かした街づくりとデザイン

金沢では一九七〇年代以降、新たな街づくりが検討されていった。そのキーマンである水野一郎（現金沢工業大学副学長）の話を元に辿ってみたい。

水野が大学を卒業した一九六〇年代は高度経済成長で活気づき、日本がアメリカナイズされた時代でもあった。コンクリートに象徴される近代化が進み、田中角栄による日本列島改造論が打ち出された日本の大転換の時である。日本全体がインターナショナルスタイルで画一化され、地方が中央の支店化していく傾向にあったそのころ、水野は「これは非常にまずいことになる」という危機感を覚えたという。画一化が凌駕していた時代背景にあって、地方都市のそれぞれがもつ魅力が失われる危機感、それを守り地域性を活かした街づくりをしたいという使命感に似た志が活動の原点にあった。

地域性を活かした建築デザイン、街づくりができる都市を探していたところ、当時所属していた㈱大谷研究室の仕事として金沢工業大学のキャンパス設計のため金沢へ来ることになった。金沢に滞在中に招かれた幾人かの屋敷で印象的であったのが、座敷を通して見えた空間、道具、人のいとなみ全体に渡る質の高い暮らしであった。座敷からは縁側越しに良く手入れされた庭が見え、打ち水がされている。床の間にある掛け軸、美しい生花、そして美しい器にもられた美味な食事。食事中には加賀友禅を着たお嬢さんが琴を披露してくれる。金沢の人の生活の中には、その時も質の高い日本の暮らしがあったことが、ここで活動をする契機の一つになったという。

金沢では、「雪国の建築、雪国の街づくり」というコンセプトを掲げ設計活動を行った。金沢工業大学のメイン校舎である一号館の設計もその一つであり、キャンパスの校舎の中に学生が集い、自由に活動できる広場を作ろうという構想で設計された。東京にある大学のようにキャンパスの外広場に憩いのスペースを作っても雪や雨の多い北陸では不向きで

＊水野一郎　金沢工業大学副学長、建築家、㈱金沢計画研究所顧問

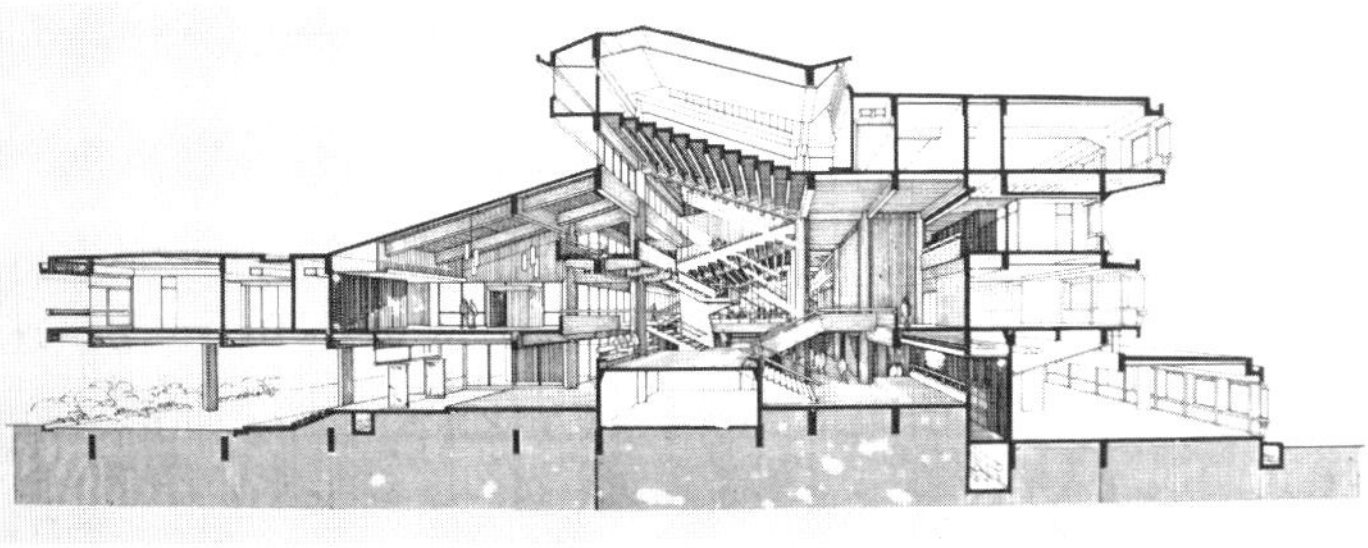

金沢工業大学１号館投視図
水野一郎

ある。校舎の中のあちこちに学生が座って課題をやったり、話し合いができる場が作られた。

金沢に来て一般家庭の家の設計を手掛けた際、クライアントが求めたのは、東京の真似をしたモダンデザインの家であったという。かつて、この地では大型家屋を作り、家族が集い室内で何でも行える生活の空間が作られていた。この土地の気候・風土に適した住まいの形や長年の生活の知恵を捨て、インターナショナルスタイルを追いかける傾向にあった当時、地域の人が自分たちの地域文化の良さに気付き、それを活かしたデザインが求められる街にしたいと考えた。

伝統工芸街構想　――伝統工芸をフラッグシップにしたモノづくり・コトづくりデザイン

金沢の地域性を活かすには何を主軸にもってくればよいか、やはり工芸しかない。当時、金沢の工芸は種類の豊富さは全国で一位、生産高も全国三位、クオリティのレベルも全国的に高く評価され優位な存在であった。しかし、石川県の産業全体でみれば、工芸の生産高はわずか三パーセント、工業に到底及ぶ数値ではない。それでも中央から自律し自らがコントロールできる職場を創出でき、他の地域にはない個性のある街としての付加価値を創出できるものは、工業ではなくやはり工芸である。

金沢の工芸が評価される理由は、優れた技術、優れた感性をもった職人が作った、用と美を備えた高い質を有するからである。これは工芸品だけでなく、料理、もてなしのサービス、住まい、生活道具など、金沢の生活文化の様々なモノやコトに通じていることであり、金沢の街づくり全体において目指すべきコンセプトとなり得る。そこで、『伝統工芸をフラッグシップにしたモノづくり、コトづくりデザイン』の運動を起こし、工芸を柱にした街づくりが提言された。

一九七七年、伝統工芸の宣言文を掲げ、翌年、「伝統工芸振興のもう一つの意味――地方の自律と連担」を新聞に掲載。一九八〇年には、論文「伝統工芸と街づくり・金沢の試み」（北国文化事業団／総合研究開発機構）を発表し、交通公社観光文化賞を受賞した。一九八一年、『金沢伝統工芸街構想――世界に通ずる伝統工芸の街・金沢を目指して』をまとめ、

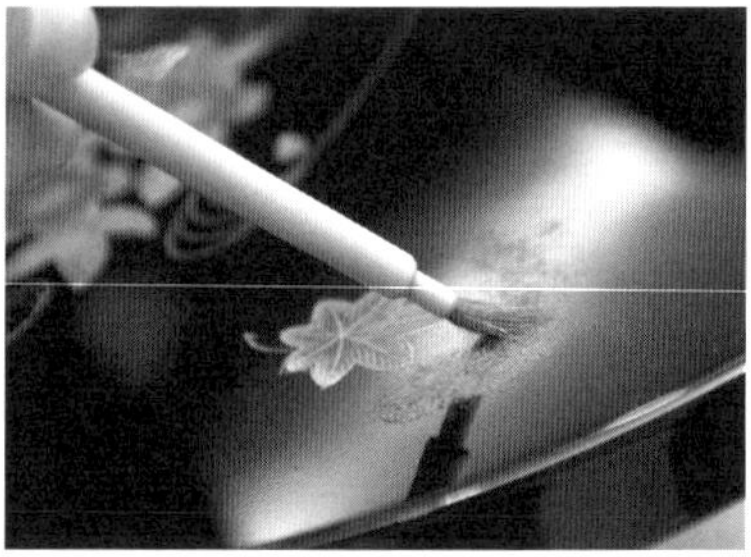

金沢の工芸

金沢の伝統工芸を産業、文化の両面から捉え、地場産業の育成、就業の場づくり、社会教育・社会福祉の充実、金沢らしい美しい都市景観の形成、そして人々のアクティビティと有機的に連携させて推進するビッグプロジェクト構想として打ち立てた。

金沢の街づくりを支えてきた旦那衆・金沢市長との連携

水野の構想を実現するために非常に協力的であり、そして金沢のものづくり・街づくりを牽引してきたのが、金沢の地場産業の社長たち、いわゆる旦那衆であった。

以前、日本生命金沢支社のレンガ作りの建物があり、東京駅を設計した辰野金吾によるものであった。この建物の解体の動きがあり、水野は保存運動を起こした。その時、金沢の他大学にも協力を求めたが賛同者が得られなかったが、金沢経済同友会の旦那衆にその話をしたらすぐに賛同してくれたという。

金沢経済同友会の旦那衆は、金沢の街づくりを語る上で特筆に価する。特に、水野と関わりが深かったのが、福光博（福光屋）、八田恒平（金沢ニューグランドホテル）、澁谷亮二（澁谷工業）、北元喜雄（北陸大学理事）らである。水野は彼らとの繋がりを大きな力として、金沢の街づくりのムーブメントを起こしていった。

具体的な活動として、一九七八年には金沢経済同友会が「工芸の振興と大学の充実の二点を核とした町づくり」を提言し、同年、市民セミナー「金沢の伝統文化」を開催し、一九七九年にはシンポジウム「The KANAZAWA 豊かな個性 その核を求めて」を開催するなど、経済同友会や青年会議所の旦那衆と共に、地域市民を巻き込みながら、個性豊かな街づくりのための実践的活動を行った。

さらに、構想を実現するために大きな存在であったのが、金沢市長を歴任した山出保である。

金沢市民芸術村

水野と山出市長との取り組みの中でも代表的であるのは、金沢市民芸術村（一九九六年設立）である。ここは、金沢市民の多目的アートスペースで、一九九七年にグッドデザイン賞大賞を受賞している。グッドデザイン賞

金沢市民芸術村

大賞が建築施設に対してはじめて与えられたもので、古い建造物の再利用も含め、その運用方法などソフトウェアも含めた関係性のデザインが評価された。

市民芸術村の構想の発端は次のようであった。市民芸術村のメインの建物は、旧大和紡績の工場として利用されていたレンガ倉庫をリノベーションしたものである。倉庫は当時取り壊しが計画されていたが、壊す事に対して山出市長から水野や作家の五木寛之らに相談の連絡があった。現地を見に行ってみると、外壁はぼろぼろであったが、インテリアが非常に良かった。「これは使えますよ」と市長に伝えたという。当時、ニューヨークでは芸術家たちのSOHOが流行り出したころで、ここをSOHOのようなアーティストが使える場所にすることを提言し、委員会が立ち上げられた。

委員会の市民芸術活動の場とする提案を受け、その実施を担う活動検討の主要メンバーには、大場吉美（バルデザイングループ代表、金沢学院大学教授）が就任し、アートディレクターとして活躍した。大場ら検討委員は、有識者だけでなく市民の中から実際に芸術活動を行っている人たちの声も聞き、彼らの意見も交えながら実際に使える仕組みの整った施設作りを目指した。

市はこれまで伝統工芸の支援や、市民の健康促進のための体育館施設などもたくさん作ってきた。しかし、若者たちが新たに創ろうとするアート、文化に対しての支援はしてこなかった。そこで、地域市民の文化部の活動支援として、ドラマ、ミュージック、アート、パフォーマンスなどの表現活動の場となる施設を創ることになった。

当時、金沢にはこうした劇団などの団体が三十程あり、活動しているメンバーにはサラリーマンなど、夜や休日しか活動できない人もいた。そこで、市民がいつでも使えるように三百六十五日二十四時間オープンする施設にし、利用者である市民が自主的に管理する方法も提案した。この提案に対して議会で反対されることを覚悟していたが、結果としては全員一致で採択された。「もし、あの施設が新しく建てられたものであったらこうはいかなかっただろう。古い建物の再利用だったために、自由が獲得できた」と振り返る。

金沢市民芸術村でのドラマ上演

本施設は、開設後現在まで市民の多様な表現活動のために有効利用され、アクションプランという市民が自主的に企画運営するプログラムが幾つも立ち上げられ実施されている。

金沢職人大学校・金沢湯涌創作の森

金沢市民芸術村と同敷地内には、金沢職人大学校（一九九六年設立）という職人を育てる学校も併設された。職人大学校のアイデアは山出市長によるもので、現役のプロの職人たちのレベルアップを図るための再教育の場として作られた。金沢には古い建物がたくさん残されており、それらの修復作業を行うためには高い技術をもった職人が必要であった。本校は一般市民に対する技術理解の啓蒙活動や子どもたちへの技術継承教育のためにも活用されているが、本来の目的は現役職人の技術向上にある。

二〇〇三年には、金沢の奥座敷である湯涌温泉に「金沢湯涌創作の森」も作られた。里山の風景と古民家を活かし、藍染・草木染、織物、版画制作のための専門工房やギャラリーを備えている。誰もが創作活動・作品発表ができ、子どもから大人まで、市民の感性豊かな生活を育む施設として活用されている。

自分を変えなかった都市

金沢は「古都、金沢」と表現されることが多い。しかし、金沢は前田利家が入城した一五〇〇年代半ばころから栄えた街であり、古都というには及ばない。しかし、何故古都と思われているかというと、明治維新の時に近代都市化に乗らなかったために、他の地域では消えてしまった江戸時代の街や暮らしがそのまま残されたからである。

東京をはじめ多くの地方都市では、西洋近代化のあおりを受けて、近代都市への大変革に臨んでいた。明治維新を向かえる以前は、金沢に限らず各地で地場産業として工芸が盛んに行われていた。多くの主要都市はこうした工芸を明治の近代化と共に近代工業へ発展させたのであるが、一方、金沢は急速な近代化を行わなかったために工芸が伝統工芸として残ることになったのである。

例えば、浜松では織物の工芸が、明治以降に近代的な工場生産による繊維産業へ発展した。

金沢21世紀美術館

このような工業化へと急変した都市とは異なり、金沢は「自分を変えなかった都市」であって、ゆっくりと近代化へ進んでいった都市であった。このような言わば緩変都市のデザインを、どのように行うべきかをよく考えたという。

歴史に責任をもつ――過去のものを保存し、今の時代の層を付け加えてゆく

水野は金沢の都市を「バームクーヘン都市」と表現する。つまり、江戸のもの、明治のもの、大正のもの、昭和のものが、ゆっくりと層を増してきた都市ということである。こうしたバームクーヘン都市、緩変都市でやるべきことは、これまでのものを保存し、今の時代の新たな層を付け加えること。自分たちの時代の歴史を過去の歴史の上に刻まねばならない。これが歴史に責任をもつということでありやるべきことである、と常々山出市長と話していたという。後世に残る新しい層を作るには、最も新しい技術と感性で高いクオリティのものを創ることなのだ。

山出市長が関わった金沢の新しい時代を刻む事業として、金沢二十一世紀美術館（妹島和世建築設計事務所＋SANAA事務所設計）が創られ、ヴェネチアビエンナーレ国際建築展金獅子賞を受賞し、金沢駅の新しい玄関口である「もてなしドーム」（小堀為雄、水野一郎プロデュース）も創られ、「世界の最も美しい駅」に選ばれた。最近では、海みらい図書館（シーラカンスケイアンドエイチ設計）が建設され、グッドデザイン賞を受賞している。

こうした金沢市が作ってきた施設が高い評価を受けているのは、他の地域行政との投資額の違いではなく、求めるデザインの差であると断言した。「山出市長は求めるクオリティがとても高かった」と振り返る。そして、金沢市民には目利きが多く、見立てのできる高いレベルの人がたくさんいるということもこの街の特徴であり、市民にも継承された美的感性が、この街のデザインに求めるレベルを高めているのである。

水野が金沢へ来てから三十年以上が経った。今の金沢をみて、地域の人々がこの街の個性を意識するようになり、安心できるようになったと語った。

（出原立子）

＊水野一郎氏インタヴューから（二〇一二年十二月）

海みらい図書館

金沢駅もてなしドーム

column
地域の力を活かした新たな文化の創造

金沢は伝統文化の上に、地域の力を活かした新たな文化を創造してきた。金沢のビジュアルデザインを牽引してきたバルデザイングループ代表、金沢学院大学教授である大場吉美の話を元に、振り返ってみたい。

デザイン・アートができる街、金沢を目指して

金沢美術工芸大学の産業美術学科商業デザイン専攻（一九六八年卒）で学んだ大場は、中学生のころ、美術指導の教師の影響で、早くもアヴァンギャルド・アートに傾倒していた。しかし、同大学の美術学科では依然として風景、人物画のデッサンを行っており興味を引かれなかった。一方、当時の商業デザイン専攻では、アメリカのポップアートや最先端のインスタレーション的な表現も試みられており、そこで学ぶことを即決意した。

当時、大学で平野拓夫からの影響も非常に受けた。平野には、デザインとは何か、デザインにおける販売促進という視点を強調して教えられたという。その影響もあり大場はその後も、セールスプロモーションのためのデザイン、経営戦略におけるグラフィックデザインという視点を大事にした。そして、身近にある感性、パブリックに向けられたモノや表現に惹かれていった。

大学卒業時、進路を非常に悩んだという。金沢美大の学生たちは今もそうであるが、当時からほとんどが東京など県外に出て行って金沢に残る人は少なかった。大場も東京に行くか地元金沢に残るか迷ったが、金沢に残る決意をした。しかし、当時の金沢は旧態然として伝統的な表現が好まれる所であり、「ここが自分でもやっていける場所になるといい」と思っていたという。つまり、「アヴァンギャルド・アートのような新しい表現ができ、デザインを生業としていきたい若者がやっていけるような街に、金沢をしたい」という志が、当時すでに大場の中には芽生えていた。そうした街になることを受け身で待つのではなく、能動的に発信し働きかけていきたい。この街がそれを実現できる力をつけたいという、まさに「デザイン運動」の意識で臨みこれまでやってきたと語った。

一九六七年に結成され二〇〇八年まで続いた「日本海造型会議」も、同様の志を抱いていた有志たちの集まりであり、石川を中心とした北陸のデザイン・芸術運動の拠点だったといえる。ここに集ったメンバーは、日展などの主流から一線を引くアーティスト、工芸家、デザイナーたちであり、大場をはじめ、水野一郎、角偉三郎（輪島塗の漆器作家）もいた。

ここでは、真剣に何のための表現なのか、何のための工芸なのか、皆で深く真剣に考えていたという。

美術展覧会の宣伝広告──北國新聞社

大場は大学卒業後、北國新聞社事業部において、当社主催の美術展覧会などの宣伝用のポスターや案内状のデザインの仕事に就いた。

金沢のビジュアルデザインの発展に重要な役割を果たしてきたのが、地元新聞社の北國新聞である。金沢は終戦直後に北國新聞が主となって美術展覧会を開催した。一九四五年に第一回「現代美術展」（財団法人石川県美術文化協会）が開催された。文化で金沢を豊かにするという意志が終戦直後早くも行動に移されたわけで、特筆に値する。

当時から北國新聞は、「文化をリードする」という意識を強くもっていた。文化・生活が豊かでないと新聞が売れない。すなわち、新聞そのものの売り上げ向上策を直接的に考えるのではなく、その根底にある地域住民の生活、ひいては地域文化形成まで視野に入れた考え方である。美術展覧会を開催するにあたり、宣伝用のチラシ、ポスターが必要となり、ビジュアルデザインが求められ、大場のような地元デザイナーが働く糧を得ることにも繋がった。

地元デザイナーによる大規模イベントの企画運営

一九七〇年ごろより、金沢ではデザイン振興のためにイベントを開催するようになった。そのきっかけを作ったのが、一九七三年に開催された「日本海博覧会」である。大場は本イベントのアートディレクターのひとりに抜擢された。本展覧会は、一九七〇年開催の大阪万国博覧会に続くもので、地方博覧会では最大規模のものであった。これほどの規模の企画を地元デザイナーが主体的に行うことは非常に稀である。大場は、大阪万博の経験のあるトータルメディア開発研究所、岡本太郎のＧＣＫ（現代芸術研究所）のメンバーの経験を活かし、独自の企画で、地元人の力を使って博覧会を成功させた。

地方で開催される大規模の展覧会は、東京の大手広告代理店が参入し企画を立てることが多い。しかし、大場は参入の仕方に問題があるという。多くの場合、中央の代理店は企画を立て、終わるとさっといなくなってしまう。つまり、地方都市でビジネスをして帰ってしまう。そのような参入の仕方ではなく、その土地の文化や人々を上手く使って、その地域の人たちに経験（ノウハウ）を落として行くところまでやってくれればよいのだという。したがって、その後も大きなイベントの際には、大場は行政側に立ち内容検討やコンセプト立案などの方向性を示し、調整を行った。一方、大手広告代理店は中央とのパイプを活かし、新聞社などのメディア側について参画してもらってきたという。

日本海博覧会の主催者が、地元デザイナーである大場をディレクターに起用したことは英断であった。それにより、金沢は地元で開催する力を獲得したのである。

地元の力、文化と人を活かす

こだわってきたことは、地域の人を使うということである。地域の人であるからこそ、石川や金沢の芸能、音楽、伝統産業、文化、風土、習慣などを、歴史的時間の流れと全体的な空気感で知っている。つまり、四次元的に分かっているのである。これを知っているからこそ地域の魅力を伝える企画を立てることができる。その地域以外の人が短期的に来ても、この事を体感的に理解する事は難しく、地域文化を活かした企画はなかなか立てられないだろう。

大場はこれまで金沢で開催された主要なイベントにはほとんど関わっていると言って過言ではない。主催者側の行政や組織の側も、地元ディレクターの大場を起用してきたのは、その価値を認識していたからである。

ディレクターとして地元の力を上手く活かしてゆけることによって、印刷、ディスプレイ、音響、映像など、ビジュアルデザインに関わる諸々の地元企業も連携して関わり、各々が力を付けることに繋がった。これも金沢のビジュアルデザインの特徴の一つとなった。

Only One 都市――「金沢ルネッサンス冬まつり」

一九九〇年に入り金沢市は「金沢世界都市構想」を打ち立て、Only One の都市を目指した。当時の市長山出保からは、江戸時代に培われ、今も市民に受け継がれている金沢人気質と文化をさらに発展させるために、学術と芸能の両面から Only One の企画を立てることを依頼された。大場は芸能に関して担当することになった。

テーマは、「伝統文化と現代文化の調和、文化芸術による国際都市戦略」。伝統と現代のせめぎあいから新しい価値創造が生まれるという認識に立ち、伝統文化と現代文化の調和融合と活性化政策として、「金沢ルネッサンス冬まつり」を一九九〇年から二〇〇一年までの十年間に渡り毎年開催した。本イベントでは、金沢の芸能のルーツと現代文化とのコラボレーションを試みた。洋と和、地元の伝統芸能と、異国・異文化の芸能、そして、古いものと新しいものなど異質なもの同士をぶつけてみることで、新たな価値創造を見いだそうとした。

ファッションパフォーマンス――地域文化と繊維産業

さらに、一九九〇年ごろより石川の繊維産業を盛り上げるイベントとして、地元で生産された布地を活かしたファッションパフォーマンスも数多く企画開催した。その際に、大場が企画したのはファッションショーではなく、「文化を見せる」ファッションパフォーマンスであった。表面的な美しさを表現するのではなく、思想を有する表現である。地域文化を織り交ぜながら、地域の人々で創り上げ表現した。一つ一つのパフォーマンスはどれも、衣装、音楽、映像、踊り、演劇、舞台演出などを含む総合芸術というべき質の高い表現であった。

イベントの開催において、舞台の道具、照明、衣装、音楽などの担当にはできるだけ地元の人を使った。継続的にパフォーマンスなどのイベントを行ったことで、その経験が彼らの技術を養う場となり、人材育成にも繋がり、新たな表現の可能性を実感できる機会にもなった。

地域民の自主的な創造活動の環境作り——金沢市民芸術村

こうしたイベントやパフォーマンスを経験した地元の人たちは、今度は自分たちで、演劇、音楽、アートなどを自由に創造する場を求めた。そこで金沢市民芸術村が活かされることになったのである。

大場は金沢市民芸術村のアートディレクターとして、市民と行政との間に立って、市民に有効利用される施設作りを検討推進してきた。これまで地域振興に関わるイベントを地元の力で企画開催してきたことと、地域民のための文化施設である金沢市民芸術村の推進活動とは繋がっていたのである。つまり地域民に新たな表現の力と表現の場を創り出し、育む活動でもあったのだ。

さらに、現代アートの発信拠点となった金沢二十一世紀美術館も繋がってくる。大場は金沢二十一世紀美術館の立ち上げにも関わり、美術館のオープニングイベントも手掛けた。現在もアドバイザーとして活躍している。

民力によるデザイン運動

大場が大切に思ってきた言葉に「民力」がある。皆の力を活かして創り出してゆくという思想である。これは大場の仕事全てに当てはまっている。金沢に新たなデザインの仕事の場を作り、表現の文化を創り上げてきた活動は、まさにデザイン運動と称すべきものである。

日本のデザイン運動は、これまで中央で活躍した人々の視点から語られていた。高度経済成長がピークに達した一九八〇年代ごろより、日本のデザイン運動が終わりを迎えたかのような解釈もあった。しかし、それとは違った視点の、すなわち地方からのデザイン、地域の力を活かしたデザインを目指す運動が、金沢という地域において続いていたのである。

（出原立子）

＊大場吉美氏インタヴューより（二〇一三年三月実施）

旦那衆によるデザイン振興

企業づくりは街づくり――金沢経済同友会

金沢のデザイン振興、そして街づくりは、金沢の地場産業の中小企業の社長ら旦那衆を抜きにしては語れない。特に、金沢経済同友会は、金沢の旦那衆による組織で、金沢の街づくりを牽引する役割を果たしてきた。彼らは、自分たち自身で質の高い街を作る責任と実現する力を自負している。

現在の金沢経済同友会の主要メンバーであり、金沢のデザイン振興にも寄与してきた福光松太郎（福光屋現当主）は、「企業づくりは、街づくり」と語る。企業を作るということは、街を作ることでもある。街があってそこでの商売が成り立つという、地場産業ならではの思想である。

金沢はかつては武家の街であったが、商人が力をもっていた街でもある。加賀前田藩は文化政策を推し進めることで、幕府との良好な関係を保ち国力を付けてきた。それによって武士、商人、町民を通じて優れた生活文化が育ち、産業・商売が成り立ち、経済が豊かに回り財力のある都市となった。江戸時代には人口が全国四位であり、多くの人が交流した都市でもあった。加賀藩は外様大名であったが、百万石の藩としてのプライドとその経済力を背景にして、中央の幕府とは独立した意識を強くもっていた。したがって、当時自分たちの街は自分たちで作るという意識が強く、この意識は今日の金沢の財界人たちにも色濃く継承されている。

金沢経済同友会の活動実績として、金沢の街中を流れる用水の蓋を開けた事業がある。用水は今では金沢の町並みの象徴的な存在となっているが、昭和に入り車社会が到来したころ、旧市街地の道幅の狭い道路に車が往来するために用水に蓋がされた。その後、街の景観を取り戻すために蓋を開ける運動を金沢経済同友会が先導して行い、最終的に金沢市行政に働きかけ、旧市街地の景観を取り戻す事業を実現させた。

同友会による金沢の美しい景観づくりにおいては、地域性を活かした建築設計を啓発す

金沢の街の景観
用水

るために「金沢都市美文化賞」を創設し、一九七八年以来、現在まで続いている。

さらに、一九八四年に石川デザインセンターを設立したのも旦那衆であり、福光博（福光屋十二代目当主）が中心的な役割を果たした。彼は昭和の金沢の街づくり、デザイン振興のキーマン的な存在であった。

二〇〇九年に、金沢がユネスコ創造都市ネットワークのクラフト&フォークアート部門に認定されたが、ここに至る道筋も同友会の金沢創造都市会議が作っている。

金沢学会+金沢創造都市会議
——産学官一体となった街づくり

金沢経済同友会のユニークな取り組みとして、一九九七年より始められた「金沢学会」と「金沢創造都市会議」がある。両会議は、隔年ごとに交互に行われる金沢の街づくり会議である。金沢学会は同友会の旦那衆と県内外の有識者によるクローズドな会議で、主要メンバーは飛田秀一（北國新聞社会長）、福光松太郎ら旦那衆の面々と、水野一郎（金沢工業大学副学長）、そして、「創造都市」という都市の文化政策を提唱した佐々木雅幸（大阪市立大学教授）、大内浩（芝浦工業大学教授）らがいる。

金沢学会では金沢の街に関する具体的な課題や企画が提案され、地域住民や近隣大学生の参加協力による社会実験（ワークショップ）という形で具体的に試される。その結果が、次年に開催される市民参加型のオープンな会議「金沢創造都市会議」で発表され議論される。提案に対する社会実験の結果をオープンに評価することで、説得力をもって行政等に提言できるという仕組みである。すなわち、旦那衆や有識者が先導して街の課題や提案を出し、それについて市民の共感を得る。そして行政を動かすという流れを作って、実践的に街づくりを行うものである。

これまで出されたものには、香林坊界隈の賑わいづくりとして広坂通りオープンカフェ社会実験の実施や、石川城大手門中通りの修景整備事業、美しい沿道景観形成に向けた動き、金沢の夜景のデザインなどがある。

夜景デザインの提案については、二〇〇二年に大内浩と金谷末子（元金沢工業大学教授）らが、金沢の中心軸である広坂通りの歩道照明、金沢らしい灯り、市民に受け入れられる灯りについて調査を行った。地元の金沢工業大学の学生らがデザインした灯りについて、市民による評価実験を行い、これがきっかけとなって、広坂商店街周辺の夜の活性化のためのライトアップイベント「金澤月見光路」が定期的に開催されることになった。

本イベントは、金沢工業大学の教員と学生が中心となって毎年秋の月見の季節に灯りのデザインによる夜景を演出するもので、二〇〇九年にグッドデザイン賞を受賞した。年々参加団体も増え、夜景作りだけでなく青年商工会議所のメンバーも参加した様々な催しも行われ、旧市街地の夜の賑わい創出にも貢献している。

eAT KANAZAWA ――人と人をつなぐ、エレクトロニックアートの新たな交流の創出

金沢における新しい文化産業の創出を目指した取り組みとして、一九九五年よりeAT KANAZAWA（electronic Art Talent KANAZAWA）が開催され、現在まで続いている。本取り組みは、「金沢世界都市構想」の一貫として、国際的なデジタルアートの祭典を開催する事業として企画されたもので、地元の企画マンである吉田一彦をアドバイザーに、初代実行委員長の濱野保樹（東京大学大学院教授）、そして金沢経済同友会の福光松太郎らがバックアップして立ち上げられた。

本イベントは、エレクトロニックアートの分野で活躍している人たちを金沢へ迎え、新しい創造文化を生むための交流の場を創るものである。毎年、プロデューサーが選ばれテーマが設定され、市民に向けてセミナーが開催される。さらに、夜塾というゲストと市民が湯涌温泉の旅館にて湯につかり、食と酒を共にしながら膝を交えて交流ができる機会も作られる。毎年、国内外で第一線で活躍しているゲストが招聘され、首都東京においても一堂に集うことが難しい面々が金沢にて交流する贅沢なイベントである。

かつて江戸時代にも金沢の地では、藩内外の人的交流が盛んに行われ、それによって加賀の新しい文化が次々に創出されてきた。

城下町では武家の嗜みであった茶の湯が商人や町人の間にも普及し、階級を越えた交流

金澤月見光路

の場「サロン」ができて情報交流が生まれた。また、全国各地から優れた職人を招聘し、茶人、文人らも金沢へ招き、最高のもてなしをした。もてなしの文化を通じて人と人とが繋がりを深め、異文化の情報交流が行われることから新たなモノやコトが生み出される契機が創られたのである。

eAT KANAZAWAは、言わば現代における人と人との交流サロンのような場であって、国内外の最先端の表現に携わる人々が集り、そこに市民も加わり、彼らから直接影響を受ける。それが将来金沢に新しい文化産業を創出するための環境づくり、人づくりに繋がるという取り組みなのである。

本イベントが開催されてから十七年が経つが、伝統工芸の街にデジタルコンテンツ制作のベンチャービジネスが立ち上がるなど、少しづつその成果が出てきている。

この街の力
——人々を巻き込む磁力のある街

このような金沢の旦那衆の街づくり、人づくりの活動の原動力はどこにあるのか。福光は、「この街の力だ」と話した。この金沢の街には、人々を巻き込む磁力がある。地元の人に限らず内外の人がこの街の魅力に引き込まれ、共に街づくりに参画し、この街で新たな文化・産業を創り出す気持ちにさせる、そうした力がこの街にはある。これがやはり加賀前田藩が残してくれた街の遺産なのだと思うと語った。

継承された遺産は単に町並みや物だけでなく、思想・文化なのである。もてなしの文化を通じて、新たなモノ・コトを創り上げてゆくことが、金沢のものづくり文化の特徴であり、それを創出する舞台を作り、演出してきたのが、金沢の旦那衆なのである。

（出原立子）

＊福光松太郎氏インタヴューより（二〇一二年一〇月）

＊福光松太郎　福光屋十三代目当主。日本デザイン振興会理事

石川のデザイン振興の歩み
石川県デザインセンターの活動を中心に

デザインセンター設立と伝統産業の高度化

県の総合的なデザイン振興拠点として財団法人石川県デザインセンターが設立されたのは一九八四年（理事長・福光博）。日本産業デザイン振興会（現日本デザイン振興会）が「地方産業デザイン開発推進事業」を実施するにあたり、一九七六年に石川県デザイン振興会が設立されており、それを改組してのセンターだった。石川県デザイン振興会の事務局は石川県工業試験場に置き、金沢商工会議所の職員もスタッフに加わった。

同振興会では、来栖善郎（日本デザイン振興会）の指導を得ながら、柴田献一（GK京都）による山中漆器や羽生道雄（モノプロ）による九谷焼の新商品開発、独自の事業として「日本グッドデザイン展金沢展」やセミナーの開催、山村真一（コボ）による稲本製作所の業務用洗濯機の開発に取り組んだ。

こうして誕生したデザインセンターへの協力体制は充実していた。石川県と金沢市はもとより、金沢港開港を機に新しい産業育成に乗り出していた金沢商工会議所、金沢美術工芸大学、分野毎に結成され一九七二年から「石川県デザイン展」を開いていたデザイン職能団体、石川県工業試験場の面々が、リーダーシップを発揮したのである。

協力を惜しまなかった人々は、商工会議所のメンバーである福光博（福光屋）、小川甚次郎（小川）、澁谷亮治（澁谷工業）、北村友正（ホクショー）、作田勝（作田金銀製箔）、金沢美術工芸大学の森嘉紀と小松喨一、石川県工業試験場の丹羽昭司らである。

石川には、他の地域のように「輸出振興のためのデザイン振興」という視点はなかった。センターの設立準備は工業試験場の石田忠昭が担当し、地域の特性を踏まえ、九谷焼、山中漆器、輪島塗といった伝統工芸産業のデザインによる高度化支援が目標となったのだ。

背景には、工業試験場のデザイン担当部門の研究・指導・依頼試験といった業務では対応しきれない事柄があった。外部デザイナーと連係した商品開発と販路開拓に対する期待である。デザインセンターは地場産業振興センター内にあり、県はその建設に当たり、基本機能としてコンベンション（地場産業振興センター）、商品開発（デザインセンター）、情報（移転した情報センター）を求めた。

コンベンション時代のデザインイベント

前田利家公の金沢入城四百年を記念して、一九八二年に「金沢四百年国際工芸デザイン交流展」（事務局金沢市）が開催された。石川と気候風土が近い北欧諸国のモダンな作品が石川県産業展示館全館に並び、会期中に約八万人の来場者を数えた。中でも人々を魅了したのはガラスの美しさだった。

これを受けて、石川県、金沢市、金沢商工会議所がガラス工芸の育成を提唱し、商工会議所を中心に一九八四年、「国際ガラス展・金沢」がスタート。県はガラス評論家の由水常雄の協力で能登島ガラス工房、能登島ガラス美術館を開設し、金沢市はガラス作家の藤田喬平、佐々木ガラスの竹内伝治の協力を得て、金沢卯辰山工芸工房開設時にガラスコースを設けている。

デザインセンターは一九八五年、中小企業庁実施の第一回「国際デザインフェア」において、テーブルウェアをテーマに参加する。この事業には以後、京都（国際テキスタイルデザインフェア）、多治見（国際陶磁器フェスティバル）、旭川（国際家具デザインフェア）をはじめとして、新潟、富山、仙台などが参画し、デザイン振興の機運が高まったと感じている。

次いで一九八九年、漆を通じた国際交流の推進と漆産業の活性化に向けて「ジャパンデザインコンペティション」（現「国際漆展・石川」）を開始する。ガラスが石川になかった工芸なら、漆は石川が世界に誇る工芸なのだ。海外からの作品公募や審査などでは漆芸家の大西長利が活躍。漆活用の拡がりを期待して、審査委員は建築家の芦原義信、工業デザイナーの栄久庵憲司、グラフィックデザイナーの粟津潔と多彩であった。

現在、デザインセンターを事務局として「国際ガラス展・金沢」「国際漆展・石川」をトリエンナーレ方式で開催しており、石川・金沢からの世界への情報発信と新しい美の基準づくりの役割を果たしている。

国際漆展会場風景

国際ガラス展会場風景

デザインに優れる商品の選定と販路開拓

デザインイベントの開催は県民各層のデザイン理解を高め、それをデザイン振興につなげる意図をもっていた。その一環として、地域の目で見てデザインに優れる商品を選定し、選定にもれた商品には改善指導を行う「デザイン推奨事業」が一九八七年に始まった。選定基準は、グッドデザイン賞ほどモダンでなく伝統だけでもない、その中間とした。地域の実情を踏まえた振興策が必要なのだ。

こうした事業を続けると、企業から販路開拓を期待される。そのため、一九九五年に「ギフトショー大阪」併催の「ハンドメイドギフト&クラフトフェア」に、販路開拓を事業目標として出展した。だが来場者の反応は甘くはなく、「百貨店に並んでいない作家の作品、椀や盆でない新しいアイテム」が必要だと思い知らされる結果となった。そこで三年後から、石川県クラフトデザイン協会と共催で「マーケットイン商品開発モデル事業」という勉強会を始めた。

先例には、中小企業大学校がデザイナーらを講師に招いての研修会「新商品開発支援・指導」があった。クラフトや工芸に携わる者は工芸の技術は学んでも、商品開発のプロセスを学ぶ機会は限られている。講師は、作り手から売り場まで精通している山田節子(トゥイン)だ。門脇文雄、赤地健、多田鐵男といったベテランに若手が交じった参加者は研修に刺激を受けて新商品開発に挑み、松屋銀座で「金沢からのお正月」がスタートしたのは二〇〇〇年暮れのことだ。これは定番企画となって今も続いている。

金沢市にある金沢工芸美術大学と金沢卯辰山工芸工房をはじめとして、県内には工芸教育や後継者育成を目的とする幾つもの研修機関がある。しかし、そこで学んだ若者が独立して活躍しても、どの産地組合にも所属しなければ行政からの支援の手は届かない。

こうした事態を改善するべく、デザインセンターは先の選定事業の構成を若い作り手の発掘事業に切り替えた。一九九七年のことだが、その後NHKの大河ドラマ「利家とまつ」にあやかる夫妻、「加賀百万石の姫たち」のテーマにふさわしい女性たちを紹介すると、百貨店の催事への出展依頼が多数舞い込むほど好評

石川デザインセンター選定商品カタログ

マーケットイン商品開発モデル事業風景

を博した。「金沢からお正月」とは別に、二〇〇五年には日本橋三越で「石川の工芸で愉しむ手しごと展」を開催。松屋銀座が「クラフト」なら、日本橋三越は「伝統工芸」の殿堂である。三越の売場が変われば硬直化した伝統工芸界が動くとの予測の元での事業であった。出展したのは加賀九谷や山中の作家で、この事業を契機に桐本木工所をはじめとして多くの作家が日本橋三越、銀座三越の売場に進出することができた。

機械産業へのデザイン活用

石川県の産業用機械工業には、高い市場占有率を誇るメーカーが少なくない。飲料等のボトリングシステムが主力の澁谷工業、業務用洗濯機の稲本製作所、業務用食品加工機械のアサヒ装設などだ。デザインセンターの存続を図る上で、こうした基幹産業にデザインで何を貢献できるかを示すことが必要だった。

一九九四年から三年間取り組んだ「デザインマインド養成事業」は、機械産業へのデザイン活用方策を検討するものだ。デザイナーは「経営者がデザインを理解してくれない」とこぼし、経営者は「デザイナーの言うことは分からない」と切り捨てる。しかし、ライバル社の動向や取引先からの要請で、デザインを何とかしたいと考えている企業は何社かあった。

そこで、企業の経営者や技術者、デザイン関係者をパネリストに、企業経営、商品開発、販売促進、工場計画をテーマに議論し、マニュアルとしてまとめた。マニュアルには、デザインによってコストダウンを達成したり、新商品で新規需要開拓に成功した例などを盛り込み、分かりやすいものとした。

石川県デザインセンター発足のころ、東芝にいたデザイナーの川崎和男が郷里の福井に戻り、「タケフナイフビレッジ」などで地域から積極的に情報発信していた。石川でも、松下電工にいた岩井庸之介、日産自動車にいた古場田良郎など十数名の工業デザイナーのUターンが相次ぐ。金沢市は、こうした有為の人材を活用し、機械業界のデザイン導入を図るために、一九九九年から三年間、「金沢工業デザイン研究会」に取り組んだ。知的財産としてのデザイン、デザイン導入プロセス、デザイン料の算定根拠について検討し、ここで

松屋銀座「金沢からお正月」会場風景

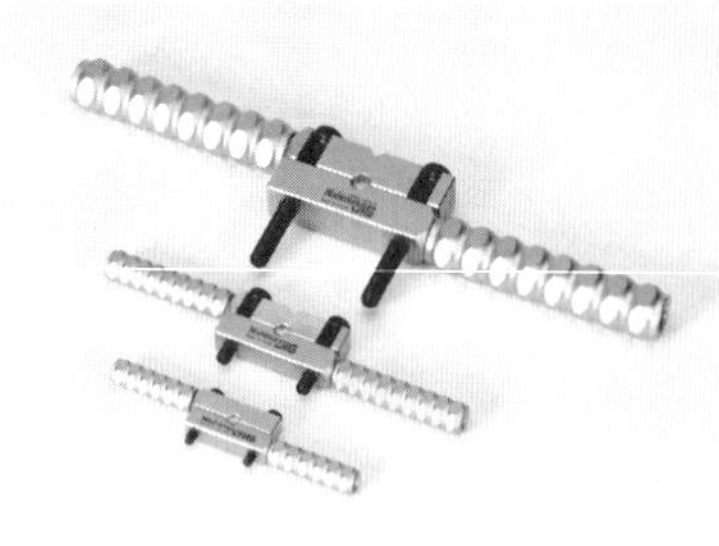

工具　グリッパー

もマニュアルにまとめたのである。

どちらのマニュアルもデザイン意識の高揚につながったとは断言できないにせよ、デザイン相談に来る開発担当者が社内でそれらの問題を検討する際の資料的価値は高かったと考えている。

筆者は、二〇〇六年に県職員の公益法人への派遣期間が定められたこともあり、約二十年勤務したデザインセンターから工業試験場に異動となった。その六年後からは、同試験場九谷焼技術センターに勤務している。したがってデザインセンターのその後を内側から書くことはできないが、デザイン振興の動向については簡略に記してみたい。

社団法人石川県鉄工機電協会の会員企業約二十社が集まり、「機械デザイン研究会事業」が行われたのは二〇〇六年。この研究会は二〇一一年には県の「基幹産業デザイン力育成事業」の補助を得て、各企業が具体的な開発テーマで新商品開発に取り組んだ。

デザインセンターは一九八九年からシュットガルトデザインセンターと交流事業を行っており、先の研究会にも参加したニシムラジグは一九九六年より岩井庸之介の協力も得て、同地のペーター・タイス（スカラデザイン社）と商品開発を進めた。同社が開発した「グリッパー」は、二〇〇九年から二〇一一年にかけ、バーデン・ヴュルテンベルク州国際デザイン賞銀賞、iFデザイン賞金賞、レッドドットデザイン賞、グッドデザイン賞中小企業長官賞を受賞している。

二〇〇七年には北陸先端科学技術大学院大学が伝統工芸イノベータ養成ユニット（伝統工芸MOT）を開設。この事業からは、朝日電機製作所の九谷焼USBメモリが生まれた。また、このMOTと県の「伝統産業商品提案力育成事業」の参加者である吉田幸央（錦山窯）は、「九谷塾」なる組織で「九谷焼新ライフスタイル研究会事業」に臨み、様々な九谷の色絵の「カブトムシ」を誕生させた。施策の成果と言えよう。

（松山治彰）

九谷焼 USB メモリ

カブトムシ　金襴赤絵小紋　九谷塾

今日の石川の産業とデザイン

大企業による大量生産から、付加価値の高い高品質なものの少量生産へと、日本におけるものづくりの価値観が変わりつつある中、デザイン&ビジネスフォーラムは日本全国の大小企業より、デザイン・エクセレント・カンパニーを選定する事業を展開した。二〇〇四年から二〇〇八年までに八十社近くの企業が厳選され、そのうち石川県内から福光屋、ナナオ、小倉織物、金沢倶楽部、丸八製茶場の五社が選定された。本賞は、新しい価値を創造し提供しようとする企業、企業活動全体がデザインされている企業に対する懸賞で、企業のあり方そのものを評価したものだ。

「伝統は革新の連続」——福光屋

福光屋は創業一六二五年、金沢では一番の老舗の酒造会社である。伝統産業である酒造りの暖簾を絶やさずに守り、かつ「伝統は革新の連続である」という家訓に従い、新しい取り組みに挑戦し続けている。

福光屋は、高度経済成長時代に先代の福光博がマーケティングを経営に取り入れた。石川県で始めてテレビCMをうったのが福光屋であり、福ちゃんというマスコットキャラクタを起用し親しみを感じさせる企業イメージをつくった。マスメディアを使って、伝統産業の老舗企業の新しいイメージを伝えた。

その後、現在の当主に代替わりした後の一九八八年、福光屋は新たな改革に乗り出し、これまでの大衆に好まれる酒造りから、クラフトプロダクションという言葉で表現される職人魂の酒造りに変換を図った。クラフトプロダクションとは、日常品や普及品に芸術的な価値を求め、一定量に限って複数生産するものである。伝統工芸にも通じる高い価値を顧客と共に創り、価値を共有できる顧客に流通するという考え方である。これに基づき、多様な顧客それぞれに響く製品を生み出している。

さらに、福光松太郎は一九九一年に金沢国際デザイン研究所(KIDIパーソンズ金沢校)

福光屋金沢店

を設立した。ニューヨークのパーソンズ校との提携校であり、福光による熱心なアプローチによって金沢に日本校が実現した。金沢の老舗酒蔵の当主である福光がデザインスクールを作ったのは、自社の商品開発や経営、そして金沢の街づくりにおけるデザインの重要性を早くから認識し、そのための高いクオリティのデザインができる人材を、金沢で育てたいという思いからであったという。

街づくり、人づくり、ものづくりの良い循環を作り出すことが、地域とそこに住まう人々の生活の豊かさを創り上げてゆくという思想である。この思想こそ、地域デザインに求められる考え方であろう。

世界から認められる伝統と匠の技
——小倉織物

小倉織物が会社の拠点を置く石川県小松市は、古くから絹織物業の盛んな土地で、一九五〇、六〇年ごろは数多くの繊維産業に関わる企業があった。しかし、繊維業の自由貿易化が行われたのを境に、海外に仕事が流れ、厳しい状況に追い込まれた。小倉織物もそのあおりを受け、当時やむなく人員削減を迫られた。海外との大量生産の価格競争に勝つことが難しい状況において、高い技術で作られる高級製品生産にシフトチェンジしたのが小倉織物であり、それを可能とする技術をもっていたことと、転換への決断が早かったことが成功の理由の一つといえるだろう。

かつてイギリスで繊維産業が栄え、その後アメリカにその座を奪われ、そして日本へと流れて行ったように、日本から中国など東アジア圏へ移っていくことになった。こうした繊維の大量生産の流れの中で、イギリスには羊毛織物が特化した技術として残り、アメリカでは綿織物が残った。国が豊かになるにつれ、大量生産の技術は賃金の安い国に流れていってしまうが、高い技術が必要な高級製品生産は、その技術を有する所に残ることになる。

繊維産業は、一般に川上と呼ばれる製糸業から、撚糸業、製織業・編成業、そして川中と呼ばれる精錬、染色・捺染、仕上げ、さらに川下の縫製、アパレル商社を経由して問屋、小売店へと流れる細分化された工程で成り立っている。それぞれの工程は中小規模の企業で請け負っているのが一般的である。小倉織物は、製織業に位置する。絹の上質なジャガード織を得意とし、合織（合成繊維）を巧みに組み合わせた織物を作る高い技術がある。

ジャガード織は経糸と横糸との合わせ方を変化させることで表地に光沢のある模様を作り出す織である。模様を出すための経糸と横糸の調整には高い技術を要し、どこでもできるものではない。小倉織物はこうした匠の技術を有し、海外のアパレルメーカーから直接指名で仕事の依頼が来るほど、特殊製織が可能な企業なのである。

さらに、長年の実績において蓄積されたジャガード織のデザインパターンを元に、多様なニーズに応えるデザインを自社で企画する力（ノウハウ）も有している事も強みとなっている。まさに伝統と、常に先端であり続ける匠の技が、世界から見てもここにしかない製品を生み出している。地方から世界へ直接発信できる企業なのである。

本物志向で地域情報の発信を
——金沢倶楽部

雑誌の表紙を飾るのは、今をときめく売れっ子タレント。中をめくると質の高い写真とレイアウトで、雑誌の中でもひときわ美本と感じさせる。雑誌を始めて手にした人は、大手出版社が手掛けるメジャーな雑誌だと思うだろう。しかし、中身を読むと至ってローカルな地域情報なのである。このギャップに誰しも驚きを隠せない。

この『月刊Clubism』、『月刊金澤』は、地元の人で知らない人はいない地域情報雑誌であり、本誌をつくったのは、金沢倶楽部の創業者、林容正である。地元人の絶大なる支持を得ている雑誌であり、金沢の人々のファッション性、生活スタイルまで変えたと言われるほど影響を与えているが、林自身はあくまでもメジャーな視線で雑誌を世に出している。林のこだわるところは本物志向であること。そして本物の上質の情報を掘り出し読者に届けることである。そもそも金沢は衣食住の店がそこかしこにあり、こうしたコンテンツには事欠かない土地柄であろうが、その伝え方が革新的

『月刊Clubism』『月刊金澤』

であったのだ。

地方という意識は真っ向からない、常に全国区で勝負するという金沢倶楽部の姿勢が、金沢の魅力発信力を高めているのである。

極上の香りの加賀棒茶
――丸八製茶場

品のある芳ばしい香りと、凛とした澄んだ味わいが印象的な「加賀棒茶」は、地元の人のみならず、最近では金沢土産としても定評がある商品となっている。加賀棒茶を製造販売しているのは、石川県加賀市に本社を置く丸八製茶場であり、一八六三年創業の老舗である。一九八三年に来県された昭和天皇に献上するほうじ茶を作ったことをきっかけに、極上の「献上加賀棒茶」の商品化に至った。

本企業の優れた取り組みは、原材料の生産からこだわり抜いた上質なお茶づくりにあるのだが、加えてそのブランドづくりにもある。金沢の観光名所の一つである東の茶屋街に「茶房一笑」を構え、かつてのお茶屋をリノベーションし、品のあるしつらいの空間で加賀棒茶を頂く場も演出している。ここでお茶を頂くことで、金沢の街の凛とした美しさまでもが自然と伝わってくるようである。

ブランドづくりには、地元のマーケティング・プランナーの出島二郎のアドバイスがあったという。出島は一九八五年より毎年開催されている食の祭典「フードピア金沢」の企画者でもあり、金沢の影の立役者の一人だ。こうした地元力をアップさせる逸材がいるのも、金沢の強みなのである。

ここに紹介した企業は共に、経営において辛苦を味わった経験があるが、それを乗り越える過程において、地域性を活かし独自性や強みを伸ばすことに成功した企業である。そして、地域の人々の生活の豊かさも追求している企業なのだ。それぞれが従業員百人に満たない中小規模であるが、地域の大きな未来を背負って邁進している姿が、実に頼もしく映るのである。


（出原立子）

茶房一笑

金沢デザイン史年表

年表内容編者／出原立子

西暦	和暦（年）	背景（一般・デザイン界など）	産業界の動き	教育研究界の動き	官公庁の動き
	江戸時代	加賀藩三代目藩主前田利常は文化政策に力を注ぎ、工芸文化立国の基礎を作る			前田綱紀が工芸の集大成「百工比照」を編纂、加賀藩工芸調度の制作補修の御細工所整備
	明治	政府が工芸品を殖産興業として注目			
1872	5				金沢区方開拓所（後の金沢区方勧業場）開設
73	6	ウィーン万国博覧会開催			金沢区方勧業場設立
74	7		成巽閣にて金沢博覧会開催／金沢製糸場の設立		
75	8	『温知図録』編纂（～一八八三年まで）			
76	9	フィラデルフィア万国博覧会開催	金沢勧業博物館設立		金沢区方勧業場を県立の石川県勧業試験場に改める
77	10	大蔵省に図案調整所開設／第一回「内国勧業博覧会」開催／江戸川製陶所設立	長谷川準也によって金沢銅器会社設立（一八八八年に解散）		
78	11	龍池会が発足	金沢勧業博物館に改称		
80	13	大蔵省商務局勧業寮に製品図案協議員を設置			工芸意匠の改良指導のため岸光景を招聘／石川県勧業博物館にて、図案の収集が積極的になされる／蓮池会が石川県勧業博物館内に発足／「蓮池会考案図式」
82	15		金沢区九谷陶器商盟約、銅器製造者同盟規定を制定／輸出問屋の円中組、パリ支店を開設		工芸産業育成のため、納富介次郎を招聘
87	20		金沢商工会（金沢商工会議所の前身）の設立	金沢区工業学校（後の石川県立工業高校）設立（初代校長納富介次郎）	
1900	33		わが国初の動力式絹織機（津田式力織機）が開発され、石川の繊維産業の発展に寄与		
01	34			石川県立工業高等学校設立	
18	大正7				石川県工業試験場設立
21	10				石川県工芸奨励会が結成

22	11				第一回「美術工芸品展覧会」開催（主催石川県工芸奨励会）
24	13		金沢市意匠図案研究会（現在の金沢市工芸協会）設立		
30	昭和5	金沢放送局がラジオ放送を開始			
45	20	太平洋戦争終戦	第一回「現代美術展」が金沢で開催㈶石川県美術文化協会）、以後、現在まで毎年開催		
46	21		石川県美術文化協会設立	金沢美術工芸専門学校設立、旧陸軍兵器庫跡に設置	
47	24			金沢美術工芸専門学校を母体に金沢美術工芸短期大学設立	
50	25	第四高等学校閉学			
53	28	内灘闘争（試射場無限使用に反対）	㈳石川県建築設計監理協会設立		
55	30			金沢美術工芸短期大学が金沢美術工芸大学に（産業美術学科設立）	
56	31			柳宗理金沢美術工芸大学専任教授に就任	
57	32	NHK金沢放送局放送開始、翌年北陸初の民間テレビ北陸放送テレビ放送開始	金沢経済同友会創立		
60	35	国が「貿易為替自由化大綱」を策定			石川県立美術館開館
61	36		石川県デザイン協会（事務局金沢商工会議所）、第十一回日宣美展第一回金沢展開催		
64	39		アニメーションフェスティバル開催（石川県デザイン協会の事業として開催）		
65	40			金沢美術工芸大学産業美術学科に商業デザイン、工業デザイン、工芸繊維デザインの三専攻設置	
67	42			石川県立輪島漆芸技術研修所設立	
68	43	四高跡に県郷土資料館開館	北陸ディスプレイ協会設立／第一回「フィルムアート・フェスティバル」開催（主催石川県デザイン協会 草月アートセンター）		
69	44	日本産業デザイン振興会設立	「グラフィックアートU.S.A展」金沢展開催		

導入期

西暦	和暦（年）	背景（一般・デザイン界など）	産業界の動き	教育研究界の動き	官公庁の動き
1970	昭和45	金沢港開港／デザイン振興を提唱／日本万国博覧会（大阪）開催	石川県インテリア産業協会設立	金沢工業大学工学部建築学科開設	
71	46	加賀友禅団地完成	石川県ビジュアルデザイン協会設立（事務局金沢美術工芸大学）		
72	47		石川県クラフトデザイン協会設立（事務局石川県工業試験場）／第一回「デザインまつり」開催／第一回「石川県デザイン展」（産業展示館）以後毎年開催／「'72ペーパーショー」開催（主催石川県デザイン協会・石川県ビジュアルデザイン協会）（以後、毎年開催）		
73	48	「日本海博覧会」開催	石川県デザイン協会が改名して石川県デザイン協議会に（事務局金沢商工会議所）		
74	49		第十二回「'74日本グッドデザイン展（生活とデザイン）」（第一回金沢展）開催		
75	49	地方デザイン開発推進事業開始		日本デザイン学会第二十二回大会金沢大会（開催担当森嘉紀）	
76	51	通産省が九谷焼と加賀友禅を伝統工芸に指定。続いて金沢箔、金沢仏壇と金沢漆器も指定	金沢商工会議所が「デザイン産業の育成」を提唱／「創造と伝統のまち金沢」を金沢経済同友会が提言		石川県デザイン振興会設立（事務局県工業試験場）／Gマーク展東京、大阪、名古屋、金沢を巡回
77	52		「石川県デザイン会議」開催（主催石川県デザイン振興会）		
78	53	文化庁が輪島塗を重要無形文化財に指定	石川県プロダクトデザイン協会（事務局渋谷工業）設立／金沢経済同友会が「工芸の振興と大学の充実の二点を核にした街づくり」を提言／市民セミナー「金沢の伝統文化」開催／「金沢都市美文化賞」開始～現在まで毎年実施		
79	54		市民シンポジウム「THE KANAZAWA 豊かな個性 その核を求めて」（主催金沢青年会議所）／'79石川県デザインシンポジウム開催（主催石川県デザイン振興会）	金沢美術工芸大学が大学院美術工芸研究科絵画・彫刻専攻、産業デザイン専攻を設立	
80	55		「手づくり陶芸まつり」開催（伝統工芸街構想の普及推進を目的として市民参加イベントを開催）		デザインセンター設立調査団を金沢商工会議所がヨーロッパに派遣

導入期 ← 発展期

81	56	日本文化デザイン会議・金沢開催		『金沢伝統工芸街構想——世界に通ずる伝統工芸の街・金沢を目指して』水野一郎（北国文化事業団）発刊	
82	57				金沢四百年国際工芸デザイン交流展「デザイン・シンポジウム」開催（事務局金沢市）／北欧との交流スタート／ガラス産業の育成提唱
83	58		石川の工芸展をデンマークで開催（主催石川県クラフトデザイン協会）		石川県工業試験場が新築移転
84	59		「国際ガラス展・金沢」開始（事務局金沢商工会議所、三年毎に開催）／商業空間シンポジウム開催（主催石川県インテリア産業協会）	石川県立九谷焼技術研修所の設立／能登島ガラス工房開設	㈶石川県地場産業振興センター設立／㈶石川県デザインセンター設立、オープン記念に「コンピュータグラフィックス展」を開催
85	60	「フードピア金沢」開催。事務局金沢商工会議所（以後毎年開催）	「国際デザインフェア」開催（主催金沢商工会議所）／「石川の漆展」スウェーデンで開催（主催石川県クラフトデザイン協会）		「金沢ルネッサンス冬まつり」開催（二〇〇四年まで毎年開催）
87	62	石川県歴史博物館が金沢美大跡地出羽町に移転開館	いしかわファッション協会設立		デザイン推奨事業「石川県デザインセンター選定商品」開始／「国際デザイン交流展」（以後隔年開催）
88	63		「金沢の国際化構想」提言（金沢経済同友会）		石川県デザイン展事務局が金沢商工会議所から石川デザインセンターへ移管。シュツットガルトデザインセンターへ訪問団派遣（主催石川県プロダクトデザイン協会）
89	平成元	デザインイヤー（経済産業省）／「ジャパンデザインコンペティション石川（現国際漆展）」開催／「国際デザイン交流展'89」開催	「工芸大賞コンペティション」開催／石川県ディスプレイ協会設立	金沢卯辰山工芸工房の設立／金沢工芸大賞コンペティション開催	石川デザインセンターがシュツットガルトデザインセンターとの交流開始（二〇〇二年まで）
90	2	山出保、金沢市長に就任（〜二〇一〇年まで）	ファッションパフォーマンス金沢駅「黎明」開催		「デザインポリス石川構想」策定
91	3	「国際デザイン交流展'91」開催／「'91ジャパンデザインコンペティション石川」開催		金沢国際デザイン研究所（KIDIパーソンズ）開校	
92	4	金沢市「景観都市宣言」			シュツットガルトデザインセンターで「石川のデザイン展」開催五十名の訪問団派遣
93	5	「国際デザインフェア'93新世紀への塗・漆の広がり」開催／漆器産業の高度化・国際化			

西暦	和暦（年）	背景（一般・デザイン界など）	産業界の動き	教育研究界の動き	官公庁の動き
1994	平成6	石川県デザインセンター選定商品をギフトショー大阪に出展		国際デザインカレッジ金沢校開校	シュツットガルトデザインセンター「Design Selection 94」開催（石川県地場産業振興センター）／国際ガラス展事務局移管（会議所から石川県デザインセンターへ）／デザインセンターが産業デザイン高度化事業開始
95	7	金沢市「金沢世界都市構想」を提案／金沢市「世界工芸都市宣言」	「国際ガラス展金沢'95」開催／「いしかわ秋の芸術祭'95／山の国・海の国物語」（石川の民俗芸能とファッションパフォーマンス）開催（金沢市文化ホール）	日本デザイン学会第四十二回大会（実行委員長黒川威人）	「金沢市屋外広告物に関する条例」制定／「ハンドメイド&クラフトフェア」を開催（ギフトショー大阪併催）
96	8	石川県芸術文化協会設立	「国際漆デザイン展石川'95」開催	金沢市民芸術村の設立／金沢職人大学校の設立	金沢市用水保全条例制定
97	9	金沢経済同友会が「金沢創造都市会議」提唱／金沢大学付属小・中学校跡地に建設計画の金沢市立美術館の構想懇話会発足	「国際色絵陶磁器フェア'97」開催（主催小松市、石川県九谷陶磁器商工業共同組合連合会ほか）	山中漆器産業技術センター設立	「eAT金沢（electoronic Art Talent KANAZAWA）」開始／「金沢市民芸術村がグッドデザイン大賞受賞／「世界工芸都市会議」開催／新しいデザイン活用の方策を考える「デザインセンター中期構想研究会」スタート
98	10	金沢市「環境都市宣言」／第十回全国農業青年交換大会「農業の役割と関わり」開催	「国際ガラス展・金沢98」開催		石川デザインセンターとデザイン団体で協力し石川県デザイン会議「金沢デザイン塾」を開始／石川デザイン賞」創設（石川デザインセンター）／マーケット・イン商品開発モデル事業を開始（協力石川県クラフトデザイン協会）
99	11		第一回「金沢創造都市会議」プレシンポジウム開催／金沢工業デザイン研究会開始（金沢美術工芸大学や工業デザイン関係団体と連携）／「国際漆デザイン展'99」開催／「いしかわコレクション１９９９／布と風、そしてその色と形」開催		
2000	12	「かなざわ・まち博」開催（以後、毎年開催）		金沢学院大学美術文化学部（美術工芸学科、情報デザイン学科、文化財学科）開設	マーケット・イン商品販路開拓事業開始「金沢からお正月」（銀座松屋）
01	13	第一回「金沢創造都市会議」開催	「国際ガラス展・金沢２００１」開催（会場香林坊大和）／「ミラノ&いしかわコレクション」開催（石川県地場産業センター）		石川デザインセンターがデンマークデザインセンターとの交流事業を開始／「マーケット・イン商品開発モデル事業」着地点を銀座松屋に「金沢からお正月」（銀座松屋）

02	14	第一回「金沢学会」開催	石川県インテリア産業協会が石川県インテリアデザイン協会に改称／「国際漆展石川２００２」開催（会場めいてつエムザ）	金沢学院短期大学生活デザイン専攻開設／「金沢子どもマイスタースクール」開講（運営金沢職人大学校）	
03	15	「市民美術の日」を設定	「石川の工芸で楽しむ迎春展」開催／「いしかわの邦楽とファッション―夢マンダラ」開催（石川県立音楽堂邦楽ホール）	金沢市「金沢湯涌創作の森」開設	「金沢・世界工芸都市フォーラム」（世界工芸都市会議と世界工芸コンペティションを合わせて）／「マーケット・イン商品開発モデル事業」着地点を日本橋三越コース増設
04	16	金沢ファッション産業都市宣言／「金沢２００４能登島展」開催	福光屋、ナナオが二〇〇四年度デザイン・エクセレント・カンパニー賞受賞	金沢工業大学情報フロンティア学部メディア情報学科開設	金沢21世紀美術館オープン同美術館ヴェネチア・ビエンナーレ国際建築展示部門「金獅子賞」受賞／「石川デザインカレッジ」を開始
05	17	ＪＤＣＡデザイン会議in金沢「日本のデザインに地域の資産を活かす」金沢21世紀美術館レクチャーホールにて開催			金沢市屋外広告物条例制定／金沢市の夜間景観の形成に関する条例制定／金沢ファッション産業創造機構設立
06	18		小倉織物が二〇〇六年度デザイン・エクセレント・カンパニー賞受賞	日本デザイン学会第五十三回（副会長黒川威人他）	金沢21世紀美術館と金沢湯涌創作の森との施設連携開始
07	19		金沢倶楽部が二〇〇七年度デザイン・エクセレント・カンパニー賞受賞		北陸先端科学技術大学院大学が「伝統工芸イノベータ養成ユニット（伝統工芸MOT）」を開設
08	20			「金沢工芸こども塾」開講（主催金沢市）	「世界創造都市フォーラム」開催（主催金沢創造都市推進委員会・金沢市）
09	21	金沢市、国の「歴史都市」第一号に認定／金沢市「ユネスコ創造都市ネットワークのクラフト&フォークアート」に認定			「金沢版・クリエイティヴ・ツーリズム」開催
10	22	第一回「金沢・世界工芸トリエンナーレ」開催			金沢21世紀美術館設計者妹島和世＋西沢立衛SANAAプリツカー賞受賞
11	23			芸術工学会秋期大会（金沢工業大学）（実行委員長出原立子）	金沢駅「もてなしドーム」が「世界で最も美しい駅」の一つに選出／「金沢クラフトビジネス創造機構」設立（金沢ファッション産業創造機構と統合）
12	24				金沢海みらい図書館がグッドデザイン賞受賞

創造期

日本・地域・デザイン史

5 関西 神戸

Kansai
KOBE

5 関西 神戸
Kansai KOBE

神戸は一八六八年の開港をきっかけに、西日本の物資の離合中継地として日本の近代化に貢献をしてきた。東西は、関西圏の一端を担う物流の生産拠点として発達し、多くの中小企業と大企業をもつ。北は箱木千年屋に代表される藁葺き屋根を多く残す地で、豊かな農産物を生産し、南は豊富な漁場でありイカナゴの釘煮は全国に知られている。

このように自然環境を生かして、日本酒、ケミカルシューズ、神戸家具、神戸ファッション、真珠、神戸洋菓子など独自の産業と、衣食住文化が育まれ、住みたい市町村区の中では最も人気の高い地域となっている。また一九九二年には「神戸市国際交流推進大綱」を定め、幅広い分野での国際交流を進めると共に、外国人が住みやすい町作りのための地域国際化についての検討もはじめられ、国際都市ブランドを高めるための施策も積極的に続けられている。（大田尚作）

＊図版は摂州神戸海岸繁栄之図（神戸市立博物館蔵）

神戸デザイン史総説

空からみる六甲山系とランドスケープデザイン

神戸を空から縦断して見てはじめてわかる地形の多様性。海があり六甲山系があり西区や北区の豊かな田園が広がる。その間の傾斜地形や起伏に富んだ地形を生かした住宅地があり、神戸の魅力の素地はこの多様性に富んだ地勢と微気候がつくる固有性の高い恵まれた環境にある。

今日の六甲山系は巡りくる四季の豊かな表情を見せる神戸のシンボルだが、明治の開港時のイラストレーションでは禿げ山でほとんど樹木が見られない。そのため、神戸はたびたび水害に悩まされてきた。

一八九九年、当時の市長・坪野平太郎は、禿げ山同然の六甲山を、百年の大計により、水源の確保や砂防工事とあわせて公園としての緑化デザインを本多静六に依頼した。ドイツの林学を学んだ本多静六は一九〇二年十一月、森林作業の一つである「地拵え（じごしらえ）」を始め、クロマツ等の砂防林を中心に、木蝋を採取するハゼノキや、樟脳を採取するクスノキなどの特用樹等を混植し、二十種類に及ぶ樹種を風致林として植樹している。

一九五六年には瀬戸内海国立公園の一部に編入され、一世紀を経た今も、神戸市民が参加した自然の保全と森林の適正利用が行われている。

神戸の都市デザインの誕生

一八六八年の開港時人口はわずか二万三千七百十二人であった兵庫・神戸は、国際港として海外の文化を採り入れながら成長し、現在では百五十万人を超える国際都市として発展し、今日、神戸には世界百十四ヵ国の約四万五千人の外国人居住者が暮らしている。

神戸の異国情緒豊かな町並と人々のハイカラなライフスタイルは全国に発信されてきた。特に英国人測量技師J・W・ハートが設計し、伊藤俊輔と協議し成案となった『居留地』は約二十六ヘクタール（七万五千坪）の広さを持ち、区画が二〜三百坪の百二十六区画に分割され、

神戸開港の風景
イラストレイテッド・ロンドン・ニュースで、はじめて神戸が紹介される。
1868年

整然とした街路とれんが造りの下水管が計画されていた。

当時の英字新聞、ザ・ファーイーストに「神戸は日本の開港場の中で最も活気があり、東洋の居留地の中では一番よく設計されている」と紹介され、イギリス・アメリカ・ドイツ・フランス・オランダ・ポルトガル・イタリアなどの多くの外国人により賑わっていた。

開港の一八六八年にサンフランシスコから横浜を経由して神戸にやってきたリートホーフェンは外国人居留地と背景の六甲山を見て、「神戸は美しい位置にある。……したたるばかりの緑と樹木の群と寺院と散在した村落とが變化を與へ、そして、一緒になって實に好ましい景色を作ってゐる。」と絶賛している。馬車道と歩道を分離し、街路樹とガス灯を計画的に整備した居留地は一八九九年日本政府に返還された。

世界の国々との交流の拠点となった神戸には、その後日本の商館が進出し始め、やがて一八七四（明治七）年から一九二七（昭和二）年まで半世紀にわたり総合商社の先駆けとして活躍した「鈴木商店」が生まれ、特に大正末期から昭和の初期にかけて、日本の海運会社や銀行、商社等が急増し国際的近代都市として、美しさを誇る神戸の中心的ビジネス街を形成して行った。同時に、六甲山麓には多くの国々の人々の住宅（異人館）も建設されていた。

神戸ブランドの誕生

開港によって、居住外国人により海外の生活文化や優れたデザインの商品が次々と持ち込まれた。ホテル、写真館、レストラン、アイスクリーム、クリーニング、電信、ビール、スポーツで見ても、ゴルフ・サッカー・ラグビー・テニス・野球・スキーなどは、神戸から日本中に伝わっていった。

輸出港としての横浜とは対照的に、輸入港としての神戸に多くの海外の文化やデザインが日本で初めにもたらされ、日本の伝統的なものづくり職人の優れた技術と呼応して洋家具やアパレル、パンや洋菓子、シューズ、真珠・ジュエリー等のデザインの中に、世界に通じる優れた「神戸ブランド」が生まれた。

特に婦人向けのアパレル世界ではエレガントさを基調とした神戸ファッションとして、

都心・ウオーターフロントの将来構想　2011年

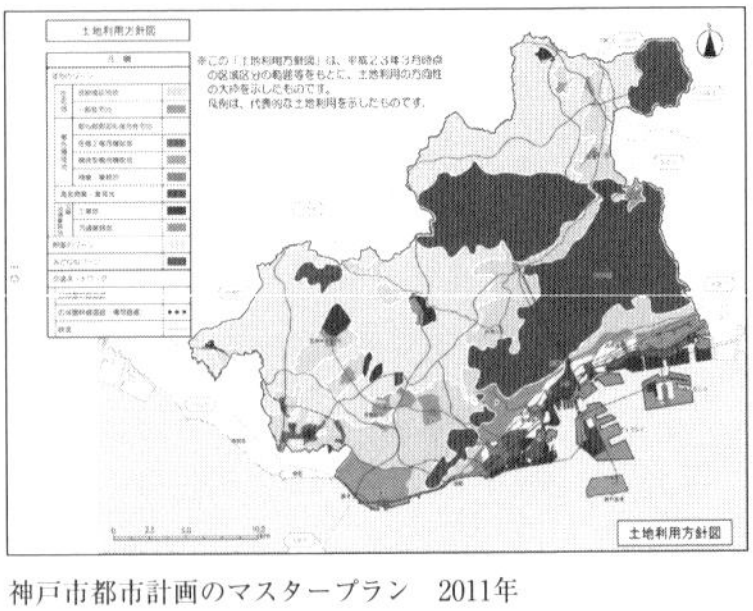

神戸市都市計画のマスタープラン　2011年

洗練されたファッション感覚が「神戸エレガンス」「マリンルック」「チャイニーズスタイル」「着物や古着のリメイクファッション」など、新しい文化をどん欲に取り入れ、多様なファッションデザインの文化を全国へと普及させていった。

神戸の洋家具は、開港後に外国人たちが持ち込んだ洋家具の修理や再生を契機に「実用的需要」を生む。船大工から転業した人々が明治・大正期に「神戸洋家具」職人として大きく発展する。神戸洋家具はオーダーメイドの欧風家具であり、その品質とデザインは、親子三代まで使える日本の最高級品である。

特に戦前、優れた港湾に恵まれた神戸は、織物生糸等を輸出するとともに、羊毛、パルプ、生ゴム、鉄鉱石、等の原材料を輸入して加工、製造し輸出産業を誕生させ、鉄鋼、造船、マッチの生産等は、一九三七（昭和十二）年をピークに日本を代表する生産拠点となる。

神戸のアーバンデザインと都市経営

神戸のアーバンデザインと都市経営には首長の個性が色濃く出ている。

元神戸市長の原口忠次郎は神戸市街地の戦災復興区画整理事業や再開発事業や海上都市ポートアイランド建設とニュータウンの開発、六甲アイランド、明石架橋や神戸空港を構想し、戦後の高度経済成長期に神戸の都市づくりのハードな骨格を創った。

一方、その後市長を務めた宮崎辰雄は高度経済成長の矛盾に直面し大気汚染や水質汚染等の公害問題を意識せざるを得ない時期に市長をつとめ、宅地造成、市街地改造、街路計画、下水道建設等を都市の空間システムデザインと、財政等の経済システム、行政等の社会システムの最適な組み合わせを目標とした。

環境問題の解決、福祉行政の推進、市民参加型のまちづくりを進めながら展開された、都市デザイン、産業デザイン、ファッションデザイン、コンベンションデザイン等を生み出してきた都市経営力は、戦後のニュータウンとポートアイランドや六甲アイランド等の海上都市建設、地方博覧会ポートピア'87の開催などに加えて、水災害、戦災、震災等の度重なる甚大な災害被害を乗り越える経験の中でさらに磨きをかけてきた。

個性を磨き、新たな魅力を創るこれまでの取り組むまち。

震災コミュニティーとネットワーク

一九九五年一月十七日午前四時四十六分ごろ、マグニチュード七・三の淡路島を震源とした阪神淡路大震災は一瞬にして六千名を超える人々の命を奪った。

震災直後の驚異的な復興の過程で、国内外からボランティアが被災地に殺到した。一年間で延べ百三十七万人(兵庫県推計)が活動した。

震災以降、防災まちづくりを目指す、「神戸を愛する市民ボランティア」や、特定非営利活動促進法(NPO法)の成立をきっかけに成立した多くの「NPO団体」や、北区西区の田園地域のコミュニティーを対象にした「人と自然の共生ゾーンの里づくり協議会」等、のコミュニティーデザインとそのネットワークには、多く市民に加えて、デザイナー・アーティスト・クリエイターが参加し、その体験は市民一人ひとりの日常的な暮らしの中に生き続けている。

まちづくりは環境カルテから

他都市には例がない先駆的なまちづくりの実践の基盤をつくった一九七三年策定の「環境カルテ」がある。一九六七年行われた生活環境要素別に市街地の環境評価を行った「神戸市街地生活環境図集」や、地区単位に人口・土地・建物・コミュニティー施設等の各種情報資料を編集した総合的地域情報集一九七三年の「コミュニティーカルテ」が「環境カルテ」に発展した。住環境の診断と治療を地元住民とともに行い、住民の発意を基調としたまちづくりを行政が支援する住民参加型まちづくりである。

市街地の現況を把握した「環境カルテ」はまちづくりのスタートラインにすぎないとし、それぞれの地域の「環境カルテ」を公表してまちづくりの機運を高め、解決する問題や課題を住民と協議しながら組織づくりをすすめ、地区の将来像・整備計画・整備の手法等について合意を目指す。この様な環境カルテを活用したまちづくりは区民会議や関係者の説明会で活用され、やがて住民参加のまちづくりを助成する「まちづくり助成制度」や建築物を共同して建設する為の計画づくりを助成する「コンサルタント派遣制度」の制度化へ発展し、今日の住民の主体的なまちづくりの進め方を

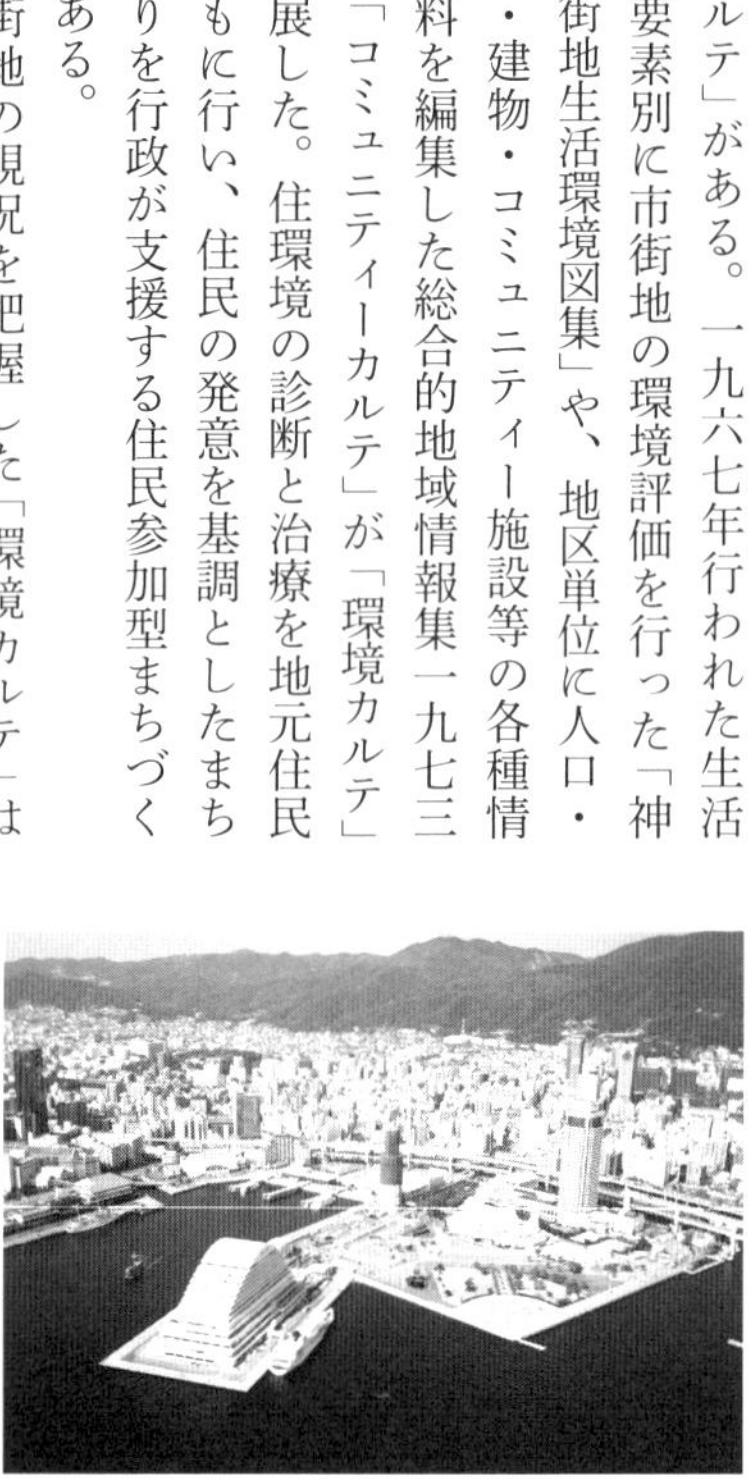

ハーバーランドとメリケンパーク
その背後は元町と右手の旧居留地

定めた「まちづくり条例」の制定につながった。

震災以前から二十九のまちづくり協議会が存在していたが、震災後新たに八十一協議会が設立され百四団体を数え、そのうち「まちづくり条例」に基づく認定団体は六十三団体である。

神戸芸術工科大学の誕生

一九七三年、神戸商工会議所が重工業主体の産業構造からの脱却を目指して、「ファッション都市宣言」を行った。次いで神戸市にファッション産業を支える人材を育成する新大学の設置を養成した。その後神戸市は一九七九年「神戸研究学園都市基本計画調査」を発表する。一九八四年四月、神戸市宮崎辰雄市長と谷岡太郎理事長が会談。市長からファッション大学の設置要請があり、それに応えて（仮称）神戸芸術工科大学設置試案が提出された。その後文部省との事前相談ではファッションを柱とする大学設置は困難と回答され、仮称とした「芸術工学」を再考し、設立準備委員長に吉武泰水（一九六八年に誕生した九州芸術工科大学第三代学長）が学長の退任を待って一九八六年十二月に就任。以降設置に向けて、鈴木成文（環境デザイン）、田中央（プロダクトデザイン）、片山陽次郎（視覚情報デザイン）、岡田晋（アパレルデザイン）の設立準備委員が選出され神戸芸術工科大学の「新しい芸術工学」の青写真が描かれた。

新しい芸術工学‐総合設計（デザイン）は情報技術の革新と産業のソフト化に応えて神戸市とその産業界からの要請によって誕生し、一九八九年四月に開学し、一九九三年に大学院修士課程、一九九五年に大学院博士後期課程まで一気に開設した。

神戸芸術工科大学は神戸市とともに歩み、未来を担う人材を世に送り出し続け二十五周年を迎えようとしている。

「新たな神戸開港」を目指して、ユネスコ「デザイン都市・神戸」

神戸は古来より、海外の国々から「人びと」と「情報」と「物資」を受け入れ、多様な「文化の受容と融合」を経て、特色ある神戸文化を生み出してきた。

特に記憶に新しい一八六八年開港以来今日

神戸芸術工科大学キャンパス

神戸芸術工科大学
中庭を囲む教室と工房群

までの約百四十年間は、恵まれた山と海と田園環境を生かしながら、海外のデザイン文化や先端の科学技術を積極的に取り入れ、神戸の多様なライフスタイルやマネジメントスタイルをデザインしてきた。

　その神戸が、二〇〇八年十月、世界との出会いを生みだす「デザイン都市」としてユネスコに認定され「新たな開港」を果たした。これからの先端情報メディアを駆使した国際的な文化交流や、直接ふれあう文化活動は、新しいステージに入ってきた。

　今も、私たちはその未来へのデザイン活動の道を歩んでいるが、その未来への姿勢や実践の成果は、常に日本の他都市や、アジアの人々のモデルとして注目されている。

　デザイン都市神戸としてユネスコに認定された『新たな開港』に、神戸芸術工科大学はデザイン大学として参加する機会を得た。

　未来を担う人材を育成する大学として、新しいデザイン実験プロジェクトとして国際的ネットワークを生み出し、アジアを超えて世界の都市との連携を目指す。特に、モントリオール大学と共同で開講する都市の景観と環境デザインをテーマとするユネスコ講座は、世界の都市が失いつつある「都市の信頼」を回復する機会となると信じている。そのデザイン都市の活動拠点として二〇一二年八月デザインクリエイティブセンター神戸、愛称ＫＩＩＴＯが開設された。

　アジアや世界の若者が、神戸に集まり異なる文化と言語のコミュニケーションを経験する未来型プロジェクト「デザイン都市」のハブＫＩＩＴＯは、様々な危機状況にある地球社会の改善を、デザイン・アート・メディアを融合させた実践のモデルとして大きな成果を上げる事が期待されている。

　神戸と神戸芸術工科大学は、神戸や地域、そしてアジアや世界とともに生きていく。その未来へ続くデザイン史の中に私たちがいる。

（齊木崇人）

デザイン・クリエイティブセンターKOBE（KIITO）
建物は、1927年（旧館）と1932年（新館）施工の神戸生糸検査所を改修して2012年にKIITO（きいと）として新たに開館。

神戸家具の変遷
開港期から今日まで

概要

開国期の洋家具産業の発祥には、明治政府の政治的需要と居留地での実用的需要を契機とする二つの系譜がある。「東京芝家具」は、洋風化政策を進める政府関連の需要を取り込み成立した洋家具産業の中心的系譜である。一方、開港地の横浜、神戸の洋家具産業は、居留地などの外国人が当初持ち込んだ実用的な洋家具の修理や再生販売を起源とする系譜である。

特に「神戸家具」は、ある産業規模を持って開港期から現代に至るまで欧風の家具製作を継承している希有な産業である。明治後期には横浜と並んでヨーロッパでも賞賛されるレベルに達しており、大正初期には地の利を生かした船舶艤装への展開、洋風建築の普及による需要もあり神戸洋家具の技術の高さは、揺るぎないものになっていた。ライトの旧山邑邸やヴォーリズの教会、旧ジェームズ邸、雲仙観光ホテル、旧乾邸など著名な洋風建築の多くに関わり、その技術は西日本の空間の洋風化を支える基盤を確立していたことが理解できる。

「神戸家具」の伝統技術は木檜恕一が一九二〇年に著した『木材の加工及び仕上』にある内容とほぼ同様の技術、道具を用いており、明治後期から大正初期に定着した技術を継承していると考えられる。また、椅子の製作を例にとれば、木地、刳り、彫刻、塗装、張りの各工程の専門職が独立しており、各業者を通過して完成に至る産業構造を持っている。今日では二十弱の専門業者が各々伝統的な技術を継承し産業を支えている。中には明治初期に創業し、店舗の歴史が日本の洋家具の歴史ともいえる老舗もあり、現代まで続く洋家具店としては日本最古級で「生きている近代化遺産」とも言えるであろう。

黎明期

神戸の洋家具産業は、一八六八年神戸港の開港に伴い居留地が形成され、実用的な需要が発生したことが発祥の契機である。外国人

「天地徳兵衛の欧風椅子」1885年　神戸市博物館所蔵
「明治十八年七月十七日、兵庫県福原町天地徳兵衛」の銘あり（木工センターパンフレットより）

の需要以外にも、一八七一年に官庁で靴での登庁、椅子の使用が始まることから、開港地では明治の早い時期から一定の需要は存在していた。神戸洋家具産業の起源となる業種には、外国人が居留地に持ち込んだ家具の修理を請け負った修理業と外国人から不要になった家財道具を買い取り再生販売する道具商の二系統があり、需要の拡大によって製造業に成長した。

前者は、咸臨丸や神戸海軍操練所に関わった讃岐塩飽本島出身の大熊実次郎（一八三七年生）が神戸開港にあたり船の修理や整備のために呼び寄せた塩飽大工がその祖とされている。縁者の真木徳助は明治初期に、当時の生田区加納町に製作所を設け、後の一八七五（明治八）年に「真木製作所」を創業し、洋家具の修理や製造を始めた。数年遅れて一八七四年に、同郷で縁者の溝淵和太郎も製作所を設けた。また、一八八二（明治十五）年刊行『豪商神兵湊の魁』には、木本悦次郎「西洋大工業」の看板、軒先に「西洋イスティフル家具製造所」の暖簾をかけた、商品陳列タイプの店舗が掲載されているが、木本も塩飽の出身者であった。この系列は、加工技術を持った人々が転業したケースであり、船大工を原点とする「塩飽大工」の技術が洋家具の製造に大きく影響していたことが窺える。

後者の系統は、イギリス商館でのボーイの経験から英会話を活かして西洋館の御用聞きをしていた、岐阜出身の永田良助（一八四二年生）が一八七二（明治五）年に開業した道具商「永田良介商店」が代表例である。外国人の帰国移動などに伴う生活用品、家具調度品全般の下取りと再販から、製造業へと発展した。このケースでも、製造に当たっては、親類の播州赤穂の船大工の技術が活用されている可能性が高い。

洋家具製造技術の源泉が、横浜では駕篭乗物や馬具の製造技術であったのに対して、神戸では船大工の技術にあることが特徴で、和家具からの技術発展ではなかったことは共通している。

一八七二年（明治五）創業の道具商「永田良介商店」と一八七五年（明治八）創業の「真木製作所」（現在は「メープル不二屋」がその系統を汲む）が、産業として今日までの流れを築いている代表的な二系統である。

『豪商神兵湊の魁』1882（明治15）年発行　垣貫興祐・熊谷久榮堂より
（右）木本悦次郎「西洋大工業」三宮横町　（左）島津多七「西洋風家具製造所」元町通一丁目

成長期 ――明治中期から大正初期

この期の神戸洋家具産業は、明治後期に日露戦争後の経済成長による富裕層の誕生、大正期の洋風建築の普及と生活改善の気運による需要の拡大、さらに第一次世界大戦の影響から新たな船舶艤装業界への参入などによって急激に成長する時期である。

明治二十（一八八七）年代になると居留地以外にも北野町、山本通などの山手方面に異人館街が形成され、洋家具の修理や製造業、古物商などが居留地と山手の中間に集積するようになった。一九〇九（明治四十二）年には神戸市西洋家具商組合（組合員七十人）が結成されるまでに発展した。『日本紳士録』には、一九〇二年に真木徳助が「椅子商」、一九一〇年には木本悦次郎「椅子商」、そして永田良介「雑貨商」が見られ、社会的にも地位を確立していた。

一九〇六年、二代目良介の襲名記念を兼ねて永田良介商店西店前で撮影した集合写真に英国へ送るカップボードが記録されている。このころにはすでに洋家具製作の水準はヨーロッパから依頼されるまでになっていたことが理解できる資料である。大正期に入り永田良介は同業で近隣の「河南商店」と組んで神戸の大手造船所の船舶内装に参入を果たした。船舶艤装の技術や洋館の内装にデザイン力が必要であることに気付いた二代目良介は、人材をもとめて国立の京都高等工芸学校から八期生の酒井新次郎（大正元年卒業）を獲得した。酒井は後に独立し、船舶内装「加賀屋」から「神戸船舶装備」と経営を大きくし成功した。

真木製作所は、真木徳助の弟の新造（一八七三年生）を中心に早くから基盤を固め、多くの塩飽出身者を有する職人集団を形成していた。一九一八年に会社組織化し、外交手腕に長けた二代目となる山本久雄が北野町の外国人や阪神間に集ってきたブルジョア階級との交際を広め、家具・室内装飾を幅広く請負っていた。また、ヴォーリズ建築事務所が、日本各地でゴシックの教会洋式建築を設計したとき、それらの内部の家具装飾を請負うことになる。

成熟期 ――大正後期から第二次世界大戦前

この期は、社会の成長に伴った需要の増加

英国へ送るカップボード　1906（明治39）年
二代目永田良介襲名記念

1920年ごろの椅子（永田良介商店）
張地は修復

に加えて、一九二三年の関東大震災による商社や領事館の横浜から神戸への移転が成熟を迎える大きな要素となった。また、大正末から昭和初期にかけて全国各地でも洋家具の展示会が開かれるようになり、一般家庭の需要も生まれ始めた。ここで、洋家具産業はそれまで以上の質の向上が求められ、特に意匠面において、ヨーロッパで進行していたアール・ヌーヴォーからゼツェシオン、ドイツ工作連盟、バウハウス、アール・デコなどの流れの影響で、より専門的な知識を要求される局面を迎えていた。

一九〇二（明治三十五）年に創立された京都高等工芸学校には、浅井忠、武田五一らが教授として在籍しており、東京高等工芸学校と並んで図案、意匠研究の先端機関であった。二代目永田良介は、産業が成長するにしたがって図案や意匠の専門家の必要性を早くから察知し、前出の酒井新次郎の獲得に成功している。酒井は、一九二二年京都高等工芸学校卒業の中野善従（一八九八年生）が永田に就職し、翌年に養子縁組で三代目永田善従となるおり身を引いて独立するが、それまでの間設計士として手腕をふるい大きな影響を残した。善従は、一九三〇年、私費でドイツのバウハウスを中心にイギリス、北欧の家具・内装を視察するなど、研究熱心な人であったが戦争末期の四十七歳で召集、四五年に戦死した。他にも京都高等工芸学校の卒業生が戦前の永田で番頭（設計士の主任）をしていた記録がある。

また、大正末期に真木製作所に入り、その流れを受け継いで「メープル不二屋」を一九四〇年に創始した塩飽出身の吉田友一は、京都高等工芸学校の卒業生ではないが、デザインを京都高等工芸学校の教官について勉強し、酒井や善従と並んでこの期から神戸洋家具産業を支えた一人であった。

この時期に、神戸洋家具産業は、京都高等工芸との関係によってデザインの流れにいち早く対応し、戦前のピークを迎えていた。

この後、第二次世界大戦の空襲で神戸洋家具産業は壊滅状態になるが、戦後の早い時期から復興を果たすことになる。

エピローグ――第二次世界大戦後から今日まで

敗戦後の一九四五年、連合国軍総司令部占

旧乾邸　階段室　1936年
木部：永田良介商店
建築設計：渡辺節　施工：竹中工務店

領軍の指令によって、家族用住宅ディペンデント・ハウス（ＤＨ）二万戸の建設と翌年からその家具什器の生産が開始された。ＤＨ家具は連合軍総司令部デザインブランチの指導下、商工省工芸指導所に設計と生産指導が委嘱され、全国の家具業界を巻き込んで、約三十種九十五万点が一九四八年までに製作された。

日本が、このＤＨ家具により得た経験は、生産技術の習得にとどまらず、家具や生活様式に対する認識を大きく変えることになった。四〇年代後半にはＤＨ家具を模した家具が出まわった。五〇年代半ばから高度成長期にかけて洋家具は富裕層に限らず、民主的生活の象徴として一般家庭にも普及して、洋家具産業が全国的に隆盛を迎えることになった。

神戸も第二次世界大戦中の空襲によって焦土と化し、洋家具の店舗工場の大半が壊滅したが、戦後二、三年で数店が再開した。ＤＨ家具生産に対して五社の洋家具メーカーが「兵庫県特殊家具検査協力会」を組織して対応した。ただし再興時に他地域が直接的、間接的にＤＨ家具の体験から量産を見越した新しい技術を取り入れたのに対して、神戸洋家具は戦前の手作業中心の技術を堅持したままで再出発した。これがその後を決定付けることになる。当然、全国的に洋家具産業が発展、変容する中で神戸の洋家具産業も、モダンデザインの影響を受けながら多様に展開した。最終的には、開国以来の伝統を受け継ぐクラシックスタイルの高級家具の位置を確保し、小規模ながら点ではなく面として今日に継承されている希有な産業となっている。

技術面では、木製椅子の例では他所であまり見られない無垢木材・角度付ほぞ組・膠着・墨染め・ワックス仕上げが基本で、分業化されたネットワークが構築されている。

しかし今日クラシックスタイルを求める顧客層は非常に限られており、またオリジナルの様式であるため、嗜好性の強い贅沢な家具という認識が強く、社会一般に馴染む産業であるとは言い難い。

業者数も激減し後継者育成難も生じており、ライフスタイルに対応した展開が必要になってきている。

（佐野浩三）

column

神戸家具の可能性を探る試み

プロトタイプの制作によって神戸家具の可能性を探るプロジェクトを二〇〇九年度から一〇年度にかけて試みた。

長い歴史の中で培った伝統手法には、日本独特の事情を考慮した工夫が蓄積されている。オーダーメイドの手工業技術は、日本人の独特なライフスタイルや体型に対応できるだけでなく、四季がはっきりした風土の中で、材に対する負荷を軽減し長期にわたって修理が可能であるという特徴を持っている。

また、定番商品は基本的に「モデルの更新」という概念がないため、スタイリングを長期間保つことができる。

現実に約百年前に製作された現役の椅子もある。今日の社会的な要請であるロングライフデザイン、エコデザインの典型例として一つの完成形を成していると言えるであろう。

しかし、現代ではクラシック調を求める顧客層は限られており、神戸家具業界は全般的に廃業や規模縮小の傾向にあるのが実状である。

当プロジェクトの目的は、伝統技術を最大限に活かし、人や自然環境を考慮すると共にメンテナンスも視野に入れ、物理的にも付加価値的にもサスティナブルデザインを実現するための実験的提案の試みである。

プロジェクトは、ブランドイメージを損なうことなく新たな展開を図る効果的な手法として、三者による相乗効果を狙ったコラボレーションを計画した。

神戸家具を代表する明治五年創業㈱永田良介商店の永田耕一氏、ライフスタイル提案型家具メーカーの㈱イデーのデザイナー深田新氏の協力を得、三タイプの椅子のプロトタイプを制作した。一つ目は、隅木や補助金具を使用しない独特な構造、膠着などの条件を踏襲したまま永田良介商店の標準的小椅子をリデザインしたモデル。二つ目は、現代的な量産家具のスタイリングを伝統的な手工業でどう対処するかの試み。三つ目は、個人の体型を測定して製作する、受注生産の特徴を活かしたパーソナルイージーチェアである。

結果として、三点とも今日的なスタイリングを考慮しながらも従来品と同様にリペアを想定し、世代を超えて利用可能なレベルの仕様が実現できた。

地域産業におけるデザインの役割は、伝統技術を理解し活用することで、量産技術では困難な地域のアイデンティティを保持しながら、持続可能な具体案を次世代に対して提示することだと確認したプロジェクトであった。

（佐野浩三）

ケミカルシューズ

ケミカルシューズの誕生と発展

神戸市長田区はゴム産業発祥の地である。一九〇九（明治四十二）年英国ダンロップが神戸市中央区脇浜にタイヤ工場を建設し、そこでゴム加工技術を学んだ職人たちが独立し斜陽の見えていたマッチ産業の工場を利用して、自転車タイヤやベルト、ゴム長靴や地下足袋などのゴム履物を生産した。やがて運動靴が加わり、ゴム履物は一九三〇年には輸出量が三千四百万足と、世界第一位を記録した。

しかし、第二次世界大戦後は生ゴムの入手が困難となり、石油化学工業の台頭に合わせてポリ塩化ビニル（ＰＶＣ、塩化ビニル）の利用へと一九五〇年ごろからシフトした。この化学工業による新しい素材利用に対してケミカルシューズの名称が与えられ、一九五七年に二百六社の会員によるケミカルシューズ工業会が設立され、翌々年にはケミカルシューズの定義が確立された。その後素材の開発や製造技術の改善、デザインの育成などの努力が重ねられ、この産業は大きく発展を遂げ、一九六三年には日本ケミカルシューズ工業組合と名称を変え全国組織となった。一九七〇年代からのカジュアル化の波に乗り、順調に生産額を伸ばし、一九九四年には組合加盟のメーカー二百二十五社の内百九十四社がＪＲ新長田駅周辺に集積していた。しかし一九九三年のバブル経済の終焉と一九九五年一月十七日に発生した阪神・淡路大震災の二重の大打撃を受けた。組合加盟企業は二〇一〇年には九十五社と減少している。

不況と震災による打撃からの復興

震災後、焼け落ちた工場を早期に回復させ、生産を再開できるように、仮設工場が一九九五年の四月から供用開始され、六月末までに市内六ヵ所にてケミカルシューズ関連で百一戸、機械金属関連で六十九戸の合計百七十戸が設置された。仮設工場はそれまでの災害復旧対策の中には例がなく、兵庫県と神戸市が国に対して協議を行い、中小企業高度化資金を活用した新たな制度が創設されての建設となった。

神戸ものづくり復興工場

また、仮設工場の使用期限は五年間であったため、それらの企業の受け入れ先として復興支援工場を一九九八年にAB棟、翌年にC棟、そして二〇〇〇年にD棟と三期に分けて四棟延べ二万五千九百九十平方メートルを神戸市が建設し、ケミカルシューズ関連と機械金属関連の企業が、ピーク時には百二十二社が利用した。

ケミカルシューズのみを対象としたものではないが、被災した中小製造業の新規事業展開や事業の高度化を推進するために、企業間ネットワークの構築や産学官連携による共同研究・開発の取り組みが必要とされ、二〇〇一年六月に、神戸市復興支援工場内に、大学のサテライト研究室や中小企業共同研究室などからなる、産学連携共同研究開発支援施設「神戸リエゾン・ラボ」が設置された。二〇〇四年には、神戸市復興支援工場は名称を「神戸市ものづくり復興工場」に変更され、企業集積による技術力の向上を目的として被災企業以外の入居も可能となった。同年、「神戸リエゾン・ラボ」は恒久施設として条例化され、神戸大学工学部と神戸市立工業高等専門学校の産学連携研究室、㈶神戸市産業復興財団の交流スペースと相談コーナー、㈶神戸市産業振興財団の中小企業共同研究室、㈶新産業創造研究機構のものづくり試作開発支援センターがその構成要素となっている。

一方、一九九九年にはケミカルシューズ関連二十社が出資した、くつのまちながた神戸㈱が設立され二〇〇〇年に、長田のケミカルシューズ産業の復興とくつのまちながたの活性化を目指して、「シューズの元気は、神戸の元気だ！」をキャッチコピーに、長田のシューズ・メーカーの直営ショップを集結させたシューズプラザをJR新長田駅の北側にオープンした。シューズプラザは、シューズメーカーが直接販売に関わることで、消費者の考えを把握し、デザインや商品企画、あるいは販売のノウハウを得る機会となることが目論まれた。加えて、新たに起業を目指す人々にインキュベーション施設を提供し、ケミカルシューズ産業の高度化・情報化、および付加価値の高い靴作りをサポートしている。メーカー直販の利点として、外反拇趾などの足に問題を有している人にオーダーメイドによ

シューズプラザ内部。商品陳列の奥に靴工房や相談コーナがある。

シューズプラザ

るコンフォートシューズの注文にも応じているほか、正しい靴の選び方や健康と靴に関するセミナーを開催し、健康を保つうえでの足を保護する靴のあり方についても積極的に取り組んでいる。しかし震災によるケミカルシューズ生産量の落ち込みは海外からの輸入が補い、製造拠点の海外移転の動きと重なり、国内生産は回復していない。

ケミカルシューズとは甲皮の素材として、不織布に塩化ビニルやポリウレタン人工皮革を用いた履物をさす造語であるが、最近は天然皮革も多くなり、カジュアルな革靴のことをさすようになった。これは海外からの輸入品に対して価格競争ではなく、品質の高い付加価値を持たせる取り組みの結果であり、イタリアの靴展示会「ミカム」への出展や、イタリアのデザイナー・経営者を招聘してのセミナー開催など、海外での神戸ブランドの広報や販路開拓、メーカーのデザイン力・企画力向上に積極的に取り組むと共に国内最大の消費地で情報の中心である東京にアンテナショップ「神戸ブランドプラザ」を設置するなど、官民共同でブランド力の向上に努力している。

スポーツシューズ

運動靴については、㈱アシックスの前身である鬼塚㈱にも触れておきたい。創業者である鬼塚喜八郎氏は、一九四五年に戦争から復員し、神戸市内の商事会社に勤務していたが、当時市場に不足していた学童用ズック靴の生産販売を決意し、神戸市長田地区でスポーツシューズ生産の技術ノウハウを学び、一九四九年に鬼塚商会を創業、その年の九月に社員四名で鬼塚株式会社に改組したのが株式会社アシックスの始まりである。ちなみにアシックスの名称は、「もし神に祈るならば、健全な身体に健全な精神があれかしと祈るべきだ("Anima Sana in Corpore Sano")」という帝政ローマ時代の風刺作家ユベナリスの言葉の頭文字から取られたが、鬼塚喜八郎氏の戦友で当時、兵庫県教育委員会保健体育課長の堀公平氏に教えられた箴言であるそうだ。鬼塚喜八郎氏はこの言葉に感銘を受け、スポーツによる健全な青少年の育成を目的に、本格的にスポーツシューズを作る動機付けとなったとのことである。

鬼塚㈱の最初の競技用スポーツシューズは

バスケットボールシューズで、長田の靴メーカーで一九五〇年春に製造発売された。このシューズの土踏まず部分に虎の顔がデザインされており、オニツカタイガーの商標の基本となった商品である。同年秋には鬼塚喜八郎のイニシャルを取ってOKバスケットボールシューズが黒と白の二色で発売された。この靴のソールは全体がくぼんでおり、一九五三年発売の吸着盤型バスケットボールの原型となった。以降、一九五二年にバレーボールシューズ第一号が、翌年にタイガー印ダンスシューズとマラソン足袋第一号が、五四年にナイロンを素材としたアフタースキーブーツが、五五年にヒマラヤンブランドのスキー靴と登山靴が、五六年に布体操シューズの原型となり上履きシューズとして定着するシナイ(撓)シューズが、と各種競技用シューズが次々に開発され発売されていった。

一九五三年に長田区に設立された自家工場のタイガーゴム工業所は、一九五七年にオニツカ㈱となり、一九六五年に「オニツカタイガー」にブランドロゴが統一された。一九六六年に発売された陸上競技用スパイクシューズとトレーニングシューズに初めて現在のアシックス・ストライプが使用された。そして一九七七年にオニツカ㈱と、スポーツ用品を製造販売していた株式会社ジィティオ、およびスポーツ衣料を製造販売していたジェレンク㈱の三社が合併し、株式会社アシックスが発足し、企業スローガンを「スポーツは世界のことば」と定めた。以後世界トップの総合スポーツ用品メーカーとして成長を続けている。

ケミカルシューズ業界のデザイナー

ファッション性の要求に従い、デザイナーを抱える企業が増えており、神戸芸術工科大学ファッションデザイン学科やプロダクトデザイン学科の卒業生が地元企業で活躍している。

スポーツシューズの株式会社アシックスは一九八五年に「スポーツ工学研究所」を開設し、人間工学を駆使した調査研究を行い、イチロー他多くの著名なアスリートのために靴を供給している。デザイン部門はデザインセンターとして位置付けられており、ここでも十名ほどの神戸芸術工科大学卒業生が活躍している。

(相良二朗)

神戸ファッション

はじめに

神戸は、おしゃれな町の代名詞として、一度は訪れ住みたい町として幅広い層の憧れとなっている。その理由は、兵庫・神戸の歴史や風土、産業との関わりが深いことにある。それらの軌跡を鑑みて今後の神戸ファッションの行方を探る。

居留地から生まれたファッション産業

一八六三年、日本の西洋の窓口として兵庫（神戸）が開港されて以来、神戸は進取性に富む文化的個性を持つ都市として発展してきた。外国人居留地を中心として多くの西洋人が滞在したことで、神戸には西洋のライフスタイルが定着した。一八七〇年に元居留地三十番館でイギリス人のカベルデュが、紳士洋服調整を開業し、十六番地に「P・Sカベルデュ商会」を設立したのが神戸における洋服商の始まりとされる。一八七六年ごろから二十一番地にはベルゴー夫人の婦人服洋装店が開業し、和服を着ていた日本人にとって西洋の衣服は憧れの的となった。居留地には、諸外国の商売の仕方や新しい技術の習得を目指して多くの日本人たちが集まってきた。神戸洋服商の柴田音吉もその一人で、紳士服縫製の技術を学び、日本人初のテイラーとして一八八四年に開業した。また西洋の服装には欠かせない帽子、傘、靴、ステッキ、アクセサリー、靴下等も居留地近隣の産業として誕生している。

西洋文化との融合から生まれた神戸ファッション

外国人から学んだ新たな技術と日本人の知識や技術が融合され、神戸には「ハイカラエレガンス」というイメージが形成された。現在では、神戸のアパレル、神戸洋服（紳士誂え服）、真珠、靴（ケミカルシューズ、神戸靴）、洋菓子、コーヒー、洋家具、スポーツ用品産業として継承され、「神戸のファッション商品」として主力産業となっている。そして、兵庫県下の地場産業も、日本の伝統技術や産地特性を活かしながら欧州のデザインを取り入れつつ品

船来仕立職

質やデザイン性の高い商品づくりが行われている。

ファッション都市づくりの基本構想と変遷

神戸経済は、開港から戦後の高度成長時代にかけて、貿易を中心とした重厚長大産業で支えられてきた。しかし地形による拡張用地の確保難や重なる石油ショック、円高の影響により大きな打撃を受けた。単一機能都市の弱さを打破するために、ファッション都市、コンベンション都市、国際観光都市づくりの推進が図られ、産業・都市・市民が三位一体となった多機能複合型の産業構造への転換が行われた。一九七三年一月、オイルショックを契機に、神戸は地の利と産業構造を活かした国際ファッション都市を目指し、ブラウス関連のアパレルや地場産業界と団結し市や業界をあげて「神戸ファッション都市宣言」を全国に先駆けて発表した。以来、神戸は、衣・食・住・遊など生活に潤いを与えるものを「ファッション」と捉え、産官学民が一体となって、神戸のファッション産業のサポートやポートアイランド、六甲アイランドのファッションタウン建設を推進し、「ファッション都市づくり」を目指した。

「神戸ファッション」というブランドの確立

日本が高度成長時代に入ると、繊維や衣服産業の分野でファッション産業やファッションビジネス産業と言う言葉が良く使われるようになる。個性を重視し始めた消費者は、モノへの物理的欲求に加え、デザインの美しさやカッコよさ、トレンドを着るなど心理的価値を見出したのである。その価値は、流行（ファッション）であり、流行は情報産業であり、ファッション産業界は、これからの付加価値を生み出す産業として期待され成長していった。神戸のアパレル産業における紳士服は、テーラード主体に高い技術が脈々と受け継がれている。そして婦人服は、既成品が主流となる中、婦人用ニット・ブラウスとベビー・子供服産業が日本の経済発展と共に成長していった。その間に商品企画・デザインと卸売機能を中心に、生産は外部との連携という現在のアパレル企業のスタイルを確立していった。

紳士服お誂え服

真珠加工

神戸発「ニュートラファッション」

当時、神戸のアパレルメーカーが製造販売していた若い女性向けの衣服をファッション誌『ａｎ ａｎ』が採り上げ「ニュートラ」と称して全国に発信した。ニュートラ（New Traditional）とは、時代の流行に捉われることなく長年に渡って培ってきたファッションスタイルを示す。神戸のアパレル企業は、外国人居留地の異国情緒溢れるおしゃれなライフスタイルを背景に、「エレガンス志向」、「山の手のお嬢様」ファッションを神戸の個性として全国に発信していったのである。その後、日本の西地区のおしゃれなファッションの代名詞ともなり、神戸エレガンス、神戸ファッションとして独特のテイストで若い女性の憧れファッションとして浸透していった。そして一九七五年ごろより、ファッション誌『ＪＪ』や『Ｃａｎ Ｃａｎ』などが頻繁に取り上げ、神戸ファッションは、一大ファッションブームとなり、現在に至っている。

ファッションタウンの誕生

「神戸ファッション都市宣言」によりファッション都市構想の実現に向けて、一九八一年、ポートアイランドに「二十一世紀の神戸の新しい海上文化都市」が建設された。この地は、ポートピア'81（神戸博）の会場となり、千六百万人が神戸に訪れ、地域博覧会の見本になるとともに西地区のおしゃれな町として全国に発信された。その二年後、一九八三年に、ポートアイランド中央部分にファッション都市・神戸を象徴する街「ファッションタウン」が誕生した。ファッション＝生活文化と捉え、ライフスタイル提案型のファッション系企業（アパレル、真珠、コーヒー、洋菓子など）が、地元神戸・兵庫を中心に全国から集い、「より快適でより美しいものの追求」をテーマに二十一世紀の新しい街づくりに挑戦した。

一九八九年、ファッション産業の国際的な飛躍と発展を目指し、「ワールド・ファッション・フェア」が開催された。終了後、ファッション産業の中核となる組織の必要性が提唱され、一九九一年、三百七会員の入会で任意団体「神戸ファッション協会」が発足した。その後、一九九二年、財団法人化を果たし、本協会を中核に、神戸を中心とする兵庫県下

神戸発「ニュートラファッション」

のファッション産業は、協力連携しながら進展していく。

阪神・淡路大震災とファッション産業

一九九五年に発生した阪神・淡路大震災は、神戸に多大な被害をもたらした。ファッション産業界も一刻も早い産業復興を目指しているが、この震災以降経済の低迷も重なり、その方向性が問われている。「神戸ファッション産業規模調査平成年二十一年三月」(神戸ファッション協会発行)から、二〇〇七年の産業規模をみると、ファッション関連企業十一業種は、二〇〇四年と比較して売上高と従業員数は伸びているものの企業数は減っている。アパレル、洋菓子、スポーツの三業種が売上高を伸ばしている要因として、中国・アジア、欧米などをマーケットとして捉え進出する業種も増えたこと、メイド・イン・ジャパンが見直されていること、各産業同士のコラボレーションが進展していること、スウィーツブームにより神戸の洋菓子など食品関連の業種が伸びていることなどがあげられている。一方、需要の変化への対応の遅れや中国・アジア製品との競合などの課題がある地場産業については、依然として売上高や生産額は減少している。このように、ファッション産業界では、一部に明るい兆しが見られるものの中小企業は厳しい状況にあり、全体として依然厳しい状況が見受けられる。

ファッション都市・神戸の取り組み

ファッション都市・神戸のイメージアップは、地域経済の活性化に繋がる。神戸市のファッション都市施策では、「ファッション産業を服飾(アパレル〜服飾雑貨)だけに限定することなく、地域の市民生活に結びついた衣・食・住・遊の各分野において新しいライフスタイルを提案する産業」とファッション都市宣言以来定義付けている。その旨を公益財団法人神戸ファッション協会が中心となり、現在、様々な取り組みが行われている。ファッション情報の発信として、神戸ファッションウィークや神戸コレクションが開催され、町に賑わいをもたらしている。洋菓子フェスタＩＮＫＯＢＥや灘の酒と食を愉しむ会などグルメが集う会も開催、神戸ファッションコンテストやドラフト!、神戸ものづくり職人大学等人材育成も積極的に実施している。また、ファッション情報の発信拠点として神戸ファッション美術館や北野工房のまち、シューズプラザ、真珠会館を設置し、神戸のファッション産業の振興に努めている。

「ファッション都市・神戸」から「デザイン都市・神戸」へ

近年、オリジナリティや価値観がさらに重視される中、神戸ファッションをどのように発信すれば神戸らしさが伝わるのか。神戸が培ってきたファッション文化から再考してみると神戸には、他県にはない素晴らしい資質が揃っていた。

・港町に見る進取気鋭の精神を生み出す風土
・海と山と自然と都会とが共存した環境
・居留地に見る異国情緒あふれる町なみ
・外国文化と日本文化が共存したモノづくり
・歴史の中で培われてきた優れた技術と技能
・多国籍の人が多く住み、さまざまな情報を共有しあう人々
・震災から学んだ助け合いのネットワーク
・震災やエコ、ユニバーサルデザインなど課題に対する積極的な取り組み姿勢
・産官学民がそれぞれの役割を持って協同参画しているしくみづくり

現在、神戸は先人たちの遺産を継承するとともに、デザインの視点で神戸の持つ資源や魅力を見つめ直している。

「住み続けたくなるまち、訪れたくなるまち、そして持続的に発展するまちを目指して、文化・教育にたずさわる人々や企業だけでなく、全ての市民が神戸の持つ強みを活かし、デザインによって、新たな魅力を―協働と参画―で創造する」と示している。

神戸が持ち得る―人・環境・技術―を二十一世紀のライフスタイルに活かし、「デザイン都市・神戸」の視点から、時代の価値観を探求し、魅力ある「ファッション都市・神戸」の創成を目指したい。

（見寺貞子）

北野工房

column

広がるユニバーサルデザインとファッション

神戸市は、ユニバーサル社会の実現に向け、ユニバーサルデザイン（ＵＤ）をより分かりやすく多くの人に伝えていくために、二〇〇三年から市民中心の「こうべＵＤ広場（こうべユニバーサルデザイン推進会議）」と連携し、「世界一ユニバーサルなまち神戸をめざして」を合言葉に取り組みを進めている。

中でも、「こうべＵＤ大学」は二〇〇七年度より開講され、延べ五百人の市民が参加しており、現在も、神戸市の総合福祉ゾーン「しあわせの村」で防災や情報の共有化、観光、ＵＤのものづくりをテーマに、講義と実践を通じてＵＤを発信している。神戸では、ここで学んだ受講者たちは「ＵＤサポーター」として登録し、小中学校へのＵＤ出前授業や毎年開催される「こうべＵＤフェア」や「夏休み子どもＵＤ教室」に参加し、ＵＤ普及活動を推進していく。

ユニバーサルファッションに関しても、本学や他大学の授業や生涯教育の中でのセミナーやワークショップとして取り組まれている。

また、神戸市兵庫区では、「モダンシニアファッションショー」が今年で八回目を迎える。

高齢化が進む中、「やさしさと思いやりのまち兵庫」を区の将来像としこの取り組みを実施。「元気はおしゃれなファッションから」をテーマに、高齢になっても地域で活躍していただこうという思いが込められている。そしてひいては介護保険の軽減にもつながることになる。

兵庫区に在住、在勤、またはゆかりのあるおおむね六十歳以上の男女を三十人ほど募集して「おしゃれ講座」を開催する。シニアがおしゃれに見えるファッションとヘアメイクをアドバイスし、きれいに見える姿勢や歩き方、笑顔の作り方もレッスンしている。出演のモデルたちも観客も年齢を忘れて大いに楽しんでいる姿を見ることができる。これらのプロジェクトには、本学のデザイン系の学生はじめ他大学のボランティア学生、ＵＤサポーター、地域の自治会員、企業など、産官学民の多くの方たちが参加する。

少子高齢化の時代、経済・環境問題。多くの課題を抱える中、「人、まち、モノ、仕組み」の視点からそれぞれの立場で社会と向き合い、自身ができることを役割とし、共に助け合うユニバーサル社会の実現を目指していきたい。

（見寺貞子）

神戸の洋菓子産業

洋菓子の発祥

　神戸の洋菓子産業は、日本における洋菓子業界の先進地として位置付けられ百五十年余りの歴史を有している。一八八九年四月一日に、神戸区の葺合村、荒田村が合併して神戸市が誕生しているが、それより先だった一八六八年に開港した神戸港は、以後東の横浜港と並び、その誕生時から人間、物資両面の離合中継地点として西日本における重要な役割を担ってきた。居留地土地工事が完成したのが一八六八年六月二十六日であるから、神戸市誕生のころにはすでに多くの外国人も沢山居留地に住み着いていたといわれている。

　ケーキに代表される、日本の現代洋菓子の起源は、はっきりと文献の形で残っているものは少ないが、明治以前のわが国にあった菓子は、カステラ・アルヘイ糖・コンペイ糖・ビスケット・ボールの類・キャンデー類・ゼリー類であったといわれている。神戸港開港により外国から洋菓子が持ち込まれたにも係わらず、普及まではしばらく時間がかかったようである。その理由として、以下の二点が指摘されている。

　一、当時としては高級過ぎて特権階級の間でしか知られていなかったこと。

　二、徳川幕府時代、仏教への帰依により肉食を断っていたため、バターやミルクを中心とした動物性油脂には、すぐになじめなかった。

　このような環境下でもたらされた洋菓子であったが、神戸港はアメリカではなく、ヨーロッパの国々を中心とした交易が強かったことが幸いして、神戸において本格的なヨーロッパスイーツの繁栄が築かれることとなった。

　一八七三年に交付された「鉄道運送補則」の中に出てくるビスケットも、輸入品であったことが記されており、日本人がはじめて洋菓子を商品として作ったのは一八七五年、東京・両国若松町の米津風月堂において、ビスケットを作ったのがはじめてのようである。この米津風月堂が現在の神戸風月堂の直系の本筋家に当たる。明治末期に分店、支店が十数店関東以西に散らばり、神戸元町にも米津

栄町通り（大正初期）

支店として開店。初代吉川市三の名前が記録に残っており、東京上野で開催された第一回内国勧業博覧会（一八七七年）には摂津神戸下山手通二丁目の鹿田常吉なる人物がビスケットを出品した記録も残っている。したがって東京とほぼ時期を同じくして、神戸の地でも洋菓子を扱っていたことが理解できる。以上のように、神戸風月堂（吉川市三）は、一八九七年十二月、東京米津風月堂から出て神戸元町に洋菓子専門店を開業した。

これが神戸における本格的な洋菓子時代の幕開けといってよい。日本洋菓子史によると、このころの神戸には風月堂の他に洋菓子を製造していたのは野中商店と生田屋、大正堂とある。

関税法の改正

一八九九年三月十三日に改正された関税法は、当時の洋菓子界に大きな影響を与えたと考えられる。それまでの輸入品に課せられていた従価五分の関税率を、最低五分から最高四割も課されることになったため、それまで輸入に頼っていた洋菓子を国産化へと向かわせることになったからである。「農商務統計表」の全国主要府県の一九〇〇年度における洋菓子工場数を見ると、動力を使って動かしている工場は東京に二軒、大阪に三軒。両方の従業員を併せても百四十五名に過ぎなかったことが読み取れる。動力を持たない工場は神戸に一軒あるほか他府県に六軒。動力工場を加えても十二軒に過ぎず、従業員数を見ても二百四十五名でしかなかった。洋菓子の国産化を強めたといっても、洋菓子時代はいまだ遠しの感は強かった。とはいえ、積極的な国産化の機運を高めるきっかけを与えたという意味では、この関税法は図らずも洋菓子業界に一定の役割を果たしたことになる。

ブランドの出現

大正時代に入って、やっと市民の下にも洋菓子がなじみ、本格的な洋菓子工場も出現し始めた。その先陣を切ったのは出口洋菓子店で一九一二年、神戸元町に本社工場を出し、洋菓子を製造した。二代目喜次郎は有名な研究家で「出口ビスケット」を考案したことで知られている。この「出口ビスケット」が当

諏訪山遊園地より神戸港を望む（昭和初期）

たって規模を拡大、合資会社に改組、一九三二年にはビスケット部を新設するに至っている。大正時代に洋菓子の需要が伸びた理由には、原材料に優秀な製品が出現したことが挙げられる。東京の矢谷フレッシュバターはじめ、ブッシュ社製香料、キャンデー、フルーツ等が大量に出回り始めたことである。一九一六年には神戸セントラル・ベーカリー（主人はドイツ人ハーマン）が開店した。一九二一年、ドイツ人カール・ユーハイム夫妻は銀座において製菓活動に入ったが、関東大震災で被災し、神戸に移り現在に至っている。㈱ユーハイムは、一九二三年にドイツ人ユーハイム夫妻が創業した。夫妻は第一次世界大戦当時に中国の青島に居住していたが、日本軍の捕虜となって来日、先述の関東大震災により神戸に移住している。ユーハイムのバウムクーヘンは現在に至るまで根強い売れ行きを保っている人気商品であるが、本場ドイツではことに最近、日常的に食べる習慣が減ってきているといわれており、興味深い現象である。

　モロゾフは、フョードル・モロゾフ一家がロシア革命を逃れ、ハルピン、シアトルを経て一九二六年、神戸の地で開業。のちモロゾフ製菓㈱に共同経営者を迎える。現在の㈱ドンクは、もとは藤井製パン所といい、一九〇五年に高級パンメーカーとして出発、後に洋菓子も手がけ、一九五一年に現在の名称に変更した。

　以上のように神戸は、国際港という特殊な位置から出発したため、他地域とは異なり明治以降外国人との関係が生活レベルまで深い関わりを持ってきた歴史と経緯があり、これらの要因が洋菓子文化を根付かせた理由といえよう。

　神戸市内に最初に喫茶店を営業したのは風月堂で、一九一七年にはじめている。夏の季節だけアイスクリームの上下をウェハースで挟んだサンドイッチ式アイスクリームもこのころ売り出し、大変な人気があったという。現在の風月堂の代表商品といえばゴーフルである。ちょうどこのころ、一九二七年に大阪風月堂が田村善治郎職長のもとでこのゴーフルを売り出した。ゴーフルの原名はゴーフレー（Gaufries）で、「蜂蜜の巣」という意味で、ウェハースのこと。直系十五センチメートル

開店当時の店舗風景（エーデルワイス）

開店当時の店舗風景（ドンク1905年）

の丸い軽い二枚の洋風せんべいの間に、三種のクリーム（バニラ・ストロベリー・チョコレート）をサンドしたさわやかな風味で、日持ちが良く多くの人々に好まれた。

大正から昭和にかけて洋菓子は、どのように一般に利用されていたのか、日本洋菓子史資料から掲載する。

一、儀式用。二、常食用。三、食後用。四、間食用。の四つに分かれ、儀式用は、冠婚葬祭の装飾に供するデコレーションケーキを指し、常食用は行軍（当時）、旅行などの糧食として携帯すべきビスケット類。食後用とは料理の後に食べる菓子、つまりデザートケーキ。間食用は家庭用として常に食べるもので、主としてキャンデーを指す。

神戸で誕生した戦後の関西洋菓子倶楽部

戦後の混乱期、統制経済の続く中、洋菓子業界も混迷を続けていたが、業者の利益を守るためには組合を組織することが一番だとして、一九四六年十二月兵庫県洋菓子協同組合（現兵庫県洋菓子協会）が発足している。さらに一九四九年七月、神戸洋菓同好会が発足、ガリ版刷りの機関誌「洋菓」を創刊し、その半年後には関西洋菓倶楽部へとステップアップし、機関誌「洋菓」もガリ版から活版刷りへと移行した。

バレンタインデー

一九五六年二月十二日から十四日の三日間、神戸、大阪、京都の洋菓子組合がそれぞれの市でセント・バレンタインデーのキャンペーンを行っている。宣伝カー、オート三輪、自転車などを繰り出しての宣伝行進であった。神戸のキャッチフレーズは「愛の日に愛のケーキをあの人へ」で、一月からこの文句を店頭に貼りだし、ハート型のケーキをショーウインドウに飾り、広く県民にアピールした。

異業種との積極的なコミュニケーション

一九五八年十月二十二日に第一回近畿洋菓子コンテストが開催されている。翌年には同じく京阪洋菓子組合の主催で、クリスマスケーキとバレンタインデー作品観菓会を開いている。この他、兵庫県、神戸市など、地方自治体の催す文化、産業やその他各種団体の催す展示会、博覧会等にも機会を設けて積極的に参加してきた。菓子会館は多くの会員、賛助会員等の篤志を受け、事務所と教室を併設し、プレハブ工法で同年十二月には再建を果たしている。

また一九九五年十一月三日〜五日まで、神戸市中央区の神戸国際会館展示場で「国際港都・神戸復興展〝ハイカラ博〟KOBE大バザール」が開催された。海外十二ヵ国・二地域の参加も含め百七十一企業・三百十二団体が出展し、「衣」「食」「住」「遊」「テクノ」「国際・インポート」の六つのゾーンに分かれ、商品を販売・展示し、「食」ゾーンでは、神戸の洋菓子業界十二社が独自開発した商品を、統一ブランド「神戸夢探訪」として統一デザイン包装紙に包んで売り出す初の試みもスタートし盛況をおさめた。

イベント

一九九四年十月三十日、神戸ポートピアホテルを会場に神戸を代表する洋菓子メーカーの競演による「神戸洋菓子パラダイス」が開催された。

二〇〇八年四月十八日〜五月十一日までの二十四日間、姫路城周辺を会場に、第二十五回全国菓子大博覧会・兵庫（姫路菓子博二〇〇八）が開催され、予想を超える五十万人以上の入場者で盛況裏に終わっている。

神戸洋菓子デザインアワード

二〇〇四年にアジアではじめてユネスコのデザイン都市に認定された神戸市は、それまでにもまして様々なデザイン活動に力を入れるようになった。「神戸洋菓子デザインアワード」は、デザインによる感性の高い「ものづくり」を応援することにより、新たな価値を創造する元気な産業のまちを目指して二〇〇七年に始まったイベントである。〝洋菓子〟は神戸を代表する産業の一つであり、「神戸洋菓子デザインアワード」は、これまでのアイデア募集型のコンペティションとは幾つかの異なった特徴を持っている。洋菓子以外の〝異分野〟のデザイナーとパティシエとのコラボレーションによって、デザイナーと企業の新たなつながりを生み出すと共に、神戸から新しいデザインの洋菓子を提案・発表・発売するこ

神戸洋菓子デザインアワード優秀作品（2010年）

とで、「デザイン都市・神戸」を広くアピールしていくことを目的に実施している。

応募資格は、洋菓子作りや洋菓子デザインに直接携わっていない一般の人やデザイナー、学生たちであることが条件となっている。このような人たちによって一次審査を通過した提案作品は、提案者であるデザイナーとパティシエとがデザイン画をもとに一ヵ月間にわたって、実作に関する具体的手法（素材や製造方法等）や味覚の検討など、さまざまな意見交換を重ねていくことになる。お互いに質の高いスイーツ作りを目指して、実制作されたスイーツ作品は、様々なイベントに合わせて広く公開し、商品化までを目指している。

さらには、二〇一一年に「神戸スイーツ学会」も設立され、毎月の定例研究発表会を通して一般市民も巻き込んだ活動も積極的に行われており、官民挙げて地場産業としての洋菓子業界を支援している環境が形成されている。

以上のように、神戸がわが国におけるスイーツの歴史と発展を牽引しつつ今日に至っていることは間違いなく、この理由として、優れた素材の調達地であること、洋菓子専門学校や徒弟制度を通して優秀なパティシエの排出が継続的に行われていること、また洋菓子を味わう豊かで味の超えた一定数以上の市民の存在、それに早くから西洋文化を受け入れてきた自負と伝統を継承していることが挙げられる。

引き続き神戸が洋菓子産業の発展を維持・継続していくためには、国際都市としての自負を維持しつつ、新たな産・官・学間との有機的で密接な連携と協力も必要になってくるものと思われる。

（大田尚作）

有馬温泉観光デザイン史

はじめに

有馬温泉は、日本三古湯および日本三名泉の一つでもあり、関西の奥座敷とも言われ、その歴史は古く日本書紀までたどることができる。また、瀬戸内海国立公園に隣接し、六甲山・摩耶山系の山間に位置するなど自然豊かな観光資源をもち、兵庫県および神戸市を代表する温泉観光地である。

本稿では、有馬温泉の観光デザイン史の導入として、古来より湯治客のお土産品であった「有馬竹細工」および「有馬筆」と、その名残である「有馬籠」および「有馬人形筆」を紹介する。明治時代、炭酸水の発見により新たなお土産品として、お菓子では「炭酸煎餅」、飲料水では「有馬サイダー」が登場する。以上を「お土産品のデザイン」として解説している。集客を目的とした「観光イベントのデザイン」では、有馬温泉観光協会の設立による恒例の年中行事と近年展開されている「有馬温泉ゆけむり大学」について、また産・官・学（有馬温泉・神戸市・神戸芸術工科大学）連携の実績として「デザイン性のある水飲み場」を報告する。

お土産品のデザイン「有馬竹細工」「有馬筆」

有馬温泉の湯治客のお土産品として「有馬竹細工」は、「有馬筆」とともに駿河竹細工とならび全国的に大変有名な物産であり、有馬を代表する名産品であった。明治中期にはウィーン万国博覧会に出品されるが、産業構造の変化、技術の流出などで次第に衰退し、現在では「有馬籠」として、「竹芸有馬籠くつわ」の一軒みで製造販売されている。

一方、「有馬筆」は、明治中期から大正初期にかけてその生産量はピークとなるが、「有馬竹細工」と同様に衰退の一途をたどり、現在有馬では製造していない。有馬筆から派生したお土産品として「有馬人形筆」がある。筆を持つと小さな人形が筆の尻から飛び出すからくり細工と、筆柄は絹糸を巻き付けたカラフルなデザインである。現在でも有馬の人気のお土産品として「灰吹屋西田筆店」で製

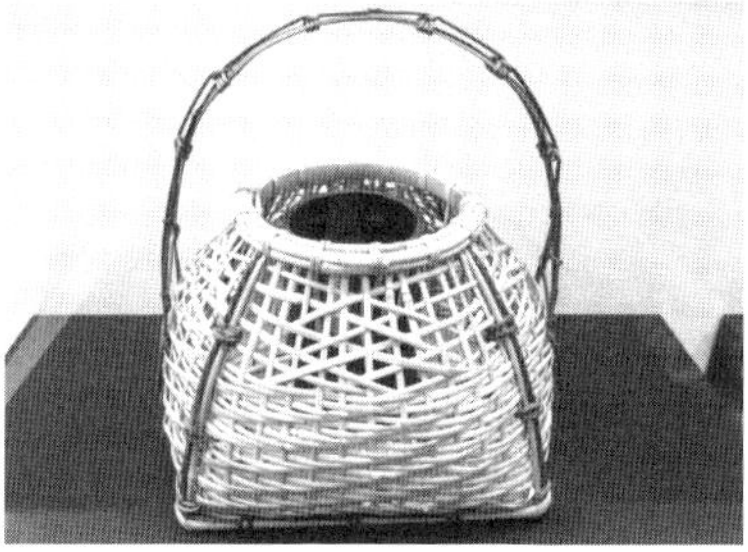

有馬籠

造販売されている。なお「有馬籠」と「有馬人形筆」は兵庫県伝統的工芸品に指定されている。

炭酸水の湧出によるお土産品の登場

有馬温泉杉ヶ谷に自然湧出する炭酸水は、昔からこの水にふれると昆虫や小鳥が死ぬので、「毒水」と呼び、近よることもなかった。しかし、一八七五（明治八）年この泉水の分析を内務省大阪司薬場に要請し、その結果、非常に良質な天然の炭酸水であることが分かった。以来この炭酸水の発見により、新たなお土産品として「有馬サイダー」と「炭酸煎餅」が登場する。また、この炭酸水により、一八八七年炭酸温浴場が開設される。現在では神戸市営の協同浴場「銀の湯」がある。

「炭酸煎餅」は、有馬温泉の定番とも言えるお土産品であり、その特徴は、小麦粉、片栗粉、砂糖、塩を炭酸水で練り、薄く焼き上げている。食感も「さくさく」として非常に良く、子供から大人まで楽しめる名物となった。煎餅の型のデザインには英文字で「ARIMA・MEISAN・TANSAN・SENBEI」と表記している。当時、温泉地のお菓子としては大変斬新なデザインを取り入れたと考えられる。後述するが、「有馬サイダー」のラベルデザインにも英文の表記が多数ある。また、炭酸煎餅の湿気を防ぎ、保護する目的でブリキ製の円筒形の缶を採用したパッケージデザインも特徴である。有馬温泉の炭酸煎餅メーカー各社が様々なデザインを展開している。

「有馬サイダー」は、炭酸煎餅と同様に炭酸水を用いて製造された名産品である。一九〇一（明治三十四）年「有馬鉱泉合資会社」が設立され、炭酸鉄砲水（発泡ミネラルウォーター）の販売が始まった。市場の評判も良く大正時代にかけて生産量は増加し、一九〇八（明治四十一）年に「有馬サイダー」の歴史が始まる。名称も「炭酸水」「有馬シャンペンサイダー」「金鶏サイダー」「有馬ストロベリーポンズ」「鼓シトロン」「ツヅミサイダー」などの多くの種類を販売していた。その後、紆余曲折の歴史を経て、一九四八年に有馬の飲料事業は一旦終わることになる。しかし、二〇〇三年に地元旅館経営者、商店店主らにより「ありまサイダーてっぽう水」として復活した。有馬サイダー復活のイメージを出すためにラベルの

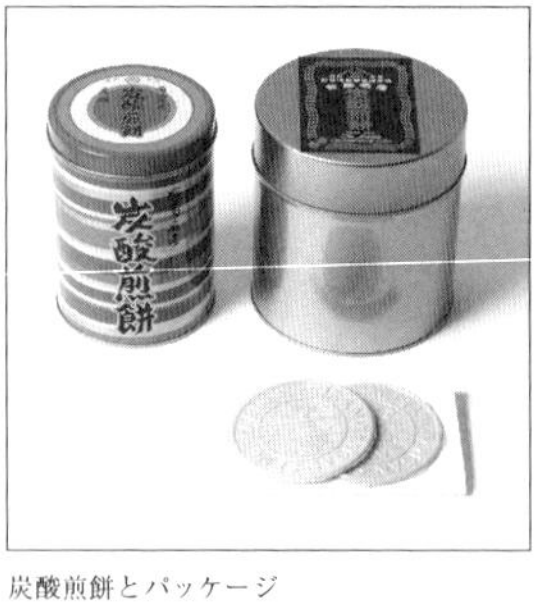

炭酸煎餅とパッケージ

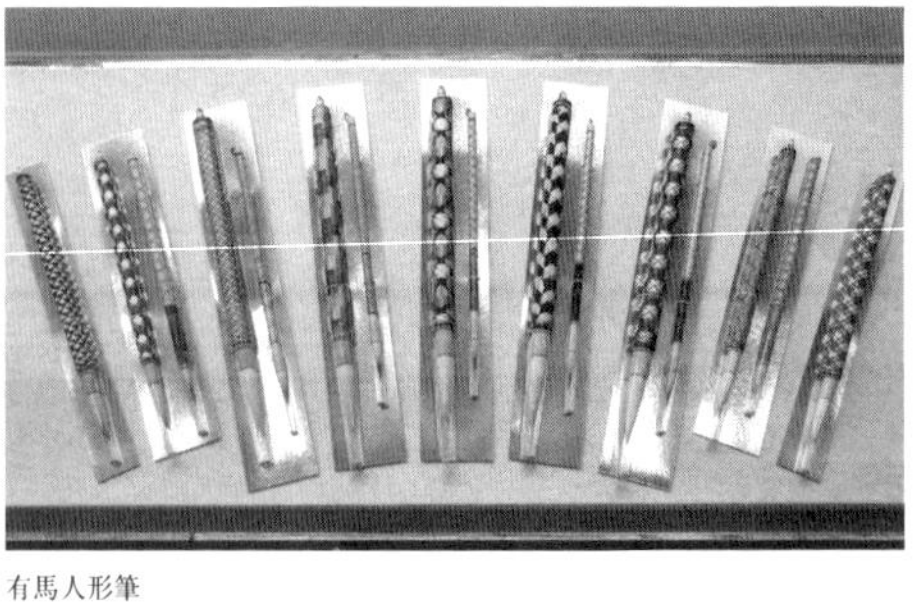
有馬人形筆

デザインは、大正時代に販売された「ARIMA TANSAN TEPPO WATER」の商標を原形として、レトロな雰囲気のデザインにしている。また、炭酸も強めの発泡水にしており、他社のサイダーと差別化を図るなどして、有馬温泉のヒット商品となった。

有馬温泉観光協会の設立

一九四九年十月に有馬温泉観光協会が設立される。目的は、「有馬温泉を開発し観光事業の発展向上を計り、その文化的使命の達成を目指す」としている。さらにその活動を充実するため、二〇〇二年六月に社団法人化された。恒例の行事として、「有馬大茶会」、「入初式」、「納涼盆踊り」、「沙羅の花と一弦琴の鑑賞会」がある。一九九五年阪神・淡路大震災後には、夏のイベントとして、有馬川親水公園にて「涼風川座敷」が開催されている。また、新たな夏のイベントとして二〇一〇年から「有馬温泉ゆけむり大学」を開学した。

有馬温泉ゆけむり大学

有馬温泉における観光デザインの実践事例として、社団法人有馬温泉観光協会主催による地域活性化イベント「有馬温泉ゆけむり大学」が、二〇一〇年八月三十一日〜九月十三日の期間開催された。「有馬温泉ゆけむり大学」とは、二〇一〇年夏から有馬温泉をキャンパスに見立て、四大学の専門性を活かした学生らによる地域活性化イベントである。各担当分野は、音楽分野「大阪音楽大学」「武庫川女子大学」、デザイン分野「神戸芸術工科大学」、スポーツ分野「武庫川女子大学」、企画・運営分野「近畿大学」である。

本イベントにおいて、神戸芸術工科大学ビジュアルデザイン学科の学生たちは、「有馬温泉ゆけむり大学」の校章、学生証、缶バッチ、チラシ、ポスターのデザインを担当した。ファッションデザイン学科の学生たちは、前出大学の制服としてTシャツが採用され、そのデザインおよびプリント加工を同大学のスタジオにて行った。作品展示販売の実践事例では、クラフト・美術の学生たちの作品を二〇一〇年八月三十日〜九月五日の期間、有馬温泉地区の会場にて展示販売した。

キャンドルイベント「ねがいの灯り LOVE &

有馬サイダー

PEACE」は、二〇一〇年九月四日と九月十一日の夜間に、「ねがいの広場」において神戸芸術工科大学学生および教員と近畿大学学生たちによって行われ、特に温泉寺前は幽玄な雰囲気に包まれた。

以来、「有馬温泉ゆけむり大学」は、夏の観光イベントとして継続的に開催している。二〇一一年八月三十日~九月十一日、二〇一二年八月二十七日~九月二日の期間開催された。参加学生も増加傾向にあり、大学と地域社会との連携、他大学との交流の機会など地域活性化と教育的な相乗効果もあり、今後も継続開催していく予定である。

産官学とのデザインの連携
――デザイン性のある水飲み場

神戸芸術工科大学では、二〇〇九年神戸市水道局から屋外型水飲み場のデザインの依頼を受けた。その目的は、神戸市の観光地である有馬温泉において、地域社会と連携しながら「デザイン性のある水飲み場」を設置することにより、訪れた観光客に水道水の「おいしさ」をPRすることである。

担当教員は、プロダクトデザイン学科相澤孝司、相良二朗である。設置場所は、現地調査の結果神戸市北区有馬町一〇一九「有馬工房」の入口前の空地となった。本学学生による水飲み場のデザイン提案を趣旨とし、プロダクトデザイン学科生活・ユニバーサルコース三年次有志学生六名による研究チームを組織し、有馬温泉に出向きフィールド調査を行い、設置場所を決定した。二〇〇九年十二月二十五日に各学生による第一回目のデザイン提案を行った。終了後、二案に絞り込み、翌年二〇一〇年一月二十五日の最終のプレゼンに臨んだが、最終選考の方法は、有馬工房においてデザイン二案をパネルで掲示し来場者による投票とした。

投票の結果、大澤知行のデザイン案が採用となった。デザインコンセプトは、ユニバーサルデザインに配慮して飲み口は本体左右二ヵ所とし、現場の高低差を利用している。屋外仕様となるため、落ち葉などのゴミを直接外部の排水口に流す方法とした。素材はFRPを使用することで、植物の芽をイメージした三次曲面の造形が可能になった。また、夜間

デザイン性のある水飲み場
D：大澤知行

はライトアップして演出している。二〇一〇年三月二十七日に竣工式が行われた。

おわりに

有馬温泉における観光デザインについて述べてきた。有馬温泉の歴史は古く、湯治客のお土産品として「有馬竹細工」・「有馬筆」が代表的な名物であったが、時代と共にそれぞれ衰退の一途をたどり、現在では「有馬籠」および「有馬人形筆」がその名残となる。明治時代に入り、炭酸水の湧出が確認され、お菓子では「炭酸煎餅」、飲料水では「有馬サイダー」のパッケージデザイン、ラベルデザインなどを近代デザインの事例として紹介した。有馬温泉観光協会の設立と同協会による恒例のイベントの紹介、また、新たな試みである観光イベント「有馬温泉ゆけむり大学」および産・官・学のデザイン連携の実践事例として「デザイン性のある水飲み場」を報告した。

有馬温泉は、デザイン都市神戸市北区に位置する温泉観光地であり、地域活性化に向けて、デザインの必要性は今後も高まると考えられる。例えば、「お土産品・旅行の企画開発のデザイン」、新たな集客目的としての「観光イベントのデザイン」や「景観整備のデザイン」など、今後も神戸芸術工科大学と様々な場面でデザインの連携が期待される。

（相澤孝司）

神戸デザイン史年表

年表内容編者／大田尚作

西暦	和暦(年)	背景(一般・デザイン界など)	神戸洋家具関連	神戸ケミカル・ファッション関連	神戸洋菓子関連	有馬温泉関連
1799	寛政11					「日本山海名産図絵」で有馬竃細工をとりあげる
1852	寛永5	ペリー来港	初代永田良助、羽島市川島町に生まれる			川村四郎兵衛「湯の花」を京、大坂、江戸に売り出す
55	安政2		塩飽古川庄八、御用水夫を命じられ長崎海軍伝習所創設時伝習に参加			
60	安政7／万延元年	このころ横浜で椅子の製造始まる	咸臨丸が品川からアメリカに出航、大熊実次郎など塩飽水夫三十五名乗船	私立旭川裁縫専門学校開校	鉄道工場創業、洋家具製作始める	
62	文久2		塩飽水夫、オランダへ造船技術を学ぶために留学三年後帰国			
63	3	内海警備で神戸造船所創設の直命				
68	慶応3 明治1	明治維新／兵庫港開港／居留地土地工事完成／リヒトホーヘン横浜経由で神戸に来着「支那旅行記」著す／人口二万三千七百十二人	明治はじめに生田区加納町あたりに真木徳助が製作所	神戸発英字新聞「THE HIOGO & OSAKA HERALD」発刊／競馬の「兵庫レースクラブ」結成		
70	3	市田左右太が来神し写真業を始める		A・C・シムの提唱で神戸ガレッタ&アスレチッククラブ設立／英国人カペルデュがテイラー開業		
71	4	廃藩置県／生田川付け替え工事	官庁で椅子を使用	官庁で靴での登庁		
72	5		永田良助が英国商館で働いたのち永田良介商店（道具商）開業		風月堂が洋菓子製造販売（東京）	兵庫県混浴禁止を布達する
73	6	ウィーン万国博覧会に日本参加	徳助の弟真木新造生まれる		米津風月堂	梶木源治郎が炭酸水発見
74	7	神戸大阪間鉄道開通／兵庫新川運河工事着手明治九年竣工	塩飽出身の溝渕和太郎が下山手通りに洋家具店		パン製造を木村屋が開始	
75	8		真木徳助が真木製作所を摂津国八部郡加納町一宮神社近くで創業		米津風月堂がビスケット製造	有馬温泉杉ヶ谷の湧水を内務省大阪司薬場が分析し大変良質な天然炭酸水と判明

黎明期

76	9	神戸商工会議所設立／フィラデルフィア万国博政府出品		ベルゴー夫人が夫人洋裁店を開業		
77	10	神戸京都間鉄道開業／第一回内国勧業博覧会（上野）	京都高島屋に装飾部設立	燐寸製造が始まる	鹿田常吉第一回内国勧業博覧会にビスケットを出品	
78	11	パリ万国博覧会				
79	12		初代永田良助、空瓶の寄せ屋業	本多義知「明治社」設立、燐寸工業の基を創る		
80	13	コンドル設計の鹿鳴館着工		滝川弁三が燐寸工業「清燧社」設立		
82	15		『豪商神兵湊の魁』刊行。垣貫興祐、熊谷久榮堂、木本悦次郎、島津多七洋家具店など掲載			
84	17			元町に柴田音吉邦人初のテイラー（紳士服）開業／其昌号テイラー開業		
85	18		兵庫県福原町天地徳兵衛銘の椅子（神戸市立博物館蔵）			
87	20			生糸問屋神栄会社設立		炭酸温浴場が開設される
88	21	イギリス建築家ハンセル来日				
89	22	神戸市誕生／東海道線神戸新橋間全線開通／東京美術学校開校		兼松房次郎商店開設／都賀浜麻布会社設立		
90	23			神戸発の英字新聞「コーベ・クロニクル」発刊		
95	28	このころアールヌーボー国際的に広まる	第四回内国勧業博覧会（京都）			英国人グルーム六甲山頂に山荘建てる
96	29	花隈神港倶楽部で日本初の活動写真興行		国立神戸生糸検査所設立／日本毛織設立		
97	30				吉川市三風月堂を元町に開店	
98	31	セセッション（分離派運動）	中野善従（三代目養子）三重県河芸郡稲生村に生まれる	神戸新聞創刊／神戸瓦斯会社設立		阪鶴鉄道有馬口駅ができる（現JR生瀬駅）
99	32	意匠法制定 居留地が三十一年ぶりに日本管理下に	ワイマーク・エンド・タムソン商会栄町で西洋家具諸器具売買ほか／道具商真期久七が日本紳士録に三年連続登場	十合（現そごう）神戸に開店	関税法改正で輸入洋菓子から国産洋菓子へシフト／森永製菓ビスケット、ドロップを製造	

形成期

西暦	和暦(年)	背景(一般・デザイン界など)	神戸洋家具関連	神戸ケミカル・ファッション関連	神戸洋菓子関連	有馬温泉関連
1901	明治34		東京高島屋に家具売場、前年に高島屋装飾部を設立	十合（現そごう）神戸から元町に移転		有馬鉱泉合資会社設立され炭酸鉄砲水（発泡ミネラルウォーター）販売始まる
02	35	京都高等工芸学校（中沢岩太校長）開校。図案科に浅井忠、武田五一	飯島ちあき二代目永田良介襲名			有馬保勝会発足。名所旧跡を保存し愛宕山を遊園に。倶楽部博物館をつくり啓発と浴客の娯楽を図る
03	36	羽仁もと子・吉一『家庭の友』（のち『婦人之友』）創刊	神戸商工案内／第五回内国勧業博覧会（大阪）／神戸商品陳列所設立	六甲山に日本初のゴルフ場「神戸ゴルフ倶楽部」開設		
05	38		「神戸商工案内」西洋家具五工場他		藤井製パン所（現ドンク）開業	
08	41	赤坂離宮完成		十合を十合呉服店と改名／大丸呉服店元町に開店		「有馬サイダー」販売始まる
09	42	神戸築港工事落成／耕地整理法制定／翌年市電開通（吾妻通り～浜崎通り）	神戸市西洋家具商組合設立	英国ダンロップ神戸市中央区脇浜にタイヤ工場を建設	コンディトライウントベッカライユーハイム創業（青島）	
11	44	大倉山公園湊川公園開園	藤本木工所創業（塩飽出身）			
12	45 大正元	『建築工芸雑誌』発刊	洋船内装本格参入のため酒井新次郎京都高等工芸から神戸に		出口洋菓子店神戸元町出店	
16	5		丸尾英一が叔父家具工場職長丸尾福治を頼り十三歳で家具職人に		神戸セントラルベーカリー開店	
20	9	生活改善同盟会結成	真木製作所に吉田岩男入社。高島（吉田）の弟	市内のゴム工場増加一九二〇年から三年間で百十三のゴム工場新設		
22	11	ライト設計の帝国ホテル完成／東京高等工芸学校開校	京都高等工芸卒業（現京都工芸繊維大学）の中野善従が永田に就職／木材工芸学会「新らしき家具と装飾展覧会」中流住宅に椅子普及を図る			
23	12	関東大震災。横浜から神戸に外国人移住	中野善従が三代目永田善従に。先輩酒井新次郎退社独立し船舶装部門を譲られる	神戸市立生糸検査所設立	ユーハイム夫妻神戸で創業	

形成期

24	13		山邑邸（現ヨドコウ迎賓館）竣工	神戸生絲設立	フロインドリーブ創業（パン）	
25	14	パリでアールデコ展	永田善従五十年史を編纂配布			
26	15 昭和元			日本燐寸工業組合設立／三越神戸店開業	フヨールド・モロゾフが洋菓子店創業	
27	2	「木の芽舎」結成	船岡省五郎邸（ヴォーリズ・京都）永田が内装と家具担当		神戸風月堂がゴーフル発売	
28	3	商工省工芸指導所開設／型而工房結成	京都洋家具展示会に永田が技術者派遣支援。宮崎木工洋家具部できる			湊川と有馬を結ぶ間神有電鉄運行開始
29	4		神戸商工会議所が建設され洋家具を組合が納入			
30		市営バス運転開始／このころ浅間丸など豪華客船が次々竣工	永田善従がバウハウスなど欧州視察旅行	ゴム製品輸出量が世界一に		
33	8	前年に六甲ケーブル開通		十合呉服店元町から三宮へ移店		
34	9		ジェームズ邸家具内装木部永田納品（このころ洋館の仕事多し）			
36	11	中突堤完成	乾邸の家具と室内意匠を永田担当	阪急三宮マーケット開店（現阪急百貨店）		
37	12	神戸港貿易額ピーク。輸出は綿織物、生糸、人絹織物、絹織物、メリヤス。輸入は綿花、パルプ、生ゴム、機械、羊毛	ヴォーリズ作品集広告に菱屋製作所と山本誠一郎商店掲載	神戸ドレスメーカー女学院開校		
40	15		真木製作所の吉田友一独立して不二屋設立			
45	20	太平洋戦争終戦／神戸貿易協会設立	永田善従没戦争末期の沖縄で			
46	21	神戸市復興基本計画要決定／三宮ジャンジャン市場誕生	このころ進駐軍宿舎洋家具に五社が対応／兵庫県特殊家具検査協力会		兵庫県洋菓子協同組合発足／兵庫栄養専門学校開校／イスズベーカリー創業	
47	22	民間貿易開催	天皇行幸の宿に永田納品		元町ケーキ、ロッテ創業	
48	23	三宮センター街完成	永田良一郎（四代目）再開			有馬の飲料事業が終了
49	24			鬼塚商会（現アシックス）創業	洋菓子のヒロタ創業	有馬温泉観光協会設立
50	25	わが国初の神戸ゴム取引所開設	㈱不二屋が三宮町に店舗／吉田岩男の工場は二宮町	最初のバスケットボールのシューズ発売／子供服ファミリア創業		

発展期

西暦	和暦（年）	背景（一般・デザイン界など）	神戸洋家具関連	神戸ケミカル・ファッション関連	神戸洋菓子関連	有馬温泉関連
1951	昭和26	神戸大学教育学部発足、のちに中山修一がデザイン教育を行う				
52	27			バレーボールシューズ第一号発売		
53	28			タイガー印ダンスシューズ、マラソン足袋第一号発売	文明堂神戸店開設	
54	29			ナイロン素材のアフタースキーブーツ発売		
55	30	政令指定都市となる／六甲山一帯が瀬戸内海国立公園に編入		ヒマラヤンブランドの登山靴とスキー靴発売		
56	31			シナイ（撓）シューズ発売／真珠加工の田崎真珠商会設立	バレンタインデーキャンペーン始まる	六甲・摩耶が瀬戸内海国立公園に編入される
57	32		アメリカ国際見本市に田村商店家具と陶器出展	ケミカルシューズ工業会設立／オニツカ株式会社設立		
58	33		シアトル国際見本市に永田、河南、不二屋出展し永田、不二屋受賞		第一回近畿洋菓子コンテスト開催	
59	34			ケミカルシューズの定義確立／婦人服のワールド設立		有馬温泉会館に新館落成
64	39			木村担（現キムラタン）、婦人子供服のジャバグループ、化粧品のノエビア設立		
65	40		団地協同組合神戸木工センター設立	長田区に神戸デパート完成		
66	41				エーデルワイス設立	
67	42		同組合神戸木工センター二次工事完了し組合員入居開始	第一次第二次共同ゴム工場完成		
69	44	神戸商工貿易センター完成	同組合神戸木工センター完成	第三次共同ゴム工場完成		
70	45		団地内に高等職業訓練校開校		フーケ創業	
71	46	第一回神戸祭り／市電全線廃止			兵庫県洋菓子職業訓練校開設	
72	47	西神ニュータウン造成工事着工／山陽新幹線大阪岡山間開通		アパレル業界が神戸ファッションアソシエーション（KFA）設立／ファッションデザイナーがコウベ・ファッション・クリエーターズ	冷凍冷蔵庫の技術確立し生クリームのショートケーキ登場	

発展期

				（ＫＦＣ）を結成／第一回神戸ファッション市民大学開催／第四次共同ゴム工場完成		
73	48			神戸ファッション都市宣言		定山渓温泉と姉妹提携
74	49			第一回神戸ファッションコンテスト開催		
76	51	新神戸トンネル開通／三宮にセンタープラザ完成		インナーウェアのシャルレ設立		
77	52	地下鉄開通（名谷～新長田）／異人館ブーム				
78	53	都市景観条例の制定			アンテノール設立	
79	54			女性デザイナーによる神戸ファッションモデリスト（ＫＭＦ）結成／婦人服㈱アバン設立		
81	56	ポートアイランド竣工／ポートライナー運行開始／ポートピア'81／神戸デザイン協会発足		婦人服の㈱イズム設立	ルーブドゥシェフ設立	
83	58	グリーン神戸作戦の植樹一千万本達成		ポートアイランドのファッションタウン操業開始		
84	59	神戸総合運動公園陸上競技場完成／農業公園開園				
85	60	地下鉄開通（新神戸～大倉山、名谷～学園都市）／神戸グリーンエキスポ'85		「神戸トータルファッションフェア」開催		
88	63	北神急行電鉄運行開始	五代目永田耕一社長就任		洋菓子天国ＫＯＢＥスタート	
89	平成1	市制百周年／デザイン教育に取り組む神戸芸術工科大学開学、初代学長吉武泰水		「ワールドファッションフェア」開催		
91	3			神戸ファッション協会設立／六甲アイランドに神戸ファッションマートオープン		
92	4	人口百五十万を超える／ハーバーランド街びらき／六甲アイランド埋立完了／芸術工学会発足		神戸ファッション協会が財団法人に		

発展期

西暦	和暦（年）	背景（一般・デザイン界など）	神戸洋家具関連	神戸ケミカル・ファッション関連	神戸洋菓子関連	有馬温泉関連
1993	5	アーバンリゾートフェア神戸'93開催／神戸芸術工科大学大学院修士課程設置				
95	7	阪神・淡路大震災／神戸芸術工科大学博士課程設置／芸術工学会秋期大会、同大学（実行委員長田中央）				有馬川親水公園にて「涼風川座敷」開催
97	9	神戸芸術工科大学第二代学長鈴木成文／芸術工学会秋期大会、同大学（実行委員長鈴木成文）		神戸ファッション美術館オープン		
99	11	前年に明石海峡大橋が開通		靴のまちながた神戸設立		
2000	12	震災復興を総括検証し復興計画推進プログラム策定	神戸木工センター新工場に組合員八社入る。最盛期組合員は四十七社	長田区にシューズプラザ、上海市に神戸館オープン		
01	13	地下鉄海岸線夢かもめ運行開始	北野工房のまちに技能訓練校「神戸ものづくり職人大学」開校			
02	14	神戸芸術工科大学第三代学長土肥博至				
03	15	芸術工学会秋期大会、神戸芸術工科大学（実行委員長相良二朗）		ファッション都市宣言三十周年事業として「神戸のライフスタイル展」開催	神戸製菓専門学校	「ありまサイダーてっぽう水」として復活
04	16	震災前人口約百五十二万に回復			神戸国際調理製菓専門学校	
05	17	NPO神戸デザイン協会発足				
06	18	芸術工学会春期大会、神戸芸術工科大学（大会長斎木崇人）		第一回神戸ファッションウィークの開催		
07	19	神戸開港百四十周年／港で出会う芸術祭／第一回神戸ビエンナーレ開催		神戸コレクション初の海外公演を上海で、第一回神戸セレクション開催		
08	20	アジア初のユネスコデザイン都市認定／神戸芸術工科大学第四代学長斎木崇人			姫路菓子博、第一回洋菓子デザインアワード開催	
09	21	長田に鉄人28号モニュメント誕生／芸術工学会秋期大会、神戸芸術工科大学（大会長斎木崇人）				

再興創造期

10 22 みなとのもり公園（神戸震災復興記念公園）開園

「デザイン性のある水飲み場」竣工／「有馬温泉ゆけむり大学」開学

11 23 第五次神戸市基本計画策定／神戸市都市計画マスタープラン策定

ドイツ菓子大全編纂

12 24 旧生糸検査所を再生、デザインクリエイティブセンター神戸KIITO開設

編纂をつうじて

ワーグナーの楽劇「神々の黄昏」は、三人のノルン(女神)がそれぞれ綱を手に、過去、現在、未来をたぐりよせながらそれを語るシーンにはじまり、そのとおりにトネリコの燃える炎につつまれる神々の崩壊で幕を閉じる。

地域デザイン史編纂が進むにつれ、そのシーンが頭の中で現実味を帯びてくるのを避けえなかった。神々を、中央を頂点とする地域を統括するピラミッド状の虚像に重ねていたのである。フランスにはふたつの国があるという。パリとそれ以外の地域の……。地域は、ピラミッドの呪縛を自ら解くことで一旦フリーになるが、次に自律性が大きな意味を持つことを知らされる。内外の地域間競争、高齢化、過疎化が進む中で地域のこれからは、地域の主体性、独自性、そして根ざしたデザイン関係者の創造能力にかかっていることが、明白になるからである。

本書には、それぞれの地域が主体性、独自性を確立しようとしている今日までの様子を、克明に記録できたと思う。

本書の各項は、次に挙げる歴史を考える際に役立つポイントのひとつ以上を満たしている。

- 研究の基本であるオリジナル性——事象や文献の発掘。既存文献、取材や体験などが交錯するところからの新たな上位概念の形成。
- 記録性——誰がどのように活動したか、同様に企業、団体、教育研究機関、行政が行ったことの証言記録。

- 新鮮さ――知られていない地域の常識情報。対照的に、外から入った人の目を通して語られる情報。
- 地域デザインの視点――地域特性。既存のまたは定説化した価値観から離れて地域にとり大切なことを指摘するもの。地域への共感から地域の空気が感じられるもの。
- 羅針盤づくりへの貢献――地域のこれからのあるべき姿を示唆する考え方や情報。

本書の編纂は試行の連続だった。スタートにあたり執筆要綱と、総論、特定分野や活動をとりあげる各論とコラム、アンケートや取材により地域で活動する人にスポットをあてる項、年表などからなる地域頁の基本構成を用意したが、それぞれのとりあげ方や内容についてのガイドラインはゆるやかなものであった。

各地域の主筆が決まり地域の編集がはじまると、主筆を中心につくられた編集コンセプトとそれにもとづく内容は、一人の著者が全編を書くのと異なり、五地域五様のものになりはじめた。本全体をみる立場としてはその動きにかなり当惑した。しかし時間とともにそれは納得に変わった。

歴史は、地域により大きく異なる。その表現に、同じテーマや構成をかぶせては、貴重な地域情報が失われ、個性も薄まりかねないことに気がついた。

中央の目線からの一貫した記述、地域間比較、または日本全体の俯瞰を目指すなら別だが、地域デザインそのものを明らかにする目的には、その地域に適したテーマや取り組み方があって、本編を基に項目や情報を追加していくと、やがてそれぞれ独立した一冊の本になるかもしれない、と考えるに至ったのである。

旭川編は、開拓後百年余の若い都市でデザイン関連組織が成り立ち、連携してＩＦＤＡを二十数年育ててきた経緯と、北の地の自然と共生するものづくりと生活様式の確立をこれからの目標とするデザイン関係者の共通意識に、スポットをあてている。旭川でデザインの仕事を営むようになった経緯のアンケートも、創造性豊かな人材が地域に集まる過程が分かり興味をひく。

山形編は、近代化過程でつくられたものをデザイン遺産と位置付け、デザインネットワークと、地域の知の集合体である大学が、伝統と豊かな自然、産業が融合する山形デザインをつくることへの期待を、伝えている。またものづくり産業が一次産業主体だった地域に根づいた様子も知ることができる。

静岡・浜松編には、対照的なふたつの地域がとりあげられているがその根底にある旺盛な自主独立の気概に、圧倒される。国や中央に依存せずに高水準の産業がつくられたのは、東西文化にはさまれているという地理的な理由だけなのか。また具体的なことになるが静岡の模型産業が戦後の学校教材と深くかかわっていたことも興味深い。

金沢編には、時間をかけ育まれた伝統と生活が融合一体化した地域からデザインのみを取り出すことの難しさと、それはひとつの地域デザインの形態であって取り出すこと自体あまり意味を持たないことをまず教えられる。しかし、その成熟した文化の成り立ちを追っていくと、官民一体となり絶え間なく続けられてきた並々ならぬ人材育成の努力に行きつくのは、衝撃的である。

神戸編は、和と洋の違いこそあれ金沢と同じく歴史と生活が融合した成熟都市の生活に根ざした産業とデザインの力強さが印象的である。実用性に重きをおいたファッション、地元の人の高い要求に応えてきた洋菓子など、本来のデザインの基本がハイカラのベースにしっかり据えられていることに、気づかされる。

年表では、各地域はいまを創造期ないし転換期と位置付けた。他のものを安易に移植しても、良い結果が期待できる時代ではなく、地域を理解してそれを前提に過去に本質的なものを見いだしてこそであって、地域のこれからの指針づくりは、まさに創造行為であることを示している。

本書が、歴史の宝庫に一歩でも近づく助けになれば幸いである。

（澁谷邦男）

委員会からのメッセージ

念願の『日本・地域・デザイン史』第一巻を多くの方々のご尽力で発刊できることに感謝を申し上げたい。

地域の風土や文化を基盤にじっくりと時間をかけて築き上げられた地域のデザイン活動に触れる機会は少ない。そこには、対象の姿が目に浮かび、地味ではあるが着実で奥深い活動成果を見ることが出来る。本研究ではそれぞれの地域活動の発掘、記録、蓄積等の作業を通じて地域を再認識し、新たな取り組みの可能性を探る。作業にあたってはその地域在住者を中心に幅広い関係者の参加が望ましい。今回はそれぞれ規模や性格の異なる五地域を対象としている。この企画の趣旨としては、研究を長く継続して多くの事例の収集を行い、それを糧に、各地域のデザイン活動への関心が高まり、研究対象として発展する事が望まれる。

出版の継続にあたっては作業も委員会から会員主導に拡がる。まずはこの第一巻が、内容は濃く読みやすい今後の地域デザイン史の雛形になるであろう。

これを読んで、若い研究者の方々には、地域デザインへの関心をたかめ研究が拡がってゆく事を、またそれぞれの地域で実務に取り組まれている方々は固有の歴史を踏まえた質の高いデザイン活動を期待したい。それらの成果を俎上に新たな地域デザインの方向が学会等で議論できることを待ち望んでいる。

地域デザイン史は他の特設委員会の減災、創造都市のテーマとの関わりも深く、あわせて「芸術工学」を論ずるよいきっかけとなるであろう。

（芸術工学会特設委員会Ⅰ副代表　後藤元一）

主な参考文献

1　旭川デザイン史

ａａｄｃ会報『ＢＩＧ　ＭＡＧＭＡ』旭川広告デザイン協議会　一九九八年より毎年
ａａｄｃ十周年記念誌『マグマ』旭川広告デザイン協議会　一九九八年
『ＩＦＤＡ入賞入選作品図録』ＩＦＤＡ開催委員会　一九九〇年より三年毎
『旭川市工芸指導所の歴史』旭川市工芸指導所　一九九七年
旭川デザイン協議会会報「ＤＥＳＩＧＮ　ＮＥＷＳ」旭川デザイン協議会　一九九七年から年数回
『旭川の建物』（旭川叢書第十六巻）川島洋一　旭川振興公社　一九八六年
旭川美術館図録『はこで考える――あそびの木箱一九八七』『はこで考える――あそびの木箱一九九二〜一九九三』旭川美術館
旭川美術館図録『山口正城・健智』旭川美術館　一九八四年
『旭川木材産業工芸発展史』木村光夫　旭川家具工業協同組合　一九九九年
『北の生活産業デザインコンペ作品展』図録　北の生活産業コンペティション実行委員会　北海道　一九九八〜二〇〇三年
『工芸ニュース　総集編』通産省製品科学研究所　一九九七年
『国際家具デザインフェア旭川　一九九〇報告書』国際家具デザインフェア旭川実行委員会　一九九一年
『創立15周年記念誌』旭川の歴史的建物の保存を考える会　二〇〇三年
『創立五十周年記念資料』旭川市工芸センター　二〇〇六年

『東海大学北方生活研究所所報』NR＋他　東海大学北方生活研究所　通算三十五号
『日本のデザイン運動』出原栄一　ぺりかん社　一九八九年
『ほっかいどうグッドデザインコンペティション』図録　ほっかいどう実行委員会グッドデザインコンペティション　北海道　二〇〇四～二〇〇六年
『北海道功労賞――受賞に輝く人々』長原實の項　澁谷邦男　北海道　二〇一三年
『北海道東海大学大学十周年記念誌』北海道東海大学　一九八三年
『北海道東海大学大学二十年誌』北海道東海大学　一九九三年
『北海道立旭川高等技術専門学院創立五十周年記念誌「はばたき」』北海道立旭川高等技術専門学院　一九九六年

2　山形デザイン史

『しな織の里』関川しな織協同組合　刊行年不明
『天童と将棋駒』天童市観光物産課　二〇〇一年
『天童木工』菅澤光政　美術出版社　二〇〇八年
「東北芸術工科大学案内　二〇一三年版」東北芸術工科大学　二〇一二年
『長井（本場米琉）の歴史』川村吉弥　長井紬織物工業協同組合　一九七五年
『山形県の歴史散歩』（新版）　山形県高等学校社会科教育研究会　山川出版社　一九九三年
『山形工業試験場六十年史』山形県工業技術センター　一九八二年
『山形デザインアトラス』山形県デザインネットワーク　一九九三年
『用のかたち・用の美』芳武茂介　講談社　一九八一年

3 静岡・浜松デザイン史

『DEWS』一～四十五号　静岡県デザインセンター　一九九一～二〇〇一年
『POINT』一～二十六号　静岡県デザイン振興会　一九八六～二〇〇五年
『アクトシティ物語』静岡新聞社　一九九四年
『遠州織物発展史』繊維振興協会　一九五六年
『遠州機械金属工業発展史』浜松商工会議所　一九七一年
『紙とデザイン　竹尾ファインペーパーの五〇年』株式会社竹尾　二〇〇〇年
『近代日本の技術と技術政策』「繊維機械技術の発展過程―繊維・紡績機械・製糸機の導入・普及改良・創造―」石井正
　東京大学出版会　一九八六年
『グッドデザイン総集』通商産業省通商局輸出振興部デザイン課編　実業公報社　一九六四年
『工業発展と技術の地下水脈――浜松地域の産業用機械』藤田泰正　名古屋学院大学　二〇〇九年
『静岡県営繕外史二十世紀の軌跡』静岡県営友会　二〇〇一年
「静岡県デザインセンターの活動展開」黒田宏治　『静岡文化芸術大学研究紀要』第二巻　二〇〇二年
「静岡県におけるデザイン振興行政の変遷」黒田宏治　『静岡文化芸術大学研究紀要』第三巻　二〇〇三年
『静岡工業高校九十年の歩み――時代を築いた二万八千人のエンジニア』静岡県立静岡工業高等学校　二〇〇八年
『静岡市産業振興プラン』静岡市経済局商工部産業政策課　二〇〇五年
『静岡市の地場産業「事始」』静岡市経済局商工部地域産業課　二〇〇八年
『静岡の地域産業　現在・過去・未来』静岡地域学会産業経済企業部会　共立出版　一九九六年
『静岡文化芸術大学創立十周年記念誌「ふりかえれば未来」』静岡文化芸術大学　二〇一〇年
『静岡模型全史』静岡模型教材協同組合編　文芸春秋　二〇一一年

「清水港開港一一〇周年に向けて」水島章隆　『季刊清水』四十一号　二〇〇六年
『職工事情』農商務省工務局　一九〇三（明治三十六）年
『するが産業工芸史』静岡特産工業協会　一九九五年
『戦後静岡家具産業史』薮本正義　静岡家具産業史刊行会　一九七五年
『創立九十周年記念誌「翼翔りて」』静岡県立浜松工業高等学校　二〇〇五年
『創立七十周年記念写真集「わが学び舎わが師わが友」』静岡県立浜松工業高等学校　一九八五年
『創立六十周年記念誌』静岡県立浜松工業高等学校　一九七六年
『十年のあゆみ』静岡県産業デザイン協会　一九七八年
『データでみる静岡県の地場産業』静岡県経済産業部商工業局地域産業課　二〇一一年
『天龍木材八十年史』天竜木材株式会社　一九八九年
『東海大学女子短期大学部二十年史』東海大学女子短期大学部　一九八五年
『遠江織物史稿』山本又六　遠江織物史稿刊行会　一九六六年
『とこは物語―改訂―』常葉学園　二〇〇六年
『豊田佐吉伝』豊田佐吉翁正伝編纂所　一九三三年
『日本プラモデル興亡史――子供たちの昭和史』井田博　文春文庫　二〇〇六年
『八十年のあゆみ』静岡県工業技術センター　一九八六年
「浜松の民芸運動の現代的評価に向けて」黒田宏治、阿蘇裕矢『静岡文化芸術大学研究紀要』第十三巻　二〇一三年
『浜松発展史』浜松市　一九五四年
『百年のあゆみ』静岡県静岡工業センター　二〇〇七年
「浜松在の鍛冶屋に生まれる」『本田宗一郎―夢を力に―私の履歴書』本田宗一郎　日経ビジネス人文庫　二〇〇一年

『山梨県蚕糸業概史』山梨県蚕糸業概史編纂会　一九五九年

4　金沢デザイン史

『石川県ビジュアルデザイン協会略史』石川県ビジュアルデザイン協会編　一九八五年
『石川県におけるデザイン振興の歩み』石川デザインセンター　一九八九年
『石川のデザイン・三十年を振り返って』石川スーパーコレクション30　石川デザインセンター　二〇〇四年
『温知図録　明治デザインの誕生調査研究報告書』東京国立博物館編　国書刊行会　一九九七年
『金沢工業学校から金沢美大へ』黒川威人　日本デザイン学会研究特集号　第二巻一号　一九九四年
『金沢伝統工芸街構想――世界に通ずる伝統工芸の街・金沢を目指して』水野一郎　北国文化事業団　一九八一年
『金沢の工芸土壌―加賀藩御細工所の潮流―』小松喨一　北國新聞社　二〇一二年
『金沢の近代工芸史研究』小松喨一他　金沢美術工芸大学美術工芸研究所　一九九五年
『金沢美術大学五十年史』五十年史編纂委員会編　金沢美術工芸大学　一九九六年
『近代日本デザイン史』長田謙一、樋田豊郎、森仁史　美学出版　二〇〇六年
『デザイン思考がビジネスを革新する』デザイン&ビジネスフォーラム編　ダイヤモンド社　二〇〇七年
『伝統工芸と街づくり・金沢の試み』水野一郎、前田豪　北国文化事業団　一九八〇年
『ドラマのある街づくり―金沢を世界の工芸の街に―』NIRA総合研究開発機構　一九八一年
『百工比照』石川県立美術館編　石川県立美術館　一九九三年
『百年企業、生き残るヒント』久保田章一　角川新書　二〇一〇年
『福正宗物語』福正宗物語編集委員会編　株式会社福光屋　一九八七年

5　神戸デザイン史

『有馬温泉における観光振興と神戸市観光行政』中尾清　大阪明浄大学観光学研究　二〇〇三年
「有馬竹細工の盛衰（一）」　角山幸洋『關西大學經済論集』五十四（3／4）　二〇〇四年
『家具の實用工作法』加納四十二　三共出版　一九四三年
「株式会社アシックスの歴史」http://www.asics.co.jp/history/#/top
元祖三森本舗ホームページ　http://www.tansan.co.jp/index.html
『木材の加工及仕上』木檜恕一　博文館　一九二〇年
「ケミカルシューズ業界の復興・活性化」神戸市ホームページ　http://www.city.kobe.lg.jp
『神戸の経済2010』神戸市産業振興局　二〇一〇年
『神戸の経済1996』神戸市産業振興局　一九九六年
『神戸のファッション1993』財団法人神戸ファッション協会　一九九三年
『神戸ファッション産業規模調査』財団法人神戸ファッション協会　二〇〇三年
『神戸ファッション産業規模調査』財団法人神戸ファッション協会　二〇〇九年
『神戸又新日報』「永田善従氏渡欧記事」昭和五年十四日六号　神戸市立文書館所蔵
『神戸・横浜開化物語』神戸市立博物館居留地百周年記念特別展　一九九九年
http://www.city.kobe.lg.jp/information/project/industry/examination/keizai2010.html
『豪商神兵港の魁』（複製神戸史学会）　大阪　垣實興佑　一八八二年
『芝家具の百年史』東京都芝家具商工業協同組合　一九六六年
『瀬戸内海における塩飽海賊史』（改訂版）　真木信夫　一九七三年
『戦後ファッションストーリー1945-2000』千村典生　二〇〇一年

『10th Anniversary 1992～2002』財団法人神戸ファッション協会十周年記念誌　二〇〇二年
『ドイツ菓子大全』技術監修安藤明　株式会社柴田書店　二〇一二年
日本ケミカルシューズ工業組合ホームページ　http://www.csia.or.jp/kumiai/index.htm
『阪神・淡路大震災神戸市の記録：第八節産業の復旧支援』神戸市　一九九六年
「阪神・淡路大震災総括・検証調査シート」内閣府　http://www.bousai.go.jp
「阪神・淡路大震災とケミカルシューズ産業復興支援」三谷陽造　http://www.heri.or.jp/hyokei/hyokei85/85shoes.htm
『阪神間の戦前の建築物について』第一次調査報告書　歴史的建築物研究会　二〇〇三年
『兵庫県洋菓子協会六五年史』比屋根敦　兵庫県洋菓子協会　二〇一一年
『兵庫県の地場産業』地場産業実態調査報告書　財団法人兵庫県中小企業振興公社　一九九九年
『兵庫の地場産業』シリーズ２　財団法人兵庫経済研究所　一九八五年
『見て聞いて歩く有馬』鷹取嘉久　交友印刷　一九九六年
吉高屋ホームページ　http://www.yoshitakaya.com/index.html

執筆者プロフィール（掲載順）

1　旭川デザイン史

澁谷邦男　東海大学名誉教授、芸術工学会・日本デザイン学会名誉会員、工業デザイン
小林　謙　東海大学教授北方生活研究所長、旭川デザイン協議会会長、インテリア学会理事
長原　實　㈱カンディハウス代表取締役会長、全国家具工業連合会会長、北海道功労賞
中井啓二郎　㈱匠工芸専務取締役、旭川工芸デザイン協会会長、家具・木工デザイン
中村眞人　㈲デザインピークス、コピーライター、旭川広告デザイン協議会事務局長
池本裕治　空間工房シリウス一級建築士事務所代表取締役、福祉のまちづくり賞受賞
川島洋一　東海大学名誉教授、旭川の歴史的建築の保存を考える会会長、旭川市文化財審議会会長
西出春夫　北海道立旭川高等技術専門学院稚内分校分校長、人材育成・家具
山田克己　元旭川市工芸センター所長、インテリアデザイン、彫刻・道立旭川美術館蔵

2　山形デザイン史

早坂　功　東北芸術工科大学名誉教授、山形県デザインネットワーク理事長、デザイン史
渥美浩章　静岡・浜松の項を参照

3　静岡・浜松デザイン史

黒田宏治　静岡文化芸術大学大学院教授、社会・地域デザイン、芸術工学会理事
渥美浩章　工芸財団理事、東北芸術工科大学名誉教授日本デザイン学会名誉会員
竹原あき子　和光大学名誉教授、『環境先進企業』（日経）ほか著書多数、浜松出身
土屋晃一　土屋デザイン事務所主宰、静岡県工業試験場デザイン研究室長等を歴任
川合和彦　静岡県デザインセンター専門監等を歴任、木漆工創作に携わる、趣耕人
東　惠子　東海大学教授、環境デザイン・色彩、芸術工学会理事、㈳日本港湾協会理事
塩見　寛　Kei_まちづくりネットワーク代表、静岡県建築士会景観整備機構副代表

鴨志田厚子　インダストリアルデザイナー、公益財団法人共用品推進機構理事長

佐々木亨　鈴木自動車工業㈱（現スズキ㈱）四輪商品企画部長等を歴任、カーデザイナー

高梨廣孝　ヤマハ㈱デザイン研究所長等を歴任、インダストリアルデザイナー

一条　厚　㈱ＧＫダイナミックス代表取締役社長、インダストリアルデザイナー

4　金沢デザイン史

出原立子　金沢工業大学メディア情報学科准教授、情報デザイン、メディアデザイン

栗坂秀夫　パシフィック・デザイン・アソシエーツ代表、デザイン振興

松山治彰　石川県工業試験場九谷焼技術センター所長、JIDPOを経て石川県デザインセンターに

5　神戸デザイン史

大田尚作　神戸芸術工科大学教授、道具の比較研究、日用品のデザイン

斎木崇人　神戸芸術工科大学学長、集住環境の構成原理ほか論文多数、都市計画

佐野浩三　神戸芸術工科大学教授、家具・インテリアデザイン

見寺貞子　神戸芸術工科大学教授、ユニバーサルファッション・ファッション企画

相良二朗　神戸芸術工科大学教授、プロダクトデザインユニバーサルデザイン

相澤孝司　神戸芸術工科大学教授、照明デザイン・地域社会のデザインと調査研究

芸術工学会地域デザイン史特設委員会

地域編集会議（主筆）

旭川：澁谷邦男　山形：早坂功　静岡・浜松：黒田宏治

金沢：出原立子　神戸：大田尚作

コア編集会議

澁谷邦男　後藤元一　森山明子　黒田宏治　出原立子

江島快仁（デザイン担当）

芸術工学会

会　長　斎木崇人

事務局　神戸芸術工科大学芸術工学研究所内

〒651-2196　神戸市西区学園西町8-1-1

日本・地域・デザイン史　I

二〇一三年九月二十日　初版第一刷発行

編　者――芸術工学会地域デザイン史特設委員会

発行所――美学出版

〒一八五-〇〇一二東京都国分寺市本町四―十三―十二　第五荒田ビル四〇七

電話　〇四二（三一六）八七五五　http://www.bigaku-shuppan.jp/

本文デザイン――江島快仁＋美学出版編集部

装　丁――石澤康之

印刷・製本――創栄図書印刷株式会社

ISBN978-4-902078-34-3　C0072